ビジュアル・コミュニケーション▼目次

第五章▼ネットワークが生成する動画文化

ビジュアル・コミュニケーション

序論――「映像」をめぐる新たな言葉の獲得のために

編者　渡邉大輔

本書『ビジュアル・コミュニケーション――動画時代の文化批評』は、それぞれ専門を異にする二〇～三〇代の論者が、おもに二一世紀以降の「視覚文化 visual culture」の諸状況について、多様なテーマから検討した批評アンソロジーである。

「視覚文化」とはこの場合、現代文化の生みだすさまざまな事象のうち、概して視覚的イメージないし視覚的表象に基づいてかたちづくられている文化一般を指している。映画、テレビ、広告写真、アニメーション、マンガ、ビデオ、ゲーム、メディアアート、CG映像、そしてネット動画……などなど、今日の消費社会のなかで、視覚文化の占める位置づけはますます重要かつ緊密なものになっている。

こうした状況の変化に伴い、日本でも近年、従来の「映画批評」「映画学」「映像研究」「メディア論」などといった区分におさまりきらない雑多性や領域横断性をそなえた「映像文化論」や「視覚文化論」と呼ぶべきタイプの言説が急速に広がっているように見受けられる。

近年におけるその代表的な成果のひとつといってよいだろう著作『視覚文化「超」講義』（フィルムアート社、二〇一四年）の石岡良治の記述に基づきまとめれば、視覚文化論とは、もともと一九八〇年代ころから、フランス現代思想やカルチュラル・スタディーズの成果を摂取したポストモダン的な「批評理論 theory」に基づき、英語圏の美術史学や映画研究、ポピュラーカルチャー研究などの領域ではじまった一連の研究・批評動向だとされている。石岡が視覚文化論の古典として挙げているジョン・バージャー『イメージ――視覚とメディア』（原書一九七二年、一九八六年邦訳）、ハル・フォスター編『視覚論』（原書一九八八年、二〇〇〇年邦訳）、ジョン・A・ウォーカー＆サラ・チャップリン『ヴィジュアル・カルチャー入門』（原書一九九七年、二〇〇一年邦訳）などの海外の著作も二一世紀に入るあたりから日本でも続々と翻訳が進んできた。

とはいえ、繰りかえすように、日本においてこの種の言説が、そのインパクトと有効性の実感とともに急速に台頭してきたのは、やはりここ数年のことだろう。同様の主題や問題意識を共有する日本人著者による成果が二〇一〇年代以降、いくつも現れている。そして、おそらくこうした知の傾向は今後も拡大してゆくだろう。

本書もまた、そうした時代の流れを前提にしているといってよい。

■

実際、目次をご覧になればおわかりのとおり、国民的アニメーションスタジオからインディー・ゲーム、現代日本映画を代表する若手監督から撮影テクニック言説の変遷史、さらには若者に人気のネット動画コンテンツから監視社会時代の映像まで、本書のラインナップはいっけん雑然としている。また、もとより個々の論者にせよ、個別のトピックや論点にかんしては、問題意識や方法論を共有しているわけではない。

とはいえ、本書の論述の全体をとおして、今日の視覚文化をめぐる状況のおおまかな指標は、いくつか浮かびあがってくるだろう。

たとえば、その代表的なひとつが、映像媒体ではとりわけ一九九〇年代後半から急速に浸透してきたイメージの「デジタル化」、そして、インターネット（ワールド・ワイド・ウェブ）の普及にかかわるイメージの「ネットワーク化」という大域的な趨勢である。

よく知られるところでは、それは映画や写真の世界におけるアナログ写真、「フィルム」という物質的支持体（メディウム）の消滅という事態となって進行している。二〇〇〇年代なかば以降に急増してきた映画館のデジタル上映（DCP上映）は、いまやフィルムによる撮影・編集・上映という二〇世紀までの支配的なスタイルを隅に追いやりつつある。今後、三五ミリフィルムで撮影される新作は世界的になくなり、また、フィルムによる映画上映は、国立近代美術館フィルムセンターや一部の公共施設に限られることになる。

のっぺりとした情報の海に還元されたイメージの群れは、古今東西の名作も有象無象のフッテージも、あるいは、ハリウッド映画もテレビアニメもゲームもMAD動画も関係なく、いっしょくたにPCのディスプレイやスマートフォン、タブレットのうえで鑑賞されるようになっている。かつての「映画」は数ある「動画」のひとつに集約されてゆくだろう。こうした状況を指して現代の美術批評や映画研究、メディア論などの分野でいわれる「ニューメディア」「ポストメディウム」「メディア考古学」といった術語も、ここ一、二年の日本でもしばしば聞かれるようになってきた。いずれにせよ、映像のデジタル化の動向は、たんに技術的・産業的な下部構造の問題だけではなく、「映画とは何か」「映像とは何か」「イメージとは何か」……などという存在論的条件の再考までをわたしたちに促している。

また、さらにウェブや携帯端末をかいした映像の「ネットワーク化」は、その傾向をよりラディカルに押し進めているだろう。あらゆる映像がYouTubeやiPhoneをつうじてあらゆる場所で自在にダウンロード／ストリーミング可能になった今日のメディア環境――お望みならば、それを「ポストメディウム的状況」と呼んでもかまわないが――は、すべてのイメージをよくも悪くも即座にその実質を脱文脈化（モジュール化）し、無数のコミュニケーションの「ネタ」に変え、日常生活のいたるところに遍在化させている。

ほかならぬ、本書のタイトルとして掲げた「ビジュアル・コミュニケーション」という耳慣れない述語も、今日の視覚文化全般をめぐる以上のような趨勢を名指すものだといえるだろう。VineからInstagramまで、ネットワークを張り巡らす情報環境に裏打ちされた映像ツールは、もはや「映像にいかに写っているか」という実質ではなく、「映像でいかにコミュニケーションするか」という形式的な身振りこそをユーザに不断に要請している。本書に収められた個々の論考は、広い意味で、そうしたビジュアル・コミュニケーションのさまざまな経緯や展開を追った成果だともまとめられるだろう。

以上は、現状の一部のごくおおまかな素描にすぎない。だが、これだけでも「ポストiPad」や「ポストYouTube」――しいてこう形容してよければ「ポスト3・11」の視覚的イメージの文化事象が、そのメディウムからジャンル定義、産業基盤、ビジネスモデル、創造性……などなど、あらゆる局面においていかにそれまでとは違う、大きな変化にさらされているかがおわかりになるはずだ。しかも、それらの変化はいま挙げたようなさまざまなニューメディア（デジタルメディア）ばかりではなく、従来通りの映画や広告表現、テレビといったオールドメディアのあり方もまたドラスティックに再定義することになるだろう。

一例を挙げれば、二〇一四年八月、急速なデジタル化（フィルムレス）の波を受けて、ハリウッドでは、J・J・エイブラムス、クリストファー・ノーラン、クエンティン・タランティーノなど、フィルム撮影の質感を愛する多くの巨匠監督たちが唯一の映画フィルム生産元であり、閉鎖の危機に直面していたイーストマン・コダック社に働きかけ、今後、一定量のフィルムを購入し続ける契約を交わした。これによって、ハリウッドでは一定数のフィルム撮影の映画が存続することになったわけだが、このことはむろん、かつてのフィルム映画がそのまま続いてゆくということにはならず、それらオールドメディアもやはり新たなメディア環境のなかで新たな位置づけを迫られるだろう（かつてのサイレント映画がトーキー映画のなかで新たにジャンル定義されたように。また、今日のソーシャル・ネットワーキング・サービス（SNS）文化のなかでテレビ番組が新たな魅力とリアリティを獲得しているように）。

何にせよ、視覚文化論と呼ばれるタイプの言説が状況に対して、いまアクチュアルに介入しうる余地はここにこそある。

したがって、このような現状においては、「映画批評」「テレビ批評」「ゲーム批評」……などといったこれまでの個別のジャンルに特化した批評や研究の語り口だけではその多様で流動的なイメージのありようを捉えてゆくには不充分である。多少の乱暴さや飛躍をも覚悟のうえで、それでもより柔軟で多様な視点から、今日の視覚文化の見せるさまざまな動きを俯瞰的にすくいとる鋭敏な言葉の確保がいまこそ必要なのではないだろうか。

以上のような問題意識のもとに、映像分野とそれ以外のジャンルにまたがる複数の執筆者による今回の論集が編まれることになった。なお、本書の実質的な責任編集は執筆者のひとりである渡邉が負っている。

■

つぎに、このことに関連して、編者として名前が掲げられている「限界研」についてもひとこと説明をしておかなくてはならない。

限界研は、一九七〇～九〇年代生まれの若い評論家やライター、研究者を中心として二〇〇〇年代なかばころから活動してきた在野の研究会／批評サークルである。当初は、一部で「ゼロ年代の批評」などと称された現代のオタク文化やネット文化の批評的考察を共通の問題意識とする二〇代前半の書き手が集まってできた読書会で、定例会での共同討議を踏まえながら、おもに本格ミステリ小説やポップカルチャーを中心としたさまざまな分野の研究成果を小説誌での連載評論や論文集のかたちでコンスタントに発表してきた（限界研発足の経緯については、笠井潔・藤田直哉『文化亡国論』響文社、二〇一五年のなかでも触れられている）。

本格ミステリ大賞評論・研究部門最終候補となったミステリ論集『探偵小説のクリティカル・ターン』（二〇〇八年）と『21世紀探偵小説――ポスト新本格と論理の崩壊』（二〇一二年）、星雲賞候補となった現代ＳＦ論集『ポストヒューマニティーズ——伊藤計劃以後のＳＦ』（二〇一三年）をはじめ、これまでじつに多彩な分野ですでに五冊の共著を刊行しており、それぞれ一定の評価と反響を獲得してきている。

　そのかかえる問題意識や守備範囲の幅広さは、共同研究だけでなく、所属メンバーや周辺の書き手の仕事にも如実に反映されている。たとえば、この論集に寄稿しているメンバーだけの単著に限っても、飯田一史『ベストセラー・ライトノベルのしくみ——キャラクター小説の競争戦略』（青土社、二〇一二年）、藤田直哉『虚構内存在——筒井康隆と〈新しい《生》の次元〉』（作品社、二〇一三年）、渡邉大輔『イメージの進行形——ソーシャル時代の映画と映像文化』（人文書院、二〇一二年）がある。その他、過去の所属メンバーでは『向井豊昭の闘争——異種混淆性《ハイブリディティ》の世界文学』（未來社、二〇一四年）などの岡和田晃や『セカイ系とは何か——ポスト・エヴァのオタク史』（ソフトバンククリエイティブ、二〇一〇年）の前島賢などがいる。さらに、論文集の過去の寄稿者には、文芸評論家・福嶋亮大、ゲームシナリオライター・佐藤心、政治思想史学者・白井聡、アニメ評論家・山川賢一らが顔を揃えている。

　以上からも明らかなように、限界研の活動や個々のメンバーの仕事は、じつに多彩かつアクチュアルである。そして、今回もまた、二〇一四年の初春から一年あまり、重要文献の読書会と共同討議を通じて研究を重ねてきた。本書はその成果をまとめたものでもある。

　また、今回の論集には、メンバーと同世代の佐々木友輔氏にゲストとして参加していただいた。佐々木氏は一九八五生まれの映像作家・企画者。学生時代から映像制作を開始し、『手紙』（二〇〇二年）で「イメージフォーラム・フェスティバル」２００３一般公募部門大賞を史上最年少で受賞されている。現在は、おもに風景映画や実験映画と呼ばれる分野で知的なたくらみに満ちた長編、短編問わず数多くの作品を発表する傍ら、オルガナイザーとしてこれまでさまざまなイベントや出版計画も組織されてきた。また、映像論や映像史への関心も旺盛で、多数の媒体に評論を寄稿するなど、その多彩な活躍ぶりは、国内の若手映像作家のなかでも際立っているといえる。映像の実作者でもある佐々木氏が加わったことで、ややもすればまとまりを失いがちな本書のたたずまいに一定の軸足をつけることができたのではないかと考えている。多忙のなか、力作論文を寄稿してくださった佐々木氏には、この場を借りて深い感謝を申しあげたい。

ともあれ、映像や視覚文化のプロパー以外の論者も多数参加している本書は、したがって従来の映画批評や映像論、視覚文化論の方法論や文体、論述対象や問題意識から大きくかけ離れているものも少なくない。しかし、これまで多彩な分野でコンスタントに一定の実績を示してきたこの研究会だからこそ、扱えた論点も多く含まれている。それこそが、現状の視覚文化を語る言葉にまったく新たな風穴を開けることになるはずだ。

■

それでは、以下に本書の構成と概要について紹介しておこう。本書は、全体で六つに分かれた章のなかに十一編の論文が収録されている。

第一章「デジタル／ネットワーク映像の『思想』」には、現代の映像文化の諸状況を理論的かつ思想的な視点からおおまかに俯瞰するような総論的立ち位置の論考を収録した。

渡邉による「『可塑性』が駆動するデジタル映像――『生命化』するビジュアルカルチャー」は、近年の映画・映像文化をめぐる大域的な変容を「デジタル化」や「ネットワーク化」といった動向に注目して、包括的に検討しようと試みる。そのさいにそれらの動向がもつ特徴を『ゼロ・グラビティ』や『リヴァイアサン』のような映画作品からVineやゲーム実況のような先端的なネットコンテンツを縦横に例にあげつつ、「生命論」や「生態学」の文脈から定式化する。また、「思弁的実在論」や「新しい唯物論」と呼ばれる思想潮流の問題系との接続を仮説的に試みている。

第二章「『映画／史』の変貌」では、従来の実写の物語映画やアニメーションにかんする比較的オーソドックスなアプローチからまとめられた作家論や歴史研究の論考を三編収録した。

冨塚亮平「世界は情報ではない――濱口竜介試論」は、題名の通り、ここ数年の日本のインディーズ映画界を代表する若手監督のひとりである、濱口竜介の諸作品を丹念に論じている。「世界は情報じゃない」という『親密さ』におけるいっけん「反動的」にも思える濱口の言葉から出発し、ニューメディア研究などにおける「メディウム・スペシフィシティ」と「ポストメディウム」という二項対立をスタンリー・カヴェルらの議論を参照しながら相対化しつつ、そうしたありふれた図式にとどまらない「メディウムの再創造」の試みを『THE DEPTHS』から「東北記録映画三部作」にいたる作品の具体的細部に注目しながら巨細に解読してゆく。濱口論のなかでも出色の論文である。

佐々木友輔「三脚とは何だったのか――映画・映像入門書の二〇世紀」は、現在の映画の撮影技法や文法のなかで暗黙の規範となっている「三脚」を用いた「固定ショット」という手法の生成プロセスを、先行する映画理論書や戦前昭和期から戦後にかけての膨大な撮影入門書を渉猟しつつ明らかにしてゆく。とはいえ、佐々木の野心はそうした言説史的整理にとどまらず、むしろそうした「三脚」

の陰で抑圧されていった、「手持ち」による「揺動的」な映像表現のオルタナティブな可能性を今日的状況のなかであらためて提示することにある。自らも映像作家である佐々木の独創的な「揺動メディア論」は、映画表現史や言説史の新たな切り口を開くようなものにもなるだろう。

渡邉の「スタジオジブリから『満洲』へ——日本アニメーションの歴史的想像力」は、日本を代表するアニメーションスタジオである「スタジオジブリ」のアニメーション作品の歴史的出自を従来のアニメ言説よりも広い歴史的射程で捉えることにより、日本アニメーション史のこれまであまり知られてこなかった想像力の歴史性を照射する論考である。ジブリは知られるように、日本最初のアニメ企業である「東映動画」から出発した高畑勲や宮崎駿の拠点だが、近年、アニメーション史研究やメディア史研究の発展により、戦前・戦中期からの連続性において東映動画を捉える文脈が整いつつある。そこで浮上する「満洲」という存在がジブリにまで続く日本アニメーション史に及ぼした影響のありようについて検討している。これまで膨大に書かれてきたジブリ関係の論考のなかでも珍しい論点だろう。

第三章「社会と切り結ぶ映像／イメージ」では、現代社会のなかに氾濫し、その内部で機能している多様な視覚的表象やメディアの役割に注目する二編の論考を収録している。

蔓葉信博「テレビCMとこれからの広告表現」は、一九五〇年代にはじまる日本のテレビCMの歴史をたどりながら、そのなかで「額縁広告」と呼ばれる映像表現が突出したCM作品の特徴を広告メディア論やジャーナリズム研究の観点をからめながら整理してゆく。現在までにいたる無数のテレビCMの表現史のなかで、一本のテレビCMがそのときどきの社会状況との関連から、映像表現の娯楽性や政治性、経済的収益などの要素をどのように配分して作られていたのかを多様な事例をもとに分析する。そのことによって、テレビCMとネット広告の境目があいまいになりつつあるいま、改めて映像広告の可能性や多義性に視線を向けることを促している。

　海老原豊「防犯／監視カメラの映画史――風景から環境へ」は、監視カメラが登場する映画作品やアニメを題材にして、現代の「監視社会的」なリアリティがそれらの映像表現に及ぼす影響について考察するものである。おもに「9・11」以降、社会学や文化批評など、さまざまな領域において「監視社会論」が語られてきた。また、それらに注目した映像論や映画批評も先例がないわけではない。とはいえ、本論では『マイノリティ・リポート』や『ディスタービア』、『パラノーマル・アクティビティ』といった比較的よく論じられてきた作品に加え、『裏窓』『1984』といった過去の古典から『PSYCHO-PASS』といった近年の話題作までを取り込み、そのイメージや細部を丹念に分析することで、これまでになかった新しい論点や視点をいくつもこの重要なテーマにつけ加えることに成功している。

　第四章「ニューメディア／ポストメディウムのその先へ」では、いわゆるデジタルメディア以降の映像ジャンルを代表するコンテンツを論じた二編を収録した。

　藤井義允「拡張する『アニメ』――3DCGアニメ論」は、近年の日本アニメの作画に顕著に見られるようになった3DCG技術の影響関係について論じている。戦後から現代にいたる日本アニメーションは独特の記号的なリアリティや映像表現を確立してきた。それがデジタル3D技術の導入によってどのように変化しているのかを、ニューメディア研究の文脈を踏まえつつ、「身体性」や「対話性」などの論点からきわめて説得的に検討している。『アイカツ！』『ラブライブ！』から『gdgd妖精s』まで、豊富な分析事例は今後のこの分野の評論にとってひとつの指標になるだろう。

藤田直哉「ピクセル・ガーデンで、お散歩を――インディー・ゲームの美学」は、現代のオンラインを中心とした内外のインディー・ゲームの現状を包括的に論じたものだ。藤田はこれまでにも映画や映像メディアと、ニューメディアのもっとも先端的なジャンルのひとつであるデジタルゲームとの関係について継続的な考察を重ねてきた論者だが、この論考は、その集大成の一部ともいえる労作である。インディー・ゲームのもつ多様で広大なジャンル的可能性を、自身の独特の存在論と関連づけつつ、思想的に跡づけてゆく手際はみごとである。

第五章「科学とテクノロジーの地平」では、映像の進化を科学技術的側面から扱った論考を収めた。宮本道人「実験室化する世界――映像利用研究が導く社会システムの近未来」は、近年のウェアラブルデバイスや監視カメラの爆発的な普及により、あらゆる映像がビッグデータとして社会に収集・活用されるようになった状況――これは渡邉の用いる述語である「映像圏」とも関連する――を、「潜在空間」と呼び、その潜在空間がもたらす近未来を、おもにさまざまな学術的な解析作業に用いられる歴史的経緯と可能性について幅広く検討している。周知のように、映画（映像）は、その黎明期から娯楽としての興行以外にもこの世界の事象を記録し、解析する多様な目的に利用されてきた。クロノフォトグラフィから映像人類学まで、そうした歴史をたどりつつ、映像のビッグデータ＝潜在空間が現在の科学や主体に及ぼす計り知れない影響を、先端的な事例を交えながら紹介する。自身も神経科学を研究する大学院生である筆者ならではの専門的な知見が存分に活かされている。

最後の、第六章「ネットワークが生成する動画文化」では、今日の動画共有サイト――とりわけニコニコ動画で隆盛している動画コンテンツについて扱った二編を収めている。

竹本竜都「野獣先輩は淫らな夢を見るか？――〈真夏の夜の淫夢〉概説」は、俗に「淫夢」と呼ばれ、現在のネット文化の慣習にも大きな影響を与えているMAD動画のジャンルについて概説的に紹介したものである。『真夏の夜の淫夢』とはもともと〇一年に発売されたゲイ向けアダルトビデオのタイトルであり、その後、ニコ動の登場とともに、このソフトを素材にしたMAD動画が大量に作られ、いまや一大市場を形成するまでになっている。ここでは、そうした「淫夢文化」の全体像をほぼはじめて本格的に俯瞰し、その魅力や可能性を伝えている。

飯田一史「『ゲーム実況って何?』とか『何がおもろいの?』とか言ってる時代遅れのお前らに、バカでもわかるように解説してやるよ」は、これもまた、ここ数年のニコニコ動画を中心としたネットプラットフォームで活況を呈している「ゲーム実況動画」の現状を扱った論考である。ゲーム実況とは、デジタルゲームやスマートフォン仕様のゲームをプレイしながら「実況」している様子を、録画・生放送する動画コンテンツのことである。こうしたある意味で簡易で瑣末な動画コンテンツがなぜいま、若い世代の圧倒的な人気を獲得しているのかを、現在のネットワーク環境でのコミュニケーション様式の変化などに注目しながら(あえて挑発的な響きを伴うタイトルとともに)独自の視点で細かく腑分けしてゆく。

以上の論考のほかに、本書では、執筆者で行った「共同討議」と、それぞれの執筆者による「見るべき動画&テキスト」リストも併せて収録した。

「共同討議」では、いくつかの論点に沿いながら、執筆者が本書の議論の意義について討議した内容を収録してある。多岐にわたっている本書の論点が少なからず見通しがよくなっているはずだ。また、巻末リストでは、執筆者それぞれがいまの映像文化を理解するために重要だと思われる作品や文献をセレクトして紹介した。

読者の理解の一助になれば幸いである。

じつに多彩なトピックに行き渡っているこれらの論考群やコンテンツの眺めには、多くの（おそらくはこれまでの映画・映像論を読み慣れた）読者はかなり戸惑うかもしれない。

むろん、それぞれの論考のクオリティはきわめて充実している。その主題ごとのプロパーやファンが読んでも、充分に面白いし、刺激を与えることができると自負している。ただ、それゆえに、もしかすると、映画愛好家（シネフィル）が冨塚の濱口竜介論ばかりを話題にし、アニメ誌の読者が藤井の3Dアニメ論だけに目をとおし、映像論を専攻する研究者が渡邉のデジタル映像論のみをうんぬんし、ニコ動コンテンツに詳しいライターが竹本や飯田の淫夢動画論やゲーム実況論にとくに注目する……という読まれ方に本書が陥ってしまう可能性もまたたやすく想像できる。

しかし、むろんそれは本書のコンセプトの期待する読まれ方ではない。むしろそうした今日の文化的フィルタリング（タコツボ化）に抗って、新しいネットワークや切断線を導きいれることが「批評」の担う役割であり、そうした攪拌力／拡散力を本書の論考の言葉たちはどれも強くもっていると信じている。

したがって、できれば本書を読まれる読者――とりわけ若い世代の読者――には、本書の論考すべてに、せめてその冒頭部分だけでも、関心のあるなしにかかわらず分け隔てなく目をとおしていただきたいと考えている。必ずや、現代の視覚文化が繰りひろげている未知の風景について、見えてくるものがあるはずだ。

本書『ビジュアル・コミュニケーション――動画時代の文化批評』から、二〇一〇年代以後の視覚文化／映像文化を見通す批評の前線の一端が切り拓かれると確信している。

第一章▼デジタル／ネットワーク映像の「思想」

「可塑性」が駆動するデジタル映像――「生命化」するビジュアルカルチャー

渡邉大輔

おもに二一世紀に入って急速に拡大した情報コンピュータ技術（ＩＣＴ）の社会的普及は、映像の表現やコンテンツのありようにも大きな変質をもたらしている。

わかりやすいところでいえば、二〇〇〇年代なかばに相次いで台頭してきたデジタルシネマ（ＤＣＰ上映）、また、各種のソーシャル・ネットワーキング・サービス（ＳＮＳ）や動画共有サイトなどは、二〇世紀までにはなかった、まったく新しい映像環境や文化的想像力を大規模に、そして多様に育みつつある。

これらの一連の動向の内実を理論的かつ批評的に把握しようとするためには、いうまでもないが、ステレオタイプの映画批評や映像論の枠組みではもはやとうてい捉えきれない。それゆえに、現在の映像文化のなかで生みだされつつある多様なイメージを、手垢のついた古臭い批評の手つきでうんぬんするよりも、ひとつの筋道だったパースペクティヴのもとに配置しなおす理論的・批評的言説の構築は急務の仕事である。

むろん、そのくわだてを本格的に展開するためには、より大部の論考を準備しなければならない。この短い評論では、ひとまずわたしが現在、注目している「生命力 vitality」と「可塑性 plasticity」という論点をおもな参照点としながら、今日の映像文化のもつ新たな創造性や美の様態の一断面を思想的に意義づけておくだけで満足しておきたい。それでも、当座の指標としてはそれなりに機能するだろう。

1 デジタル映像文化の生命論的／生態学的解釈

さて、わたしは二〇一二年末に拙著『イメージの進行形――ソーシャル時代の映画と映像文化』（人文書院）を上梓してからも、引き続き、今日の映像の「デジタル化」や「ネットワーク化」のゆくえに強い関心を抱いてきた[1]。

そして、ここ最近では、すでに繰りかえし論じてきているように[2]、それらのメディア環境や文化的想像力のありようを「生命論」や「生態学」の発想で包括的かつ思想的に捉えることを試みようとしている。

事実、たとえば、近年のエポックメイキングな映画作品は、明らかに「生命論的／生態学的」発想に急速に接近している。ここではさしあたりルーシァン・キャステーヌ＝テイラー&ヴェレナ・パラヴェル監督『リヴァイアサン』*Leviathan*（一二年）と、アルフォンソ・キュアロン監督の『ゼロ・グラビティ』*Gravity*（一三年）という二本の話題作を参照しておこう。

まず、『リヴァイアサン』と『ゼロ・グラビティ』の映像表現やモティーフから確認しておきたい。

前者は映像作家であり、ハーバード大学で人類学も研究しているふたりの監督が北米有数の漁港として知られるマサチューセッツ州ニューベッドフォードを舞台に撮影した海洋ドキュメンタリー。そして後者は、宇宙空間でのスペースミッションの作業中に宇宙ゴミが激突する事故に巻きこまれ、ひとり生き残った女性宇宙飛行士ライアン（サンドラ・ブロック）がソユーズ宇宙船をかいして地球に生還するまでを描いたSFサスペンス映画だ。一見してジャンルも対照的な両者を照らしあわせたときにまず観客の目をひくのは、その画期的な映像演出の驚くほどの類似性だろう。

かつて世界最大の捕鯨の拠点として栄えた古い港町を描いた『リヴァイアサン』は冒頭、ほぼ視界がふさがれた真っ暗な画面に巨大な船の機械音だけが響きわたっている。その後、キャメラは一挙に

（1）二〇一二年に上梓した拙著『イメージの進行形』において、わたしは当時、急速に注目を集めていた「ソーシャル化」の動向を主題にしながら、いわゆる「映画的なもの」の外延の変容を問題にしていた。とはいえ、同時期のフランスでもやはり「映画」という外延をあらゆるメディアへと拡張しようとするフィリップ・デュボワの「映画拡張論」を受けて、レイモン・ベルール、ジャック・オーモンら著名な映画理論家たちによる批判的な応答が活発になされていたことを以下の文献をつうじて知った。その意味では、僭越ながら、わたしの問題意識は世界的なそれと図らずも連動していたといえる。堀潤之「ベルールの反時代的考察――「三十五年後――「見出せないテクスト」再考」の余白に」、『表象08』表象文化論学会、月曜社、二〇一四年四月、九四～九九頁。

（2）たとえば、以下の拙論を参照。渡邉大輔「ディジタル化／生命化する映画――トリアー、ドグマ95と「ディジタル映像の美学」」、『ユリイカ』一〇月号、青土社、二〇一四年、一五三～一六二頁。同「ディジタル時代の「動物映画」――生態学的ゴダール試論」、『ユリイカ』一月号、青土社、二〇一五年、一六六～一七五頁。同「イメージのヴァイタリズム――ポストメディウムの映画文化」、『すばる』二月号、集英社、二〇一五年、二八三～二九六頁。

未明の寒々しい船内の様子を映しだすのだが、そのフレームは画面に水滴が飛び散るのもいとわず、波が荒れ狂う海面スレスレの船の外腹から冥い海中、太いチェーンや綱を操る屈強な漁師たちの、タトゥーが刻まれ膨れあがった腕の皮膚、そして、海から捕えられた魚やカニ、エイといった魚介類が目や口を剝いて飛び跳ねる甲板……といった空間のいたるところに、文字通りユビキタスかつダイナミックに配置されてゆく。

本作のこの異様なキャメラアイは、すでに知られるように、「GoPro」という、本来はアウトドア撮影を目的とした防水機能つきの超軽量小型キャメラを十一台もセットアップして使用したことで視覚化されたものだ。いわば『リヴァイアサン』においてはかつての古典的映画――とりわけハワード・ホークスが確立させた人間の目の高さを基準とする安定的で客観的なキャメラワークは完全に吹き飛ばされている。そのかわりとして、世界のなかにうごめくあらゆる生物の「環世界 Um=welt」をキャメラアイによって多視点的 pluriversal に往還するユクスキュル的リアリティを獲得しているのだ(3)。

他方で、似たようなことはフィクション映画である『ゼロ・グラビティ』にもいえる。すでに述べたように、この作品は、ほぼ全編が無重力《ゼロ・グラビティ》の宇宙空間のなかで展開される。そのために、まさに『リヴァイアサン』と同様、そのキャメラアイは必然的に特定のポジショニングを保持しない。とくにすでにいたるところで論じられているように、冒頭からの一〇分を超えるワンシーン・ワンシークエンスの映像はそれまでの映画に馴染んできた観客を啞然とさせる。

まず、左下方いっぱいに青い地球の地表が顔を覗かせるショットの奥から衛星軌道上のスペースシャトルがゆっくりとキャメラに接近してくる。やがてそこで修復作業に従事するライアンら宇宙飛行士の姿が見えはじめる。かれらは最初のうち穏やかな会話をかわしているが、突如、緊急事態が発生し、あれよあれよという間にライアンは宇宙ゴミの襲来によって身体の支えを失い宇宙空間に弾き飛ばされる……。ここまでのオープニングを、映画は構図を自由自在に変えながら長回しの持続で一挙に見せてしまう。こうした演出は、『トゥモロー・ワールド』*Children of Men*（二〇〇六年）以来、たびたび「イメージの例外状態」を描き続けているキュアロンの面目躍如といったところだろう。

ともあれ、『リヴァイアサン』にせよ『ゼロ・グラビティ』にせよ、キャメラ＝観客のまなざしが映画内の時空のいたるところに遍在し、あらゆる安定的な文法や境界をリゾーム的に撹拌してゆくこれら独特の表象は、まさにわたしがかつて「映像圏 imagosphere」と呼んで定式化した、「世界そのものが映画になりうる」というリアリティの様式をこのうえもなくラディカルに体現しているといっ

（3）註釈をつけておけば、『リヴァイアサン』のなかで、もろもろの魚介類が投げだされた船内に潰れたビールの空き缶が転がっているのを、濡れた甲板スレスレのローアングルで撮った映像が挿入される。ここでわたしはかつてジャック・ラカンが六四年のセミネールで語った有名な挿話を思いださずにはいられない。それは、小さな港町で海に浮かぶ鰯の空き缶を指さした漁師が「あんたあの缶が見えるかい。あんたはあれが見えるだろ。でもね、やつの方じゃあんたを見ちゃいないぜ」といったというものだ。これは「空き缶のまなざし」を主体の象徴的なパースペクティヴに侵入する「沁み」として「対象a」を説明するさいに後期のラカンが好んで持ちだした例である。ラカン的な「空き缶のまなざし」は、神経症的主体＝観客の象徴秩序を「否定神学的」に補塡する「クッションの綴じ目」にすぎない。しかし、『リヴァイアサン』のGoProはいわば「空き缶の環世界」（！）から眺めた映像をリアルに実装してしまっている。ここにも分裂症的＝「スーパーフラット的」（村上隆）な世界観の創出を認めることができるだろう。ジャック・ラカン『精神分析の四基本概念』ジャック＝アラン・ミレール編、小出浩之他訳、岩波書店、二〇〇〇年、一二五頁以下を参照。

てよい。今後、二〇一〇年代に台頭するとされるGoogle Glassのような「ウェアラブル端末」の映像にもなぞらえられるこれらの表象は、おしなべて二〇世紀の映画（フィルム）が本質的にそなえていた「ショット」というメディウム的単位の意味をことごとく雲散霧消させてしまっているのだ(4)。そして、その背景にあるのが、両者とも、物質的支持体としてのフィルム（アナログ写真）にとってかわったデジタル映像や3DCGの氾濫であることはいうまでもない。

しかもあらためていえば、ここでデジタル映像の大海は、フィルムのようないっさいの物質的重みから解きはなたれ（ゼロ・グラビティ！）、オートポイエティックかつメタボリックに映画の創造的表現を生成進化させる一種の「生態系」を形成しているともみなすことができる。

実際、有象無象の海中生物が大挙して登場するメルヴィル的世界観をもった『リヴァイアサン』の「美的な生命／生命的な美」はもちろんのこと、映画前半で宇宙空間に消えたはずのマット（ジョージ・クルーニー）があたかも生きていたかのようにライアンの妄想のなかに現れるという『ゼロ・グラビティ』の奇妙な「不死性immortal」の感覚は、さきのデジタル映像の生命論的／生態学的な特質とみごとに連動しているのだ。

たとえば、こうした見立ては、さしあたりベルクソン的な内在主義を摂取した『シネマ1＊運動イメージ』のジル・ドゥルーズのいう「運動イメージ」が示す「普遍的＝宇宙的変動universel variation」のありようとも共鳴するだろう。ここでベルクソンの『物質と記憶』を参照しながらドゥルーズは、無数のイメージが構成する「物質的宇宙、内在平面は、もろもろの運動イメージの機械状アジャンスマンである。［…］事実、それは、即自的映画《シネマ》としての宇宙、すなわちメタシネマ〔métasinema〕」(5)だと記していた。物質としてのイメージのセリーが相互にネットワーク状に結びつきながら内在的な宇宙として生成変化を絶え間なく繰りかえす姿は、まさに『リヴァイアサン』や『ゼロ・グラビティ』の「生命的」な映像の本質そのものだともいえるだろう。

2　情報環境の生態系――プラットフォームの文化論理

このように、デジタル化が進んだ現代の映画独特の表象を「生／生命」として存在論的に捉えかえすわたしの試みは、さしあたりフィルムの時代の映画がしばしば「ゾンビ」（＝仮死）になぞらえられてきた経緯にも深くかかわっている。

これもよく知られた話だが、とりわけ撮影所システムが急速に崩壊しはじめ、ヌーヴェル・ヴァーグやアメリカン・ニュー・シネマが登場し、「映画」というメディアの自明性が疑われだした一九六〇～七〇年代以降、批評的な意識をそなえた作家や論者は、しばしば「ゾンビ的イメージ」に映画の

（4）ここには、「ワンシーン・ワンシークエンス」の映画史的／メディア史的意義の変化をも見ることができる。というのも、そもそも現代映画におけるワンシーン・ワンシークエンスの技法がもっていた意味とは、アンドレ・バザンがオーソン・ウェルズの「パン・フォーカス」を評価したように、世界のなまなましい現実をありのままに映しだすことが映画（フィルム）というメディウムの本質だとする、フィルムの「指標性 index」の前景化があった。しかし、たとえば『ゼロ・グラビティ』のそれはむしろその映像がデジタルであること――反対に、現実世界との物理的つながり（指標性）をいっさいもたないことの証明として機能している。メディウムの変化は、撮影技法の歴史的意味をも反転させてしまった。

（5）ジル・ドゥルーズ『シネマ1＊運動イメージ』財津理・齋藤範訳、法政大学出版局、二〇〇八年、一〇七頁。また、渡邉大輔『イメージの進行形――ソーシャル時代の映画と映像文化』人文書院、二〇一二年、七六頁も参照。

メディウム的な倫理性を見いだそうとした（実際、ジョージ・A・ロメロ監督の『ナイト・オブ・ザ・リビング・デッド』*Night of the Living Dead* は一九六八年に公開されている）。

そもそも映画固有のメディウム（メディウム・スペシフィシティ）を担う「フィルム」という媒体の映しだすイメージは、活き活きとした実質のある現実の事物を限りなく正確に表象しながらも、それは絶対的に現実そのものではないかりそめの模像《シミュラークル》にすぎない。その意味で、すでに一度死んでいるとわかりつつも、なお生きのびているなにものかとしてしかありえないゾンビは、まさにフィルムのもつ「表象の不可能性」を鮮やかにかたどっていたわけである[6]。そのように理解すれば、日本でも、かつて絶大な影響力を誇った映画批評家の蓮實重彦の処女著作のタイトルが『批評あるいは仮死の祭典』（一九七四年刊）であり、またかれに見いだされた黒沢清や北野武が九〇年代にこぞって「ゾンビ映画的」なフィルムを撮っていたという事実もすんなりと頷けるだろう。

しかし、いうまでもなく、今日のデジタルシネマはそうしたフィルム的運命から決定的に切り離されているのである。わたしが描こうとする「ゾンビ（仮死）から生命（生）へ」というのは、たとえば映画における「メディウム・スペシフィシティからポストメディウムへ」というメディア的転換を踏まえてもいるわけだ。

ただ、いずれにしても、こうしたメディア環境における生命論／生態学的類比は、むしろ映画や映像というジャンルを離れてみればとりたてて珍しいものでもない。周知のように、現代の言論においてそれは、濱野智史の『アーキテクチャの生態系――情報環境はいかに設計されてきたか』（二〇〇八年刊）から近年の鈴木健『なめらかな社会とその敵――PICSY・分人民主主義・構成的社会契約論』やドミニク・チェン『インターネットを生命化する――プロクロニズムの思想と実践』（いずれも二〇一三年刊）にいたるまで、ＳＮＳやオープンソフトウェアが社会に広範に普及した「ウェブ２・０」以降の文化世界を捉えるさいの、「情報環境をある種の生命体や生態系として捉える」という見取り図に何度も仮託されてきた。

ひとびとの生の微細な履歴（ライフログ）や創造的表現の記録などを莫大に可視化・数量化した「ビッグデータ」が一種の擬似的な「自然」としてスケールフリーに堆積している現代の情報ネットワーク環境では、それらの資源の数々は、社会に浸透するソフトウェアやアーキテクチャが自己組織的に「系統発生 phylogenesis」させるエコシステムとして把握したほうが都合がよい。そもそもわたしがかつて『イメージの進行形』で取りあげたような、「嘘字幕MAD」や「踊ってみた」といったニコニコ動画発の独特の動画文化は、こうした生態系＝プラットフォームの「生成力 generativity」（ジョナサン・ジットレイン）がボトムアップ的に創発させた「自然物」だといえる(7)。

こうした傾向を近年とりわけ加速させているように見えるのが、いわゆる「Vine」の動画群だろう。

Vineは、Twitterが二〇一三年一月からリリースしているモバイルアプリケーションだ。主要なＳＮＳをかいして、最長で六秒という極端に短いビデオクリップを簡単に共有・鑑賞できるサービスの

（6）これらの点は以下の拙論を参照。渡邉大輔「生ける屍のゆくえ――ゾンビ映画の現代性」、『ユリイカ』二月号、青土社、二〇一三年、一一一～一一八頁。

（7）また、近年における思想的課題としての「生／生命」の主題の重要性は、「剥き出しの生」（ジョルジョ・アガンベン）や「免疫」（ロベルト・エスポジト）など「生政治」の再解釈をひとつの核とするイタリア現代思想が急速に存在感を増している事実ともおそらく無関係ではない。たとえば、以下を参照。岡田温司『イタリアン・セオリー』中公叢書、二〇一四年。

ことで、「六秒動画」とも呼ばれている。このいわば「映像制作・流通の民主化」を極限まで達成したアプリは、おもに一〇代の若い世代を中心に人気を集め、また国内外で不特定多数のユーザの人気を集める人物や動画を生みだしはじめている。

このVineの動画をTwitterのタイムライン（ＴＬ）上でスクロールしながら鑑賞すると、わずか六秒の映像が無限にループ再生されてゆく。そのインターフェースは、一九世紀末にトーマス・エディソンが開発した黎明期の映画装置のひとつ「キネトスコープ」を思わせる（この装置もまた人物の所作などを撮影したごく短いフィルムをループ上映するものだった）。近年のTwitterは、いわゆるハッシュタグを駆使した一種の「大喜利」（小ネタ）で目配せを送りあう気散じ的《ディストラクティヴ》なメディアに急速になりつつあるが、VineのコンテンツはそうしたTwitter固有の「生態系」にうまく適応するとともに、その極端化した「冗長性」（パターン性）の連鎖は、まさに何らかの創造性の「種子」がその生成のプロセスをまるごと可視化させている生態学的な「プロクロニズムprochronism」（グレゴリー・ベイトソン）をみごとに体現している。

また、同様のリアリティは、もちろん最近の映画作品においても巧みに反復されているだろう。たとえば、クリストファー・ノーラン監督の近未来ＳＦ『インターステラー』*Interstellar*（二〇一四年）。ノーランといえば、自作の世界設定やガジェットに「ソフトウェア」や「アーキテクチャ」のモティーフを好んで導入してきたことで知られるシネアストである。出世作となった『メメント』*Memento*（二〇〇〇年）では、前向性健忘という記憶を喪ってゆく病に侵された主人公が重要なデータを思いだすために自らの身体にタトゥーとして「記録」（登録）してゆく様子が描かれるし、『インセプション』*Inception*（二〇一〇年）では、人間の深層の夢の世界が文字通り何層にもわたる「建築的《アーキテクチュラル》」な世界として築かれ、そのなかを夢の「設計者《アーキテクト》」やアイディアのハッカーたちが入れ子状に跳躍する。

そして、『インターステラー』では、世界規模の砂嵐による異常気象によって作物が枯渇した近未来、オルタナティヴな銀河にある居住可能な惑星を探査するために元宇宙飛行士のクーパー（マシュー・マコノヒー）をはじめとする宇宙船クルーがワームホールを通過した仲間たちを見つけだす物語が描かれる。主人公たちが複数の可能世界（並行宇宙）のルートを往復する本作のモティーフは、いってみれば、桜坂洋の同名ライトノベルを映画化したダグ・リーマン監督『オール・ユー・ニード・イズ・キル』*Edge of Tomorrow*（二〇一四年）と同じく、ソフトウェアやデータベース構造に典型的な「メタ物語性」を明確に宿しているといえる。

それは、このフィルムのクライマックスにおいてより明らかとなるだろう。数々のアクシデントを乗り越えて人類の絶滅を阻止しようとするクーパーは、巨大なブラックホールの内部に落下してゆくが、その内部には「テサラクト」と呼ばれる無数の立方体が幾重にもジェンガのように折り重なった不思議な時空がある。よく見ると、その立方体の一つひとつは、ずっと過去のクーパーの幼い娘マーフ（マッケンジー・フォイ）や現在のマーフ（ジェシカ・チャスティン）のいる部屋の書棚につうじる数多くの可能世界（時空）であった。クーパーは、それら可能世界の外部からそのひとつを覗きこんで、娘に何とかメッセージを送ろうと試みる。もはや明らかなように、このシークエンスは東浩紀がかつて「ゲーム的リアリズム」（『ゲーム的リアリズムの誕生――動物化するポストモダン2』）と呼んだ情報ネットワークの「ランダム・アクセス性」や「データベース性」を象徴的に具現化している。

そして、本論の文脈から興味深いのは、こうした趣向をそなえたこのフィルムがやはり強烈に、

『ゼロ・グラビティ』にもつうじる「不死性」、「生命」への志向をはらんでいることだろう。ブラックホールやワームホールをくぐりぬけ、ミッションを成功させたクーパーは、物語の最後のはるか未来でも変わらず頑強な肉体を保ち、あまつさえ老婆となった自分の娘の臨終の際にまで立ちあうことにもなるのだ。その意味で、ノーランの『インターステラー』もまた、ディジタル化と情報ネットワーク化がもたらした文化記号の生態系の論理に忠実に従っていたといえる(8)。

3 デジタル・ヴァイタリズムのふたつの顔——モジュール化するディジタル表象

とはいえ、以下からは、こうした現代の映像文化が大域的に置かれている生命論／生態学的な枠組みをもう少し腑分けして考えてみよう。

というのも、たしかに、現代の文化環境のもつ秩序のひとつの側面を生命論／生態学的な枠組みによって捉えることは有益である(9)。とはいえ、あらためて強調しておかなければならないのは、こうした高度なデジタル化と情報ネットワーク化によって形成された文化世界の実質を、たんに「生気論 vitalism」や「内在主義」のようなイメージのもとにすべてがネットワークとプラットフォームで一元的につながりあったホーリスティックな時空としてのみ考えることも、またバランスを欠くことになってしまう可能性があるからだ。

思えば、今日のデジタルデータの表象には本質的な二面性がそなわっているとみることもできる。というのも、一九九〇年代以降のデジタル映像で高度に発達したアンチエイリアス処理技術は、一方で、途切れが見えないシームレスかつプレーンな画像の表層（連続性）を獲得していった。しかし他方で、いうまでもないことだが、その画像の深層にあるのは、デジット（二進法）に基づくデータのブツ切り状態的な離散性（不連続性）である。

デジタル環境や情報ネットワークの生命体は、構造の側面にしろインターフェース（表象）の側面にしろ、こうした連続性（接続）と不連続性（切断）の二層構造に裏打ちされているのだ。なるほど、たしかにあたかも神経結合のごとく「連続／接続すること」（「つながり」や「ソーシャル」！）に沸いた二〇〇〇年代を経て、近年の思想動向や文化批評で優勢になりつつあるのは、むしろデジタルな「切断」や「離散性」、「不連続性」の重要さのほうを強調する類の言説であるようにも見える。後述

（8）別稿で詳しく論じたいが、Twitter の Vine 動画と『インターステラー』とのあいだには、後述する「新しい唯物論」の見地からも共通する要素があるように思う。サイボーグ倫理などとも深く連動する「新しい唯物論」や「オブジェクト指向存在論 Object-Oriented Ontology」では、長らく主体に対して従属的に位置づけられてきた「客体＝モノ」の多様な交流やうごめきを問題にする。むろん、その具体的背景にはドローンから Siri、Apple Watch、RFID タグにいたるまで、近年のデジタル情報技術と一体化したモノたちの自律的な活性化がある。Twitter のタイムライン上で動きだす無数の Vine 動画や、主人公たちと対等に活躍する『インターステラー』の二体のＡＩ「TARS」と「CASE」の設定は、明らかにこうした「モノの民主化」（ブルーノ・ラトゥール）の動向とも親和性があるだろう。

（9）蛇足ながら、現代の文化状況をこのような生命論／生態学的発想で理解するという傾向は、情報科学に限らず、一九七〇年代以降の先進諸国のバイオ産業からホーリズム的な地球化学や宇宙生物学の勃興まで、多方面でその徴候が認められる。ただ、そうした動向やリアリティの背景には、おそらく成長の限界（有限性）を内在的かつ自己組織的に克服しようと目論む新自由主義・保守主義的な欲望や戦略がかかわっていることは指摘しておかねばならない。本論のように文化を生命論的に捉えることの政治的危うさについては、慎重に腑分けして検討されねばならないだろう。以下の対話に示唆を受けた。大竹弘二・國分功一郎『統治新論――民主主義のマネジメント』太田出版、二〇一五年、二〇一頁以下。

するカトリーヌ・マラブーやクァンタン・メイヤスーの哲学をはじめ、感覚与件からの超出、すなわち「因果関係」（連続性）の知覚を徹底して排除したヒュームに注目する平倉圭のゴダール論や千葉雅也のドゥルーズ論などはその典型だろう(10)。

また、そもそも具体的な映像の現場に目を向けた時、その傾向はより顕著であると思われる。それこそYouTubeやニコニコ動画などの消費者生成メディア（CGM）に基づいた動画コンテンツが典型的であるように、今日、とりわけ若い世代に大きな支持や注目を集めている映像コンテンツは、その表象だけに限って見れば、極端なまでに「モジュール化」（脱文脈化）の特徴を帯びている。ありていにいってしまえば、昨今の人気の映像というのは、通常の感覚で考えれば、どんどん美的に「貧しく」――構造人類学ふうにいえば「冷たく」なっているように見えるのだ。

たとえば、二〇一〇年代初頭にこぞって隆盛を迎えていた「MAD動画」や「ニコマス動画」、「MMD」、「踊ってみた」などの一連の人気タグは、初音ミクや踊り手が人気楽曲にあわせてダンスするせいぜい数分程度の動画（フッテージ）にすぎない。

さらに、この傾向を極端に助長させているのが、現在のニコ動で圧倒的な人気を誇っている「ゲーム実況」動画やYouTube発の「YouTuber」の動画、また、やはりさきにも触れたVine動画でもある。これらの動画群は、いわばゲーム実況はビデオゲームやスマホゲームのプレイ画面をプレイヤーが「実況」するだけ、YouTuber動画は商品の宣伝などをするだけ、またVine動画は、おうおうにして撮影者の日常や突飛なパフォーマンスや顔芸などを面白おかしく撮影・編集しただけの、簡素で断片的なイメージのたわ／むれである。そこには、構築的な物語も描写も存在しない。かわりに、撮影対象と鑑賞者の隔たりの感覚が取っ払われ、ただ、映像からダイレクトかつ「ダダ漏れ」的に伝わるノリ

（リズム）と笑い、情動の力だけが過剰に露呈している。

また、こうしたテクストの本質的なモジュール性＝不連続性の印象は、むしろそれらの動画がTwitterのTLやニコ動といったプラットフォームを離れ、YouTube、まとめブログ、Facebook……といった無数のほかのプラットフォームで転送・再編集されるとき、より強められるだろう(11)。そして加えて、この傾向は以前、拙論で指摘したように（「イメージのヴァイタリズム」）、たとえば歴史的大ヒット作『アナと雪の女王』*Frozen*（二〇一三年）が膨大に派生させ、またその成功に大きく貢献した多様な「レリゴー」動画として既存の映画界にも確実に侵入してきている。

(10) 平倉は、それを「世界のヒューム化」と呼び、また千葉は、ヒューム主義に立脚する「切断的ドゥルーズ」の側面を強調した。平倉圭『ゴダール的方法』インスクリプト、二〇一〇年、四五頁、千葉雅也『動きすぎてはいけない――ジル・ドゥルーズと生成変化の哲学』河出書房新社、二〇一三年。

(11) そうしたコンテンツのモジュール化は、たとえば、楽曲、映像、マンガ、小説、アニメーション……と、まさにディジタル時代特有の「メディア収束」（ヘンリー・ジェンキンス）のマルチ展開を遂げている、じん（自然の敵P）の『カゲロウプロジェクト』（二〇一一年〜）においても基本的には変わらないだろう（飯田一史の指摘に従えば、「カゲプロ」の訴求力は、むしろコンテンツとコンテンツの「間隙」＝不連続性をユーザが埋めようとするところにある）。また他方で、さやわかはニコ動文化の本質をコンテンツの構成要素（映像と音声など）のモジュール化（分離可能性）に見ている（『一〇年代文化論』）。かれが注目するPerfumeをはじめ、神聖かまってちゃん、ゴールデンボンバー、SEKAI NO OWARIなど歌声をデジタル加工したり、実際に演奏しない「口パク性」や「エアプレイ性」をあえて強調するアーティストが支持を得ている事実も、以上の文脈を踏まえると示唆的である。

4 デジタル時代の「生命的な美」——「可塑性」から考える

いずれにせよ、こうしたデジタル／ネットワーク時代の映像のもつ生気論的な一元性・ホーリズムとは必ずしもフィットしないように見える、構造や表象のモジュール性、不連続性の相を、本論が定式化しようと試みている生命論的／生態学的な映像メディア論の文脈で過不足なく位置づけるには、どのように考えればよいのだろうか。

おそらく、このあたりの仕事内容は、二一世紀の実態に即応した新たな映像美学や映画批評の確立のためにもきわめて重要な意味をもっている。ここでその充分な解答が与えられるわけもないが、さしあたり最後に、いくつかの哲学的知見の助けも借りながらおおまかな論点を提示しておきたい。たとえば、ここで参照してみたいのは、「ウェブ2・0」の台頭と時を同じくして二〇〇〇年代なかばころから欧米の哲学界で活性化している、「思弁的実在論 speculative realism」や「新しい唯物論 new materialism」などと呼ばれる潮流を代表している哲学者のひとりであるクァンタン・メイヤスーと、実在論的傾向やヘーゲル哲学からの影響という点で、かれの思想とも関連しているカトリーヌ・マラブーの議論である。

まず、ドゥルーズの形而上学の強い影響を受けたメイヤスーの哲学において興味深いのは、ドゥルーズ的な生成の様相をまさに絶対的な「切断」（モジュール化）の相において捉えようとする点である。

メイヤスーによれば、わたしたちのこの世界の自然史や物理的・論理的な諸法則は、ある瞬間突然に、絶対的な偶然性で、何の根拠もなく、別様に、しかも実在的に生成変化しうる。「わたしが説く存在論的な道は、それら定数がいかなる理由もなしに、また従っていかなる必然性も持たずに、実効的に変化することができるということを想定することが、合理的に可能であると主張することからなるだろう。［…］したがって、「この世界における」全ての決定は、変更の余地があることになる。ただし、そのような変更には、いかなる究極的な理由も与えられえないであろう。なぜなら、その場合、最終原因が想定されなければならないが、それを等しく思考可能な他のものに優越して正当化することは不可能であろうからだ」[12]。つまり、そこでは、事物がかくあるしかたには連続的・因果的な理由が存在するという、法則や自然の斉一性（ライプニッツのいう「充足理由律」）が徹頭徹尾否定される。

グレアム・ハーマンが「とても強い相関主義」と呼び、メイヤスー自身は「潜在性 virtualité」などという術語でも定式化するかれのこうした特異な認識論は、千葉雅也によると、ポスト・デリディアンとして知られるマラブーにもある程度共通する。

あとに検討する「可塑性」という神経科学的な概念系を定式化するプロセスでマラブーは、脳科学の分野であつかわれる事故による「脳損傷」や「アルツハイマー病」などの疾患によって、やはり「自己」の連続的な来歴が決定的に「切断」された生成変化の様相に着目し、これを「破壊的可塑性 plasticité destructrice」と呼んでいるのである[13]。

何にせよ、さらに注目すべきなのは、こうした世界や歴史、自然の絶対的な「デジタル性」──離

(12) クァンタン・メイヤスー「潜勢力と潜在性」（黒木萬代訳）、『現代思想』一月号、青土社、二〇一四年、八〇〜八一頁、傍点原文。

散性やモジュール性を強調するメイヤスーが、ドゥルーズのベルクソン読解を解釈する過程で、生成の重要な内実をほかならぬイメージ＝物質の一種の「モジュール化」（「内在の微分」）に見ていることだろう。曰く、

> 物理学者がよく知っているように、ある大きさを取り出したり、構成したりするためには、変化量（variation）、つまり大きさの差分（différence）を自由に使用できることが不可欠である。たとえば、ある力の作用を取り出すためには、速度の変化量を自由に使用できなければならない。そこでこう述べよう。ドゥルーズ哲学における内在を取り出すためには、内在の変化量、つまりは、減少というかたちでの、内在の退潮（reflux）が必要なのだ、と。［…］
>
> 流動（flux）によって相互に結びつけられたこのようなイマージュに対して、諸々の遮断（interception）、すなわち削除（coupure）を加える必要がある。［…］
>
> 生成がある（*il y a du devenir*）。そして、生成とは、諸々の流動とそれらの遮断のことである。(14)

この生成変化における「遮断」を強調するメイヤスーの哲学的言説は、おそらく多様でスケーラブルになった今日のデジタル映像文化のコンテンツが、他方で極端にモジュール化を強めつつあることと照らしあわせるとき、じつに示唆的なものに響く(15)。そして、ここでつけ加えておかねばならないのは、そうした「流動の局所的希薄化（raréfaction locale）」（傍点原文）を担う存在こそが、ほかならぬ「生物」である、とメイヤスーが述べていることだろう。メイヤスーにとってもまた、生物＝生命こそ、生成変化のデジタル性を決定的に担うものなのである。そもそも他方でメイヤスーはいま

だ改稿決定版が公刊されていない博士論文（『神の不在』）や〇六年の論文「亡霊のジレンマ」などで、「神の復活」の問題についても主題的に扱っているが、これも千葉がいみじくも解説していたように、ライフログから遺産のデータベース化、死者のｂｏｔ化まで、「不死性」につうじる情報技術の現状と無関係ではありえないだろう(16)。

そして、こうした見取り図をより包括的に描きだすものとして、近年、マラブーらが中心となって練りあげられている「可塑性 plasticité」という概念がある。

(13) この点は以下の文献も参照。前掲『動きすぎてはいけない』、二七七頁以下、および北野圭介『制御と社会——欲望と権力のテクノロジー』人文書院、二〇一四年、三三二〜三三六頁。

(14) クァンタン・メイヤスー「減算と縮約——ドゥルーズ、内在、『物質と記憶』」（岡嶋隆佑訳）、『現代思想』一月号、青土社、二〇一三年、一四六〜一五七頁、傍点原文。また、ここでメイヤスーが用いる「遮断（interception）」という術語は、思弁的実在論の哲学にも大きな影響を与えているミシェル・セールの「傍受者 intercepteur」という概念とも共鳴する（『干渉』）。また、セールの「傍受者」の概念は、マラブーらの「可塑性」の概念ともほぼ重なるものである。セール思想と思弁的実在論との関係については、以下の文献が詳しい。清水高志『ミシェル・セール——普遍学からアクター・ネットワークまで』白水社、二〇一三年、第六章。

(15) 事実、以下の対談ではメイヤスー的な「切断」の問題系とデジタル文化との関係が触れられていた。小泉義之・千葉雅也「思弁的転回とポスト思考の哲学」、前掲『現代思想』一月号、青土社、二〇一三年、一三三〜一三四頁。

(16) 千葉雅也（聞き手：岡嶋隆佑）「思弁的実在論と新しい唯物論」、『現代思想』一月号、青土社、二〇一五年、八五頁。なお、「亡霊のジレンマ」でメイヤスーは、非業の死を遂げた亡霊たちに、いつか来るべき「不在の神」によって真の喪が実現することを「亡霊に生をあたえること」と記している。クァンタン・メイヤスー「亡霊のジレンマ——来るべき喪、来るべき神」（岡嶋隆佑訳）、同前、九一頁。

この可塑性とは、要は芸術作品もそこに含まれるあらゆる媒質が一定の「かたち」をなしてゆく「個体化 individualisation」の性質にかかわる、複数の変形作用の痕跡（履歴）が共存しうる動的なプロセスのことである。この言葉は、思弁的実在論や情報システム理論の文脈をはじめ、デジタルメディアの視覚文化全般をあつかう近年のいわゆる「ニューメディア研究」や「ポストメディウム論」など幅広い領域でにわかに脚光を浴びている。たとえば、マラブーは可塑性を以下のように説明する。曰く、

> 一度形成されるとその祖形を再び見出すことができない大理石彫刻のように、形態を保存するものこそが可塑的なのである。したがって、「可塑的」とは変形作用に抵抗しながら形に譲歩することを意味する。[17]

つまり、可塑性とは、あらゆるスタティックな構造化には還元されえないある種の「かたち」のなりたち方を意味しているといってよい。それは、むしろ絶え間なく抽象的な「硬直性」（形を受けとる既存の力）と、反対に多様な「柔軟性」（新たな形を与える力）とが重なるうちに置かれ（続け）る準均衡状態のプロセスのことである。「形を維持しようとする力能」（硬直性）と、反対に「形を与えようとする力能」（柔軟性）との複雑なせめぎあいから生まれる「準-安定状態 métastabilité」としての「かたち」＝「準-作品」。

以上のような可塑性のありようが、ここまで敷衍してきた、今日のデジタル／ネットワーク環境の接続（連続性）と切断（不連続性）との動的なかかわりあい（「諸々の流動とそれらの遮断」）にほぼ

正確に対応していることはもはや明らかだろう。事実、「減算と縮約」（初出二〇〇七年）のメイヤスーが、ベルクソンに即してイマージュの流動の時間と遮断の時間のカップリングを「持続のリズムの減速」として説明していたように(18)、可塑性概念は、しばしばヴェルナー・ヴィルヘルム・イェーガーやエミール・バンヴェニストらが注目した「流動化しつつある形態」（バンヴェニスト「リズムの概念」）を捉える「リュトモス ῥυθμός」＝「リズム」になぞらえて説明されてきた（たとえば、ジルベール・シモンドン）(19)。

さらに忘れず付言しておけば、この可塑性概念はマラブーがニューラルネットワークに着目していたように、本来的に、情報工学（デジタル・ネットワーク）と神経科学（生命論）の双方に親和性が

(17)カトリーヌ・マラブー『ヘーゲルの未来——可塑性・時間性・弁証法』西山雄二訳、未來社、二〇〇五年、三二頁、傍点原文。

(18)この点にかんして、動画以降の視覚文化を論じる石岡良治が、「リズムの尺度を複数化させること」の重要性を指摘しているのは、きわめて興味深い。石岡良治『視覚文化「超」講義』フィルムアート社、二〇一四年、二七八頁。

(19)ちなみに、ユニークな技術哲学を展開しているベルナール・スティグレールは、人間の内なる知覚や知、記憶とメディア技術とのあいだに一種の「可塑的」な共存関係（脱構築的関係）を読みとっているが、興味深いのは、スティグレールがその構造を、「意識は「つねに、そうとは知らずに映画をつくってきた」ようなもの」だと表現していることだろう。いうなれば、スティグレールの見立てでは、わたしたちの生そのものをなりたたせているものこそ映画テクノロジーであり、しかもその構造はすでにして可塑的である、ということにもなるわけだ。ベルナール・スティグレール『技術と時間3——映画の時間と〈難-存在〉の問題』石田英敬監修、西兼志訳、法政大学出版局、二〇一三年、二七頁、傍点引用者。また、マーク・B・ハンセン「メディアの理論」（堀口剛訳）、伊藤守・毛利嘉孝編『アフター・テレビジョン・スタディーズ』せりか書房、二〇一四年、一六四〜一八二頁も参照。

高いのである。

たとえば、ネオ・サイバネティクスや情報理論的パラダイムとも連動する一般システム理論の文脈では、この可塑性の役目を果たすのは、システム（自己）と外部環境（他者）を絶えず差異化（縮減）し続けながら「冗長性」と「変異性」の機能的カップリングのただなかでさまざまな個体を形成してゆく「コミュニケーション」である。そして、かつて『イメージの進行形』でわたしがMAD動画をつうじて論じたように、そうした「コミュニケーション」の可塑的プロセスの連鎖によってさまざまな「かたち」を生成する動画プラットフォームの映像コンテンツは、まさにひとしなみにこうした手続きに基づいているのだ。

さて、今日の映像文化において、こうした可塑的なプロクロニズムの「美学」をもっとも先鋭に体現しているコンテンツのひとつとして、おそらく「ゲーム実況」動画があるのだろう。

さきにも述べたように、ゲーム実況とは、「実況プレイ」とも呼ばれ、コンシューマのビデオゲームやスマートフォンのゲームアプリをプレイしながらプレイヤーがその模様を「実況」する数十分ほどの動画である。もとより、このゲーム実況動画もまた、数多くのニコ動のMADと同様、きわめて冗長な「ゲームのプレイ画面」という安定性・硬直性と、それを多様に変異させるメタデータとしての「実況主のパフォーマンス」という変異性・柔軟性という可塑的なカップリングによってその創造性（ジェネレイティヴィティ）を担保されている。さらに、「実況」という行為もまた、SNSをはじめとした昨今のコミュニケーションの過剰流動化のリアリティが大きな前提になっているだろう。

しかし、このコンテンツがひときわラディカルなのは、その前提にさらに輪をかけて、いっけん簡素で些末な動画の環境や表象に、多様な「可塑的プロセス」がインストールされていることである。

そもそも動画の主要なインターフェースをかたちづくっているゲームというソフトウェア自体がいうまでもなく、プレイヤーの能動的操作を引きだす「コミュニケーション志向メディア」（東浩紀）の最たるものであった。そのうえでゲーム実況は、動画で実際にゲームを実況しながらプレイするプレイヤーのコミュニケーションと、それを眺めながらありうべきルートを想像して楽しむユーザ（視聴者）のコミュニケーションとのあいだにも、いわば「諸々の流動とそれらの遮断」や「リズムの減速」を生みだす。

さらに、昨今のゲーム実況の場合、プレイされるゲームはホラーサスペンス系のソフトが多く、それを実況主が大仰かつユーモラスにリアクションしながら遊ぶ動画が人気を集めている。たとえば、まお『【実況】おじいちゃんが恐怖の森に閉じ込められたようです』（二〇一五年）は、ホラー系の人気フリーゲーム『DeathForest～森からの脱出』（二〇一四年）を、お笑い芸人・秋山竜次（ロバート）のキャラクターである「秋山森乃進」のものまねをしながらプレイするという動画だが、ゲームの内容以上に、実況主の絶叫や呟き込み、怯えといった情動的リアクション（「プロの実況」などとも呼ばれる）が凄まじく、もはや映像の添え物（メタデータ）の域を超えている。ゲーム実況においては、いうなれば、実況主と視聴者のあいだの脊髄反射的な情動性の量塊がひとびとの感情移入や快感を凝集させつつ拡散させる流れとして機能していることだ。この点もまた、一定のリズム（リトルネロ）を誘発する「情動性 affection」がコミュニケーションや可塑性の拡張に深くかかわるという点で重要だろう[20]。

何よりも、重要なのは、この動画がもとよりゲームのプレイ画面をつうじたプレイヤー（動画作家）のユーザ（視聴者）への「実況」＝コミュニケーションという相によって成立しているという点だ。いわば、この絶対的な「二人称コンテンツ」としてのゲーム実況の来歴が、今日の日本の動画文化に「可塑性」がもたらす創造性を豊かに取りこんでいるといえる。

いずれにせよ、「可塑性」という思想的知見ひとつを手掛かりにしても、生命論的／生態学的なエコノミーに満ちた現代のデジタル／ネットワーク文化の諸相に、おそらくある種の創造性や美のモデルを描きだすことができるだろう。と同時に、そのモデルがもつ理論的射程やリアリティの限界もまた並行して測定してゆく作業も必要になるはずだ。高度に複雑化し、流動化する二一世紀の映像文化を見渡す言葉を手にするのは決して楽な仕事ではない。しかし、あるいはそれゆえに、映画批評や映像論、視覚文化論といった言説には、まだまだ取り組むべき有益な作業がかかっている。本論はそのためのデッサンであった。

(20)「情動性」については、たとえば以下も参照。ブライアン・マッスミ「恐れ（スペクトルは語る）」（伊藤守訳）、前掲『アフター・テレビジョン・スタディーズ』、二七九～三〇三頁。

第二章▼「映画／史」の変貌

世界は情報ではない　濱口竜介試論

冨塚　亮平

無限の可能性という考えは、青春期の痛みであり慰めである。大人になることの唯一の利益、可能性の世界をあきらめる唯一の報いは、現在性の迎え入れである。——唯一の世界という真理における痛みと慰め、それは世界が存在し、私がその中に存在するということである。

スタンリー・カヴェル『眼に映る世界』

彼女は言う、「私があのとき、あなたにナイフを突きつけたことは覚えているの？」

あたかもふとしたことのように、大事なことではないかのように、彼女は話す。

ぼんやりとはね、と私は言う。そうされても仕方なかった、けど、あまりよくは覚えていないな。

なあもっと、もっとそれについて話してくれないか。

レイモンド・カーヴァー「親密さ」

0　メディウムの創造

「世界って、情報じゃないでしょ?」濱口竜介の『親密さ』、その第二部の演劇パートにおいて佳代子(伊藤綾子)は衛(佐藤亮)に力強くこう語りかける。この言葉は、それだけを取り出してみるならばいささか反動的に響くものである。日々様々な情報機器に囲まれて日常生活を送っているわれわれにとって、社会(世界)の高度情報化はもはや疑問の余地のない前提であろう。もちろん、映画や視聴覚文化全般をめぐる議論もそのような時代の変化に対応して不可避的な変化を被っている。たとえば、レフ・マノヴィッチは『ニューメディアの言語』において、従来の映画においてはライブ・アクションのフッテージが撮影に先立つ現実と指標(index)的な関係を特権的に保持していたものの、デジタル時代の映画ではCG技術の発展に伴いそういった指標性は消失するとする。「デジタル映画とは、多くの要素の一つとしてライブ・アクションのフッテージを用いる、アニメーションの特殊なケース」(1)に過ぎず、あらゆるアニメーション(映像)はピクセル、データの束(情報)として一元的に把握し得るとされる。かつてのフィルム時代における映画論では、アンドレ・バザンやアーウィン・パノフスキーによる、フィルムのスクリーンへの投影というメディウムの物理的基盤に立脚した、支持体としてのキャンバスの物質性を強調するクレメント・グリーンバーグによるモダニズム絵画論と相似形を描くような議論が大きな影響力を持って来た。しかし、フィルム上映を終了する映画館が激増する中、こうしたメディウム・スペシフィシティを志向する発想に代わって、映画論の文脈でもマノヴィッチ的なデータ(情報)一元論が影響力を増しつつある(2)。こういった現状に目を瞑り、ナイーブに映画の力を信じて製作を続けたところで、いわゆるシネフィル的な文化圏を越える範囲まで作品が届くことはもはやないだろう。確かに、いまや映画は、そして世界はある意味においては情報である。それは認めざるを得ない。しかし、だからといってマノヴィッチ的な還元主義(3)に抗する道が完全に閉ざされてしまったわけではない。

たとえばロザリンド・クラウスが一九九九年ごろから提唱している「ポストメディウム」の概念は一つの有効な対抗軸たり得るだろう。クラウスは「メディウムの再発明」(一九九九年)でオールドメディアの再解釈を肯定的に評価した後、『永続的目録』(二〇一〇年)など近年の著作では「技術的支持体 technical support」という用語を通して、物理的基盤ではなく、技法の水準で伝統の価値を再度掬いあげる方向性を提示した(4)。こうした近年の彼女の理論展開は、スタンリー・カヴェルが主

(1) レフ・マノヴィッチ『ニューメディアの言語——デジタル時代のアート、デザイン、映画』堀潤之訳、みすず書房、二〇一三年、四一四頁。

(2) 堀が訳者あとがきで指摘しているように、「ニューメディア」を単数扱いする彼の議論は、一方で旧来のメディウムの物質性からの解放を謳いつつも、他方でプラットホームとしてのコンピュータの単一性を強調している点で、ニューメディアのスペシフィシティを同定しようとする傾向をも帯びていると考えられる。(前掲書、四五七頁。)

(3) ここでその詳細な含意を分析することは筆者の手に余るが、堀が述べているように、マノヴィッチもコンピュータがメタ・メディウムとして機能することを前提としてではあるものの、*Software Takes Command*, Bloomsbury Academic, 2013. において複数の過去のメディアの慣習を再利用し、組み合わせる傾向を肯定的に評価する概念である「ハイブリッド・メディア」を提唱している。

(4) ロザリンド・クラウス「メディウムの再発明」星野太訳、『表象08』月曜社、二〇一四年、四六−六七頁、Krauss, Rosalind E, *Perpetual Inventory*. The MIT Press, 2010. pp. 37, 62-68.

に『眼に映る世界』（原書初版一九七一年、第二版一九七九年）で展開した映画の「自動性automatism」と「メディウムの創造」の議論に明らかに触発されたものである(5)。

カヴェルはまず『眼に映る世界』において、パノフスキーの「映画における様式と素材」を批判的に継承することで、メディウム・スペシフィシティの乗り越えを図ったと考えられている。グリーンバーグ同様メディウムの固有性を主張するパノフスキーに対しカヴェルは、「メディウムの可能性」を重視する。諸々の映画技法は「意義あるものとして使用された場合にのみ、はじめて意味を持つ」（木原、一九三頁）(6)とされる。こうした意義significanceある技法の使用をカヴェルは「メディウムの創造creation of a medium」と呼ぶ。

「最初の成功したいくつかの映画——すなわち、映画として受け入れられた最初の動く写真——は、所与の可能性に規定されたメディウムの適用ではなく、個々の可能性に意義をあたえることによってひとつのメディウムの創造をなし遂げたのだと。」

（『眼に映る世界』、石原陽一郎訳、法政大学出版局、二〇一二年、六三頁一部改訳）

メディウムの物理的基盤からは区別される技法の再解釈・発展を評価する、当時はほぼ黙殺されたこの概念は、マノヴィッチ的なデータ一元論へのオルタナティブとしてデジタル映画時代の到来とともに、ようやく正当な注目を得るに至っている(7)。また、カヴェルは「映画とは何か」という根源的な問いへの答えをまず、他の諸芸術との明確な差異であるその機械性＝自動性に見出した。木原圭翔が詳細に論じているように(8)、『眼に映る世界』初版時点までのカヴェルは、ジェイムズ・エイジーやロバート・ウォーショーといった自国の映画批評家の影響も消化しながら、「大量の普通の映画が、芸術作品と同等の価値を有してしまっている」状況を、バザンによる自動性の議論を参照しつつ映画だけがモダニズムを回避できたという立場から論じていた。しかし、ヌーヴェルバーグ以降の「現代映画」に触れる中で明確な方向転換を行った彼は、一九七九年の『眼に映る世界』増補版以降では、古典映画をモダニズム映画として理解する立場を取るようになる。その結果カヴェルは、編集や撮影の技法を思考する際に用いた「メディウムの創造」の概念を、古典ハリウッド期のジャンル映画の性質にまで広げて考えるようになる。(「メディウムとしてのジャンル genre as medium」)その

(5)「共同討議　ポストメディウム理論と映像の現在」、『表象08』、一八-四五頁、北野圭介『映像論序説〈デジタル/アナログ〉を越えて』、人文書院、二〇〇九年、九七-一〇七頁を参照。また、七十年代から現在に至るクラウスによるカヴェル観の変遷については、石岡良治「メディウムの肌理に逆らう　ロザリンド・クラウスにおけるポストメディウムの条件」『述3』、明石書店、二〇〇九年、一五六-六四頁に詳しい。

(6)詳しくは、木原圭翔「スタンリー・カヴェル『観られた世界』における「自動性」と「メディウムの創造」」『演劇映像学』2011第1集、早稲田大学演劇博物館グローバルCOEプログラム「演劇・映像の国際的教育研究拠点」、二〇一一年、一八五頁-二〇三頁を参照。

(7) D.N. Rodowick, *The Virtual Life of Film*, Harvard UP, 2007 pp. 25-189. ロドウィックは同書の第二章、第三章でそれぞれカヴェルとマノヴィッチを中心的に扱っている。デジタル化以降にカヴェルの「自動性」をめぐる議論に改めて注目することで、マノヴィッチ的な還元主義への批判・補足を試みる姿勢は本稿の関心と重なる。

(8)木原圭翔「芸術化する映画――スタンリー・カヴェルの古典的ハリウッド映画論について」、『映像学』八九号、日本映像学会、二〇一二年、五-二一頁。

後カヴェルは、特に「再婚喜劇 comedy of remarriage」と「知られざる女のメロドラマ melodrama of unknown woman」の二つのジャンルにそれぞれ焦点を当てた『幸福の追求』（一九八一年）、『抵抗の涙』（一九九六年）を書き継ぐことで、遡及的に古典ハリウッド映画の「メディウムの創造」の局面をモダニズム芸術として論じていくこととなる。

濱口竜介の作品もまた、デジタル時代の視聴覚文化をめぐる以上の状況を踏まえた、単なる懐古趣味とは異なる伝統の再活性化、再発明の試みとして理解することができるように思われる。そこで本稿では、濱口作品を単一のメディウム・スペシフィシティに帰着しない、現代のポストメディウム状況に開かれた「メディウムの創造」の試みとして以下四つのレベルに分けて評価したい。

第一に、クラウスの「技法的支持体」の議論とも関連する既存の撮影技法の再解釈、再創造の観点から、主に『東北記録映画三部作』以降に前景化する対話場面の独特な撮影法がもつ意義について考察する。

次に、ジャンル映画としての濱口作品の魅力について、カヴェルによる「メディウムとしてのジャンル」の議論を参照しつつ、再婚喜劇やメロドラマというジャンルの蓄積をいかにアップデートしているか、という視点から論じる。

そして第三に、映画と他ジャンルの芸術の異種混交性および、濱口作品に頻出する入れ子構造に代表される形式的操作の含意についてマイケル・フリードによる複数の「慣習 convention」の共存に関する議論を引きつつ具体例に則して考えていく。

最後に、それら形式面に関する議論を踏まえたうえで、具体的な内容により踏み込んで、濱口作品における「対話」や「言葉」の意義を改めて捉えなおすことで結びとしたい。形式と内容が高度に拮抗する濱口作品の達成について思考する中で、一見反時代的に響く「世界は情報じゃない」という言葉が、いかにして明白な説得力を持つものとしてわれわれ観客に届けられるのかを明らかにすることが本稿の最終的な目的である。

1　「距離」と「親密さ」――「てんでんこ」なままで連鎖するショット

まず簡単に監督の来歴について確認しておきたい。濱口竜介は一九七八年生まれの映画監督であり、現在までに九本の長編作品、加えて数本の中短篇を世に送りだしている。東京大学映画研究会の卒業制作であり実質的なデビュー作である長編『何食わぬ顔』（二〇〇三年）は、映画研究会に所属する学生達がサークル内で監督を務めていた先輩の突然の死を契機に、彼が途中まで撮影した作品を完成させるために奔走する前半部と、完成した映画内映画を上映する後半部に別れた作品である。映画内映画である後半部の役名に俳優達の本名が使用されている点など、後の作品群に連なる虚実の境界を攪乱する要素がすでに確認できる。俳優ワークショップENBUゼミナールに所属する学生達の修了制作として、監督に濱口を迎えて制作された四時間超にわたる大作『親密さ』（二〇一二年）では、実際のワークショップの進行状況自体が作品に取り込まれている。それぞれ二時間程度にわたる、映画内演劇の準備段階を追ったドキュメンタリータッチの第一部と、実際に上演された演劇を撮影した第二部に、上演後の挿話であるごく短い第三部が加わった構成は、『何食わぬ顔』の構造を反復的に受け継ぎつつ発展させたものであると考えられる。

その他の主なフィクション長編には、結婚を間近に控えたカップルを中心とする男女五人の恋愛感情のもつれを描いた群像劇である『PASSION』(二〇〇八年)、二人の韓国人男性写真家と、後に写真家のモデルとなる一人の日本人男娼の三角関係を描いた『THE DEPTHS』(二〇一〇年)などがある。前者は東京芸術大学大学院映像研究科の修了作品であり、第九回東京フィルメックスのコンペティション部門にも選出された。また後者はスタッフ・キャストともに日韓合作で制作されたことが話題を呼んだ。

加えて濱口はドキュメンタリー作品にも精力的に取り組んでいる。酒井耕との共同監督で制作した連作ドキュメンタリー長編『東北記録映画三部作』は、東日本大震災後の東北で被災者へのインタビューを時間と場所を変えて撮影した『なみのおと』(二〇一一年)、『なみのこえ 気仙沼』(二〇一三年)、『なみのこえ 新地町』(二〇一三年)と、仙台で民話伝承を行う小野和子の活動を追った『うたうひと』(二〇一三年)の全三部四作から成る。二〇一五年には神戸でワークショップを重ねつつ長期間にわたり撮影を行った三年ぶりのフィクション長編で、主演女優四名が第六八回ロカルノ国際映画祭にて日本人初の最優秀女優賞を受賞した『ハッピーアワー』の公開が控えている(9)。ちなみに、おそらくは予算上の理由からであると推測されるが、『何食わぬ顔』、短篇『記憶の香り』(二〇〇六年)を除いて大部分の作品はデジタルで撮影されており、その点から濱口が頑なにフィルム至上主義的な発想を保持しているわけではないことが窺い知れる。

さて、「メディウムの創造」という観点から濱口作品について考えるにあたり、ここでまず多くの作品にまたがって登場するある構図について考えてみよう。『親密さ』第一部のワークショップ場面において印象的なもののひとつに、演出の令子(平野鈴)が各劇団員と一対一で向き合いインタビューを行う場面がある。劇団員ミッキー(田山幹雄)へのインタビューでは、質問に答える側の彼、聴き手側の令子の様子がそれぞれ画面中央に真正面から捉えられる。対話はショット／切り返しショットの要領で編集されているが、一般的なショット／切り返しショットの連鎖とは異なり、そこでは対話を行う二人が同時に画面に映ることはない。この小津安二郎作品を思わせる構図は、その後『東北記録映画三部作』、中編『不気味なものの肌に触れる』、短篇『Dance for Nothing』（二〇一三年）において、若干形を変えつつも反復的に登場している(10)。

中でも印象的なのは『東北記録映画三部作』のケースであろう。『なみのおと』、『なみのこえ』は基本的にある程度親しい関係にある被災者二名が向き合って対話を行う形で撮影されている。話題は震災当日の生々しい記憶から、時に脱線し日常会話に近いものにまで至る幅広いものである。時には東北側の語り手が一人である場合もあるが、その時には必ず濱口、酒井のいずれかが聴き手として画面に登場することで、向き合っての対話という形式が保たれる。小野和子に焦点を当てた『うたうひと』もまた、各民話の語り手から小野が話を聴く様子が同様の形式で常に画面に映し出される。

トークショーにおける監督自身の説明によれば、これらの場面は斜向かいに位置した二人の対話者それぞれの正面にカメラを配置することで撮影されている。つまり、実際には話し手は聴き手ではなくカメラを向いて話しており、聴き手も同様にカメラを向きながら話を聴いているのである(11)。こ

(9)現在のところ、ソフト化されている作品は『PASSION』のみ（『東京藝術大学大学院映像研究科　第二期生修了作品集2008』所収）であるが、中編『何食わぬ顔（short version）』（二〇〇二年）、『不気味なものの肌に触れる』（二〇一三年）については、映画配信サイトLOAD SHOWよりダウンロード購入が可能である。

(10)『なみのおと』の公開は『親密さ』よりも早いが、はじめてこの形式で撮影が行われたのは『親密さ』の対話場面であると思われる。

れらの場面では、一方で明らかに特定の聴き手に向けて放たれた発話が、しかし他方でカメラという機械に差し向けられることで、あたかもそれを見る我々観客ひとりひとりへ直接語りかけているように感じられるという奇妙な事態が現出する。また、逆にカメラが聴き手側を正面から捉える場合には、観客は自らが彼等に語りかけているかのような錯覚を覚えることになる。そこで観客は対話者の立場を、そして実際にカメラの背後に位置していることが多かったという監督たちの立場を自らにある程度重ね合わせながら、これらの魅力的な対話場面を観賞することになるのである。では、濱口は具体的この技法にどのような「意義」を与えている、と言えるのであろうか。

まず松井宏が指摘している通り(12)、この技法は『なみのおと』で言及される「津波てんでんこ」(13)という言葉の内実を具現化したものであると考えられる。これらの場面を構成する話し手、あるいは聴き手のみを捉えたそれぞれのショットはバラバラで孤独であり、言うなれば「てんでんこ」に作られたものである。震災直後に流行した「つながり」や「絆」を安易に肯定することで地域や共同体の復興を目指す発想とは全く逆に、極限状態では人は「てんでんこ」に生き延びるしかないという厳しい前提に立った上で、孤独なものたちがそのままで共存できる家族、共同体の可能性を模索すること。いったんバラバラに切断されたショットを編集によって再び連鎖させることで、他者との間に存在する決して越えられない「距離」(14)をあくまで保った上で、それでもなお「親密さ」を希求するような関係性を描き出そうとするこうした試みは、明らかに濱口の全作品を貫く最も重要な要素の一つであると考えられる。

『なみのおと』で前景化されたこのテーマと技法は、遡及的に振り返ってみるならば、実は全く同一の形ではないにしろすでに『何食わぬ顔』や『THE DEPTHS』における電車の場面に現れていた、と言うことができるかもしれない。『何食わぬ顔』の前篇・後篇にはそれぞれ全く同じ人物・構図で撮影される場面が登場する。電車のボックス席の窓側、左奥に先輩の男（松井智）が、右手前に後輩の女（石井理絵）が斜向かいに座り、二人が基本的に互いに眼をあわせることなく対話を行うという この場面の構図は、カメラ位置こそボックス席手前の通路側から窓側に向かって両者を同時に捉えている点で先に紹介した場面と異なるものの、基本的な位置関係はそれらと同一である。この作品では、

---

(11)『Dance for Nothing』における演者同士のインタビュー場面は、対話者が互いに正対し、固定カメラを使用せず撮影が行われている点で他の例と若干異なる。本作では、聴き手が自ら手にした手持ちカメラで話し手を撮影する形式が採用されているが、上記の作品群と異なり、ラストシーンでただ一人電車に乗り遅れることで観客に強い印象を残す女性の例を除き、その他の対話場面は十分な強度に達していないようにも見える。この印象は、各対話場面を実際に撮影するまでに対話者と監督・スタッフらが共に過ごした準備期間の長さとも関わっているように思われる。

(12) 松井宏『なみのおと』酒井耕&濱口竜介
http://www.nobodymag.com/journal/archives/2012/0219_0005.php

(13)「てんでんこ」は、「各自」「めいめい」を意味する名詞「てんでん」に、東北方言などで見られる縮小辞「こ」が付いた言葉。「津波てんでんこ」を直訳すると、「津波はめいめい」となり、「津波が来たら、取る物も取り敢えず、肉親にも構わずに、各自てんでんばらばらに一人で高台へと逃げろ」を意味する。「自分自身は助かり他人を助けられなかったとしてもそれを非難しない」という不文律でもあるとされる。（Wikipediaを一部修正）

(14) カヴェルがその映画論においてもたびたび言及するアメリカの哲学者・詩人ラルフ・ウォルド・エマソンはその友愛論において、「無限の遠隔性 infinite remoteness」という表現をはじめとして、他者との「距離」を前提として結ばれる友愛関係の重要性を強調している。Cf. Emerson, Ralph Waldo. "Love," "Friendship" *The Complete Works of Ralph Waldo Emerson. Concord Edition.* Vol.2. Houghton, Mifflin, 1903-4, pp. 167-188, 189-217.

明言はされないものの後輩女性が先輩男性に、彼は同級生の別の女性に好意を寄せていることがそれとなくほのめかされており、二人の間に流れるある種のぎこちなさが、構図に反映していると考えられる。このぎこちなさは二人のコミュニケーションにも表れている。映画撮影の様子を追った前半の場面では、まず先輩は後輩に話しかける代わりにサンドウィッチを手渡す。「先輩優しいですよね。サンドウィッチくれたからじゃないですよ。」とさりげなく好意をアピールする後輩に対して、先輩は言葉で応えることなくもう一つサンドウィッチを渡す。映画内映画で描かれる後半の場面では、窓に映る夏の青空を背景に、後輩が「なつ」からはじまる広辞苑の項目の意味を順に読み上げていく。「なでる」の項を読み終えた彼女が、無言で聞いていた先輩を実際になでるところでカメラが若干寄って、この美しい場面は終わる。

サンドウィッチや辞書といった、日常会話の言語とは異なるメディウム＝媒体を介在させることで、斜向かいの関係性を架橋するようなこうした傾向は、『THE DEPTHS』でも反復されている。共に韓国へ向かうことを決めた写真家ペファン（キム・ミンジュン）と男娼リュウ（石田法嗣）の二人は電車で空港へと向かう。ここで斜向かいに座った二人は、対話を交わす代わりにペファンのデジカメで互いを写真に撮りあう。正面から向き合って対話を交わせない二人は、ここでもカメラという媒体を介してしかコミュニケーションできないのである。このように、斜向かいの位置関係となんらかの媒体を介した間接的なコミュニケーションによる「距離」の導入の要素は、『親密さ』のインタビュー場面以前にも、すでに今あげた形で存在していたと考えられるのである。この元来濱口が保持していたと思しき「距離」にまつわる問題意識こそが、その後先にあげた技法の創造を通じて、よりシャープな形で観客に強く印象付けられることになったのであり、その意味でここでは技法の意義ある使用、すなわち「メディウムの創造」が実現されていると言えるのではないだろうか。

また、いわゆる小津調と呼ばれ得る構図にいかにして新たな意義を見出すか、という観点から見た場合、前述の場面と並んで興味深いのが、『親密さ』第二部演劇パートにおける二つの対話場面である。第一に、佳代子が元彼氏であるノボル（菅井義久）と二度にわたり喫茶店で語り合う場面がある。そこでは座席に腰掛けた二人が向かい合って対話するパートと、二人が正対せず、横並びになって客席側を向いて行う対話を、カメラが正面から捉えたショットを連鎖させることで再構成したパートが共存している。かつて築いた親密な関係性がすでに破綻してしまったことを示唆する、気まずい対話の内容と呼応するような断絶の感覚が、ここでの編集には現れている。第二に、同じく彼女が生き別れた異父兄弟である衛と再会後に行う対話の場面がある。手紙を出してから再会後の印象までを二人が率直に語り合うこの場面では、舞台向かって右手前に衛、左奥に佳代子がそれぞれ位置する。第一の例と同様、ここでも二人が相手側を向いて話すパートと、ともに客席側に向かって正対する形で対話が展開されるパートが並置される。場面の全体図を捉えたショットを時折挟みつつも、カメラは基本的に二人をそれぞれ正面から画面中央に捉えるが、そこで二人は全く同じような姿勢でフレームに収まる。

これらのショットを連鎖させることで、作中演劇では観客に向かって語りかける形で持続的に構成される対話が、映画ではいかにも小津的な「カット間の絶対的な隔たりを隠さず、ショットを一つ一つ単なる存在の記録へと還元していく」[15]視線の「つなぎ違い」を通して表現される。濱口は、小

（15）「小津安二郎映画讀本一〇一三」、『BRUTUS 七六七号　小津の入口』マガジンハウス、二〇一三年　における濱口自身の記述。

津による歌舞伎演目の記録映画である『鏡獅子』（一九三六年）に「舞台芸術の最大の特徴である「持続」の切断」を見出しその峻烈さを評価しているが、同じようにここでは演劇における「持続」が、映画では絶対的に隔たった、互いに「距離」をはらんだショットへと一端切断されたうえで、再度連鎖させられている。ここで改めて、『親密さ』第二部において、佳代子が構築した距離を孕んだふたつの親密な関係を描く際にこそ、正面撮りの撮影法が選択されているということを想起しよう。濱口や撮影監督が実際にどの程度小津的な構図を意識していたかは定かではない。しかし、劇中劇を映画化するにあたり、かつて小津安二郎が生み出した技法の再解釈(16)とも捉えられる演出を通じて濱口はここでも一貫して、人がいかにして所有や完全な理解に至ることなく、ある種の「距離」を保ったまま他者と「親密」な関係を構築することが出来るか、を思考し表現していると考えられるのである。

2　ジャンル映画としての濱口作品

濱口作品の際立った特徴の一つに、その尋常ではない台詞量の多さがある。濱口自身に影響を与えた万田邦敏の『UNLOVED』（二〇〇一年）などを数少ない例外として、日本映画では他に類例を見ない「言葉の映画」である濱口作品は、その意味で古典ハリウッド期のスクリューボール・コメディやメロドラマとの親近性を持っていると指摘することが出来るだろう。では、恋愛や結婚をめぐる男女の会話劇としてのこれらジャンル映画の蓄積に対して、濱口はいかなる意義を付与していると考えられるだろうか。

まず挙げなければならないのは、藤井仁子が『親密さ』について指摘している「ゴールの宙吊り」の要素(17)である。その典型例として、濱口作品における「結婚」の位置付けを見てみよう。『PASSION』と中編『永遠に君を愛す』（二〇〇九年）の二本は、結婚を決めたカップルが、仲違いし一旦は別れを決意するも最終的に再び同じパートナーを選び直す、カヴェルの言う「再婚喜劇comedy of remarriage」の変奏とも考えられる形式を持った作品である。しかし、それぞれのラストシーンの印象は、カヴェルが『幸福の追求』で論じた古典ハリウッド期の作品群(18)と比較しても明らかに異様なものである。それらの作品群は、カヴェルがその哲学全体の通奏低音の一つである「懐疑主義skepticism」と結びつける形で、その後のカップルの行く末にある種の不確定要素を読みこんでいるケースもあるものの、基本的には定型的なハッピーエンドの枠内に収まるものである。しかし、濱口作品の場合そもそも結婚の決意に至る過程自体がにわかには信じがたいものである。

(16) 詳述は避けるが、小津との類似はその他の作品にも見られる。短篇『記憶の香り』では、毎朝バス停に一人座る少女と主人公の交流が描かれる中で、二人がバス停横に並んでしゃがみこむ場面が、あたかも小津作品内の河原で笠智衆と原節子が並んで座っている場面を思わせる構図で撮影されている。また、『Dance for Nothing』にはどこか小津的とも思えるエンプティショットが複数回にわたって登場する。

(17) 藤井仁子「たどり着くことから解き放たれてすべては「はじまり」となる　『親密さ』」http://kobe-eiga.net/webspecial/review/2013/06/ 第十二回『親密さ』/

(18)『レディ・イヴ』（一九四一年）、『或る夜の出来事』（一九三四年）、『赤ちゃん教育』（一九三八年）、『フィラデルフィア物語』（一九四〇年）、『ヒズ・ガール・フライデー』（一九四〇年）、『アダム氏とマダム』（一九四九年）、『新婚道中記』（一九三七年）の七本。

『PASSION』最終部では、浮気をくり返し前夜も別の女の家で過ごした智也（岡本竜汰）が、朝方同棲相手の婚約者である果歩（河井青葉）の待つ家に帰宅する。それまで一途に智也を思ってきた果歩だったが、彼女もまた、智也が他の女の家から帰宅しない旨を朝方来宅した智也との共通の友人である健一郎（岡部尚）に伝えられると、果歩をずっと想ってきた彼と共に外出しそこでキスをしてしまう。直前まで別の異性と過ごした二人は朝になって再会、智也は果歩に別れを告げ一旦は家を出るものの、暫くして再び彼女の元へ舞い戻る。二人が抱き合い復縁を予感させるところで映画は終わる。見かけ上は古典的なハッピーエンドを踏襲しつつも、このカップルがその後もトラブルなく幸福に暮らしていく可能性を想像することが極めて困難な点において、これは極めて異様な結末であるという他ない。

また、渡辺裕子脚本の『永遠に君を愛す』では、結婚式当日に河井演じる新婦永子の浮気と妊娠が明かされる。衝撃の事実が発覚するとともに新郎新婦両者の家族によるドタバタが繰り広げられ、一旦は結婚式の中止が検討されるが、お腹の中の子が婚約者誠一（杉山彦々）の子であるか浮気相手である元恋人（岡部尚）のものであるかは明かされぬまま、二人はそれでも結婚を決意する。誠一の方ではなくカメラを向きながら結婚式の挙行を宣言する永子の形容しがたい表情は、同じカヴェルによるメロドラマ論『抵抗の涙』で詳述された『ステラ・ダラス』（一九三七年）末尾のステラの表情を想起させる。引き続き笑顔とはほど遠い表情を保つ永子が愛を誓い結婚式を挙げるところで映画は終わるが、NOT THE END の字幕とともに、ここでもその後のカップルの関係性は宙吊りになったままである[19]。さらに『THE DEPTHS』では、冒頭の結婚式中に新婦が交際相手の女性と失踪してしまうし、妻子を持つペファンはモデルとしての魅力を見出した男娼のリュウに惹かれる気持ちを抑えられない。

このように、濱口映画では「結婚」が関係の到達点・ゴールとして表現されることは決してなく、古典期の「再婚喜劇」よりもはるかにあからさまな形で、常に関係が破綻する可能性が同時に示唆されるのである。しかしこのことは、裏を返せば結婚や交際という形では成就しなかった関係性に対して、あり得たかもしれない幸福で親密な関係が常に想定され得るということも意味する。『PASSION』や『永遠に君を愛す』において岡部が演じる男の、上手く表現できない好意を密かに保ち続ける不器用さや、『THE DEPTHS』や『親密さ』で全編にわたりメロドラマ的にすれ違い続ける登場人物達の誇張された想いが観客であるわれわれの胸を打つのは、根底にあるこの関係性の不安定さへの認識ゆえである(20)。

こうした傾向を濱口は、明らかに敬愛するジョン・カサヴェテスから引き継いでいると考えられる。アメリカン・ドリーム、民主主義の理想の実現を描いたフランク・キャプラの映画を愛しつつもカサヴェテスは、自らの映画がそうした理想をストレートに称揚するものにはなり得ないことについて、繰り返しインタビューで言及している。理想の実現というゴールを無邪気に信じることが出来ない彼の映画は、そのためほとんどわかりやすい定型的結末で締めくくられることがない。カップルの結婚

(19) 本作について大阪（第七藝術劇場）での上映後トークで濱口は、『まだまだ永遠に君を愛す』という人を食ったようなタイトルでの続編制作の可能性について言及していた。

(20) ジェフリー・スティールは先にあげたエマソンの友愛論について、その最大の特徴を「根源的な不安定性 fundamental instability」に見ている。Cf.Steele, Jeffrey. "Transcendental Friendship: Emerson, Fuller, and Thoreau." *Cambridge Companion to Ralph Waldo Emerson*, Cambridge UP, 1999, pp.121-139.

によって締めくくられる数少ない例外である『ミニー&モスコウィッツ』（一九七一年）にしても、その奇妙極まる結婚式場面には濱口作品同様のある種の不穏さが貼りついている(21)。遺作『ラブ・ストリームス』（一九八七年）のタイトルに象徴されるような、愛や憎しみといった感情の、決して一定のゴールにたどり着いて収束することのない不断の「流れ」こそ、カサヴェテスと濱口の表現の核心にあるものであろう(22)。

一方で藤井も述べる通り、濱口は「いまだにプロダクション・コードが存在しているかのようにあえてふるまうことで、反時代的な上品さを保とう」としているわけでは無論ないが、他方で決して古典映画のあらゆる蓄積を破棄して制作を行っているわけでもない。濱口は、自らが映画を撮る前に頻繁に観直す作品として、ハワード・ホークス『リオ・ブラボー』（一九五九年）とジョン・カサヴェテス『ハズバンズ』（一九七〇年）を挙げている。ハリウッドの撮影所システムの叡智を結集させた、蓮實重彦が言う古典ハリウッド映画の「説話論的経済性」の極致とも言うべき前者と、わかりやすい形での洗練を志向せずあくまで登場人物の生々しい感情の発露をこそ主題とする、ポスト・スタジオシステムを代表するインディペンデント作家による後者の一見不可能な融合こそが、濱口映画では目指されているのである。再婚喜劇やメロドラマに関するジャンル映画の蓄積を巧みに利用して（「メディウムとしてのジャンル」）的確な演出を重ねつつも、決してわかりやすい結末には落としこまずカサヴェテス的な「ゴールの宙吊り」を表現する姿勢は、まさしくジャンル映画の現代的更新、メディウムの創造の一例として評価し得る。

もう一つ指摘すべき更新・再解釈の要素として、恋愛や親密な関係性を扱った作品群における、クィアな関係性の描写という視点を挙げることが出来る。明白に同性愛のテーマを扱った『THE

DEPTHS』、性同一性障害の詩人悦子が登場する『親密さ』などで異性愛規範に必ずしも収まりきらない多様なセクシュアリティが明示的に取り上げられていることは、『セルロイド・クローゼット』（一九九五年）などで分析されているように、長きにわたり多くのハリウッド映画がそうした要素を抑圧し排除し続けてきたこととは対照を成している。もちろん近年ではハリウッドを含む世界中でいわゆるＬＧＢＴを明示的に扱った映画は増加傾向にあるため、この点が濱口独自の視点であるということはできないが、たとえば『何食わぬ顔』における男三人の描写には、ホモエロティックな関係性と異性愛の興味深い並置が見られる。明らかにカサヴェテス『ハズバンズ』を意識したであろう濱口、松井、岡本の三人の関係性は、二部構成をとるこの映画の中で明らかに二通りに描き分けられているのである。それはどういうことか。

先に述べた通り、『何食わぬ顔』は、三人が所属する映画サークルの先輩である松井の兄が、生前

---

(21) カサヴェテスがジャンル映画の蓄積を自覚的に利用したもう一つのケースに、ギャング映画のフォーマットをある程度利用した『グロリア』（一九八〇年）があるが、この作品も実際にはほとんどジーナ・ローランズ演じる主人公の心理こそが関心の中心にあるように思われる。

(22) この点について、カサヴェテス研究の第一人者にしてカヴェルの弟子でもあるレイモンド・カーニーは、アメリカ文学とプラグマティズムの一九世紀から二〇世紀初頭にかけての伝統、具体的には主にエマソンやジェイムス兄弟らの作品との類似性を指摘している。また、本稿の視点から興味深いのは、『こわれゆく女』（一九七四年）最終部で共同作業をする夫婦（ジーナ・ローランズ演じるメイベルとピーター・フォーク演じるニック）の姿がはじめて二人きりでスクリーンに映し出される場面を、小津安二郎『お茶漬けの味』（一九五二年）最終部のリメイクのようであると論じている箇所である。（レイモンド・カーニー『カサヴェテスの映したアメリカ　映画に見るアメリカ人の夢』勁草書房、一九九七年、一九九頁。）

に途中まで撮影していた作品を完結させるため、濱口が監督を引き継ぐ形で残りの素材を撮り終えるまでが描かれる第一部と、完成した映画が上映される第二部から成る。ここで前半の撮影シーンで省略が行われていないと仮定すると、本作は前後篇を見比べた際にどの場面を濱口が追加で撮影したかがわかるように撮られていると考えることが出来る。第一部冒頭で、三人が煙草の先端を近づけて火をつける場面、あるいは空港の屋上での撮影において、フィルムを買ってきた岡本に抱きつく他の二人の描写など、第一部では随所に三人のホモソーシャルでブロマンス的な関係性が、古典ハリウッド映画のようにさりげない形で、しかしあっけらかんと描かれている。さらに、追加撮影パートでは初対面の濱口と松井が競馬場で女子たちと岡本に置いてきぼりを食らい、その結果なぜか帰りに二人でボウリングに行く場面が存在するが、そこにこそ劇中で最も親密な関係性が現れているように見える。事実、ボウリング場からの帰り、駅で電車を待つ二人が煙草を分け合う場面では、再び煙草の先端を近づけるキスを思わせる描写がある。それに対して、亡き松井兄が撮ったパートでは、男達の感情は明らかに異性愛的に描かれている。第一部終盤の競馬場の場面では、他人の作品を引き継いで完成させる際に後継者の創意が不可避的に紛れ込むことに対する違和感について議論が交わされるが、そのことが、二人が撮ったパートの明白な齟齬に対する伏線となっている。

この例に代表されるように、濱口作品では、異性愛、同性愛、トランスジェンダーの持つ関係、同性愛にまでは至らないホモソーシャルな関係といった、あらゆる「親密な」関係性、多様な性のあり方が、先述の対話者のケースや、次に述べる芸術諸ジャンルや諸メディアのケース同様に、等価なものとして民主的に並置されているのである。

3　複数の「慣習」の共存

ここまで見て来たように、濱口作品は過去の映画における特徴的な撮影技法やジャンル映画の蓄積を再解釈、更新することでそこに新たな意義を見出している。しかし、過去の映画をわざわざ遡って観賞する人間が明らかに減少しつつある現在では、こうした意義がなかなか多くの観客に伝わりにくくなっていることもまた確かであろう。また他方でＳＮＳの隆盛に伴い動画や写真が至る所に溢れ返っている現状では、古典ハリウッド期にカメラという機械の「自動性」に見出されたような独自性がすでに希薄化しているとも考えられる。こういった状況に鑑みてか濱口はドキュメンタリーと劇映画、映画とその他の視聴覚文化、さらには他ジャンルの芸術をいずれも同列に作品内で扱うことで、映像・動画の氾濫に拮抗しつつ作品にリアリティを担保しようと試みているように思われる。こうした傾向は、カヴェルの映画論にも影響を与えた「芸術と客体性」[23]の中で、彼の教え子でもあるマイケル・フリードがアンソニー・カロの作品を評価する際に用いた多数の「慣習 convention」の共存に関する議論を想起させる。フリードは、単一のメディウム・スペシフィシティを追求する作品が陥る袋小路から脱するため、後期ヴィトゲンシュタインの言語ゲーム論を引きながら、複数の「慣習」に関するゲームを単一の作品内で共存させることを、一つの突破口として提示した。支持体の特性のみ

(23) マイケル・フリード「芸術と客体性」川田都樹子、藤枝晃雄訳、『批評空間』臨時増刊号「モダニズムのハードコア」太田出版、一九九五年、六六－九九頁。

に拘泥する作品が陥りがちな画一性をなんとか回避する道がそこでは模索されたのである[24]。同様に濱口作品にも、映画史の伝統のみを基準として評価し得る範囲を逸脱した要素が随所に見られる。具体例を見てみよう。

まず、『親密さ』第一部でYouTubeやTwitter、携帯メールがしばしば物語の単線的な進行を妨げる形で登場することは、第二部の演劇上演における持続性と明白な対比を成しているように思われる。加えて、ニューメディア／演劇、切断／持続のこの対立の外部に位置するメディウムとして第二部終盤で重要な役割を担うのが手紙である。また、『THE DEPTHS』では写真家であるペファンが撮影を行う場面をしばしば劇中に挿入することで、写真／映画の対比が強調されている。さらに、近作の『不気味なものの肌に触れる』、『Dance for Nothing』ではそれぞれコンテンポラリーダンスが重要な役割を果たしている。しかし、これら他メディアや他ジャンルの芸術を映画内で扱うにあたり、濱口は決して映画と他の芸術Xの融合、といった方向性を目指しているわけではない。先に対話ショットの分析で示したのと同様に、それぞれのメディウムや芸術ジャンルは基本的に「てんでんこ」に並置されつつ、異質なまま共存している。そこでは第七芸術としての映画への収斂というよりはむしろ、距離を隔てた各ジャンルの対話、翻訳こそが目指されていると言えるだろう。

最も興味深いケースは『THE DEPTHS』における写真である。結城秀勇が指摘しているように[25]、映画冒頭で電車内にいる写真家ペファンが車外の風景を切り取る場面では、作品自体のシネマスコープのフレームとデジタルカメラのフレームの中間領域がグレーに塗りこめられ、「見られると同時に見なかったもの、カメラによって切り取られたと同時に切り取られなかったものにされる」。この冒頭の描写はラストシーンに明らかに反響している。彼が冒頭の場面で撮った写真の中にあった「並行する二つの線路」を想起させる、高速道路の「並行する車線」において、結局は別れることとなったリュウとすれ違うペファンは、自分に気づいて視線を送って来たリュウの表情を一旦はファインダーに収める。逡巡した結果彼にあわせてシャッターを切ることが出来な出来なかったペファンは、しかしその直後、もはやリュウの映っていない状態でそれでもシャッターを切る。最後に撮られた写真のフレーム内にリュウは存在しないが、その一枚はあたかも冒頭の場面でグレーに塗り込められた中間領域そのものを撮影したものであるかのように見える。写真と映画の不可能な「越境」が一瞬実現したかのように感じられる、フレームの外側を強烈に意識させるこのラストシーンは、二人のすれ違いの切なさ以上にある種の美しさをはらんでいる。濱口自身による相米慎二論における前期相米作品の分析(26)にも見られるように、「境界」と「越境」は濱口作品においても間違いなく重要な意味を持っているだろう。しかし、これまで確認してきた「距離」の問題の含意に鑑みれば、濱口作品においてより重要なのは「越境」の瞬間の興奮よりも、「越境」に向かったかと思えば、再び「境界」を明確化しようとする、寄せては返す波のようなリズムを持った、引力と斥力の絶え間ない運動であり、不断の流動性であろう。その意味で、ここでの映画と写真の関係はこれまで見てきた『THE DEPTHS』や『親密さ』における登場人物達のすれ違いや、対話場面での孤独なショットの連鎖と

(24) フリードやカヴェルが評価したのは、言うなれば複数のメディウム・スペシフィシティの共存とも言うべき事態であり、各ゲームの内部では支持体の特性が決して軽視されてよいとされているわけではないことにも注意を払う必要があるだろう。
(25) 結城秀勇「『THE DEPTHS』濱口竜介」
http://www.nobodymag.com/journal/archives/2010/1126_0047.php
(26) 濱口竜介「あるかなきか——相米慎二の問い」『甦る相米慎二』インスクリプト、二〇一一年、一三一-一三八頁。

パラレルに考えうるものである。

また、濱口作品に見られる複雑な入れ子構造や、フィクションの多重化と呼べる試みには、「顔のドラマトゥルギー」や「古典的ミメーシス」がもはや機能しえない現代にあって、それらをあえて機能させるために設定された、幻想としての「あり得ない場所」という性質があるように思われる(27)。佐藤亜紀は、ナボコフが『ベンドシニスター』(原書一九四七年)冒頭で採用する奇妙極まる記述を以下のように分析している。

まるでこうした正確無比な描写は、そうやって何重もの枠組みで囲い込んだ中でなければ展開できないと言わんばかりに。虚構の中の虚構における虚構の対象の視線を読み手の視線と重ね合わせた上で、きちんと見たものをきちんと書くこと。対象と視線と言語の対応は、実在しないものの中の実在しないものを、実在しないものの視点から見るように書くことによってしか実現できないと言わんばかりの周到さです。

(佐藤亜紀『小説のタクティクス』、一四五頁)

複雑な入れ子構造を用いてフィクションを幾重にも多重化していくこと。ここまでしてはじめて、薄皮一枚の上の世界をきちんと書く彼の超絶技巧が同時代の文脈においてリアリティを失わずにすむ、とナボコフは考えていたようである。文学と映画を安易に同一視することは避けるべきであろうが、「固有の顔」を描き出そうとするのであれば、同様の工夫が映画を撮る場合にも必要となるのではないか。おそらく、濱口の方向性はここでのナボコフに近い。学生時代に撮った最初期の短篇『映画を見に行く』(二〇〇一年)からしてすでに、彼はビクトル・エリセ作品がかかる映画館を舞台とする入れ子構造を採用していた。またとりわけ『何食わぬ顔』、『親密さ』では便宜的に分けるならフィクション、ドキュメンタリー、映画内映画(演劇)の三種類のレベルを複雑に組み合わせ、さらにそれを前篇・後篇として分けることで絵画のディプティックに近い効果を生んでいる。ここではつまり、ドキュメンタリー/フィクション、現実/虚構の関係が虚構内にも持ち込まれることで、形式的な強度、緊張が担保されていると考えられるのである。また、特に演劇は小説で言う「きちんと見てきちんと書く」にあたるような特質として、観客が俳優の内面吐露や大仰な感情表現を気恥ずかしさ抜きで受け入れやすいジャンルであるように思われる[28]。この特徴も重要であろう。

たとえば、『親密さ』ではそういった特質を持つ演劇というジャンルの中でさらに詩の朗読会という場が設定されることでもう一段フィクションが多重化されているし、『PASSION』で最も登場人物達の感情が高ぶるシーンとしてすぐ思い出されるのは、「本音ゲーム」のシーンである。夜中に貴子

(27) 佐藤亜紀『小説のタクティクス』筑摩書房、二〇一四年、二一〇-二一一頁を参照。「「顔」のドラマトゥルギー」は放棄される。世界がもはや安定した場所ではないことが暴かれた以上、自らの顔を獲得する人間、というドラマは成立しないからだ。」「古典的なミメーシスはもはや機能しない。それが機能する場所は安定した世界の中にしかないからだ。あえて機能させるには、そうした、幻想としての「ありえない場所」を設定する必要がある。」

(28) この点への自覚もあってか、『親密さ』の構造についてインタビューで濱口自身戸惑いを見せてもいた。「…出来上がった作品を見終わった後、元々の『親密さ』というプロットは「こういう形じゃないといつまでも実現しなかったかもな」と思いました。まあ、ちょっとフィクションのドーピングぽいなとも思いますが。」(映画芸術『親密さ』濱口竜介監督インタビュー　http://eigageijutsu.com/article/284405467.html)

（占部房子）の自宅を訪ねた毅（渋川清彦）は、同様に彼女の自宅を訪ねていた、果歩と婚約したばかりの智也と偶然出くわす。智也の提案に二人が渋々乗り、三人がそれぞれ自分に向けられた質問に対し、「本音」のみで回答しなければならない、「本音ゲーム」がはじまる。現代に生きるわれわれは、これは本音を言わなければいけない「ゲーム」です、ともう一段階別の枠組みで囲い込まれてはじめて、フィクション内の登場人物達の赤裸々な会話を冷めずに聴くことが可能になるのである。さらに言えば、『東北記録映画三部作』における震災の記憶や民話についての語りにもまた、先に述べた特殊な撮影方法の元、親密な関係性の相手であっても最初に自己紹介をしてから話を始めるという「ルール」を設定することで、密かにフィクション性を高める仕掛けが施されていたのではなかったか。

つまり、もはや現実を「安定した世界」、唯一無二のゲーム盤として捉える事は不可能になった、という前提をひとまず共有した上で、薄皮の下を意識させない（これは結局ある種の逃避にすぎないといえばいえるのかもしれないが）仮の新しいゲーム盤を、同時進行の他のゲームと緊張関係を保持できるように設定することが、濱口作品では追求されているように見えるのである。このフィクションの多重化を通じてのみ、カサヴェテス作品同様に必ずしもプロではない濱口作品の俳優達が、演技を通じて魅力にあふれた「固有の顔」、あるいは「固有の声」をそれぞれ「小さく、弱い」ままで獲得することが可能になるのである(29)。

4 「感情」の複数性

ここまで長きにわたる迂回を通じて濱口作品の形式面の特徴を分析してきた。しかし、この迂回は必要不可欠なものであったと思われる。塩田明彦は『映画術』において、単に感情をむき出しにしているだけの俳優の演技がしばしば観客には一本調子な「気持ち」の表現にしか見えず退屈に映ることを指して、「カサヴェテス病」という卓抜な命名を行っている(30)が、濱口作品がこの「カサヴェテス病」に陥っていないのは、あくまでも徹底した形式化ゆえである。しかし、もちろん濱口映画最大の見所はその複雑な形式性のみにあるのではない。われわれ観客に鮮烈な印象を残すのは、主題と密接に関わる形で「創造」された形式を内側から食い破るような、登場人物たちの感情的に高揚した語りや行為の応酬である。形式化の果てに映し出される俳優達の「固有の顔」や「固有の声」、彼等の行為、演技を通じて表現される不断の「感情」の流れこそが、真に重要なのだ。

たとえば、塩田やカーニーがカサヴェテス作品の登場人物について指摘している「感情」の複数性という要素は、濱口にも明確に受け継がれているだろう。『PASSION』ではまさにタイトルにある通りパッション＝激情に駆られた登場人物達が、それまで交わしてきた夥しい量の会話の内容を裏切るかのような行為に出る瞬間にこそ、単なる虚構を越えた人間臭いリアリティが現れているように見える。先に言及したラストシーンに加えて、本作に唯一登場する妻帯者である毅（渋川清彦）が、「本

(29) ロドウィックはカヴェルの「自動性」概念を、近代芸術の存在論のみならず、近代的主体の存在論、近代的主体の条件の継続的再創造とも関連するものとして論じている。（*The Virtual Life of Film*, p.74.）私見ではこの「メディウム（としての近代的主体）の（再）創造」とでも呼ぶべき視点は、その起源を岡崎乾二郎が『ルネサンス　経験の条件』筑摩書房、二〇〇一年で詳述し、斎藤環が『関係の化学としての文学』新潮社、二〇〇九年で文学批評に応用した、ブルネレスキが現実に仕掛けた悪戯の口述筆記とされる「グラッソ物語」にまで遡ることが出来るように思われる。

(30) 詳しくは塩田明彦『映画術』イースト・プレス、二〇一四年、二一八―二五一頁を参照。

音ゲーム」が煮詰まった果てに突如貴子（古部房子）に平手打ち[31]を食らわせ、その後キスにまで至る場面は感動的でありとても演技には見えない異様な迫力を持っている。先に指摘した「ゴールの宙吊り」の要素はプロット全体の構成や人物間の関係性に関わるものであったが、ここでそれをさらに敷衍すれば、ある一つの場面における一人の登場人物に限ってさえ、彼等が次にどんな発言をし、どんな行為をするかまるで予想がつかない場合が往々にしてあるのが濱口作品の魅力の一つであるということが出来るかもしれない。古典ハリウッド映画のように、類型化されたキャラクターに基づいて発言や行為の内容が演繹的に決定されるのではなく、複数の感情が共存する矛盾した人間性を反映した脚本を俳優が繰り返し演じる中でこそ、各場面が常に「不断に「はじまり」であり続ける」（藤井）ことが可能となるのだ[32]。また、濱口作品の物語や各人物の行動が、あらかじめ固定された単一の目的に向かって収斂していくものではない事は、『PASSION』と『親密さ』で反復的に登場する手相の喩え話にも表れているだろう。それらの場面では、運命を示すものである手相はしかし、同時に時間とともに変化するものでもあることが強調されていたのだった。

とはいえ、実際にはカサヴェテス同様濱口の作品にも純然たる即興はほぼ含まれていないと思われる。俳優とのやり取りを通じた改稿の要素はあるにせよ、基本的にはあくまでも台本通りの演技によってこういった場面の迫真性は生み出されているはずである。では、一体どのようにしてそんなことが可能となるのか。わたしには、濱口作品のほぼすべての言葉と行為が、広義の「対話」の要素を持っていることこそが決定的に重要であると感じられる。どういうことか。

北小路隆志はミハイル・バフチンの議論を引きつつ、「東北記録映画三部作で聞かれる言葉は、どれをとっても独白（モノローグ）ではなく、他者に向けての「架け橋」（ダイアローグ）である」[33]

ことを強調しているが、この指摘は他作品における対話場面について当てはまるばかりか、身振りや行為にも適用可能である。たとえば、先にあげたサンドウィッチやデジカメ撮影による斜向かいの関係の架橋、熱のこもった対話の果てに感情が爆発するかのように訪れる平手打ちやキスの場面もまたダイアローグ的な要素を色濃く孕んでいる。同様に重要かつ象徴的な例は、『不気味なものの肌に触れる』や『Dance for Nothing』におけるダンスであろう。前者は一対一、後者は多人数によるものという差はあるものの両作品でのダンスがソロではなく、同時に踊っている他者の動きから常に影響を受けつつ再構成される性質を持つことは極めて示唆的である。

ここでは、受け手側の姿勢が単に受動的なものではない点にも着目しなければならない。濱口作品では行為の受け手、対話の聴き手もまた積極的にコミュニケーションに参与する。斜向かいの位置関係に代表される「距離」の要素は、「聴くという行為」、他者を迎え入れる「歓待」を可能とする、適

(31) おそらく平手打ちは、より激しい暴力とスキンシップの中間に位置する愛憎入り混じった行為として、濱口作品において「距離」をはらんだ人物間の「越境」を描く際の象徴的モチーフの一つとなっている。確認できただけの範囲でも『PASSION』以外に『親密さ』、『何食わぬ顔』、短篇『明日のキス』（二〇一二年）で反復的に登場する平手打ち場面には、どこかプロレスにおける平手打ちやチョップの応酬を想起させる部分がある。

(32) 演技を繰り返す俳優と「自動性」の問題については、三浦哲哉『映画とは何か　フランス映画思想史』筑摩書房、二〇一四年、一二三―一四六頁におけるブレッソン的な「自己放棄」の主題に関する議論を参照。自己放棄を通じてメディウム（媒体／霊媒）となる俳優、という視点は『PASSION』、『親密さ』の登場人物による、「自分は空っぽな存在である」との慨嘆を肯定的に捉え返す契機となり得るものであり、注二九の議論との関係からもとりわけ興味深い。

(33) 北小路隆志「ダイアローグの思想」『キネマ旬報』二〇一三年一一月下旬号、キネマ旬報社、二〇一三年、八四頁。

切な「間」を自他間に確保する助けとなる(34)。たとえば、『うたうひと』のインタビュー場面で捉えられる、聴き手としての小野和子のたたずまいは、聴くという行為の力を最も雄弁に示す例であろう。また、『親密さ』第一部における令子、『東北記録映画三部作』の濱口、酒井両監督が話し手に差し向ける関心も同様に、ダイアローグ的な傾聴の姿勢に満ちている。さらに言えば、対話者を正面から捉えることで観客を疑似的に対話に参入させるかのような前述の撮影技法は、聴き手としてのわれわれ、個々の観客を信じた上で、傾聴、「歓待」の姿勢を取るよう呼び掛ける効果をも持っていると言える。

加えて、『親密さ』に繰り返し登場する、他者によって書かれた手紙や詩の代読というモチーフは、他者のダイアローグ的な発話を追体験するという性質から、単なる対話モデルのバリエーションの一つにとどまらず、台本通りの演技によっていかに迫真性が生み出されるか、という先の問いに対する一つの答えをも提示しているように感じられる。そしてもちろん、これらの対話的要素はすべて、制作時の濱口監督と俳優陣やスタッフとの関係性においても、一定程度見出し得るはずである。

このように、他者との相互作用において特定の宛先に向けられた発話や行為は、単なる情報の伝達にとどまらず、両者の間、コミュニケーションの「場」に存在する複雑な感情の流れを反映したものとなる(35)。ここに至ってわれわれはようやく、冒頭にあげた佳代子の台詞に立ち戻ることが出来る。確かに、事実確認的なレベルにとどまる限り世界は、そしてそれを語る言葉、それを映し出す映画もまた情報である。しかし、ある言葉や行為がいかにして特定の他者に差し向けられているか、その切実さに目を凝らし、耳をすませるならば、そこには単なる情報に還元できない何かが立ち現れてくるはずなのである。

5　「記憶」に残る言葉

そこで最後に、濱口作品を形作る特徴的メディウムの一つである、「言葉」の内実にもう一歩踏み込んでみたい。発話が特定の宛先を越えてある種の普遍性へと開かれる時、言葉は情報を越える意義を持ち得る。その高度な達成の例として考えられるのが、『親密さ』における「詩の言葉」である。作品第二部を成す同名演劇は、片想いの青春群像劇である。若い登場人物達の想いは、劇中で決して成就することがない。そうした報われない行為を最も美しい形で象徴するのが、劇の主役である衛（佐藤亮）の妹、ゆきえ（手塚加奈子）が衛の同居人である真之介（新井徹）にあてて書くラブレターである。彼女は、自らの想いが通じないであろうことを予感しつつ懸命に書きあげたラブレターを、本来の宛先である真之介ではなく、電話口の先にいる佳代子に向かって読み上げる。朗読を聞いた佳代子の「いい手紙じゃん」という言葉は、観客であるわれわれの心情を代弁する言葉でもある。

ある固有の宛先に向かって放たれた言葉が、当初想定された宛先とは別のどこかに届くこと。ただここにのみ、個が普遍に転化し得る可能性が胚胎する。そもそも振り返ってみれば、『親密さ』第二部における言葉は、登場人物達が交わす日常会話と、閉鎖空間で特定の人間たちに向けられた朗読会

(34) 鷲田清一『「聴く」ことの力　――臨床哲学試論』TBSブリタニカ、一九九九年　を参照。

(35) ここでJ・L・オースティンが『言語と行為』坂本百大訳、大修館書店、一九七八年　などで展開した事実確認的発言と行為遂行的発言の区別を想起することは有益だろう。

（「北の詩人会」）における詩の言葉に大別されるものであった。この対比は、第一部・第二部全体を通した「昼」と「夜」の対立とパラレルなものである。しかしここで異なる宛先に届いたラブレターの言葉は、その両者いずれとも異なる第三の言葉であると言えるのではないか。第二部のラストシーンでは、妹のラブレターを読んだ衛が、それをもとにある種の返歌のようにして密かに書きあげた詩を悦子（香取あき）が読みあげる。本来の宛先を失った恋文を悼むかのようなその詩の内容は、それまでに衛が詩の朗読会という閉じられた場で発表してきた作品とは趣が異なるとして、ここで悦子はこの詩をTwitterで拡散させようとする。パソコンに向かう彼女の姿を真後ろから捉えたカメラが、彼女の後姿と同時に客席の観客達を捉える中で、「夜が明けたら、さよならを言いましょう。私の想いはあなただけのためのものです。それなのに、それは誰の胸にも届くのです」という言葉が拡散される。

この詩が占める位置は、おそらく第一部最終部、同棲中のカップルであり劇団仲間でもある良平（佐藤亮）と令子（平野鈴）が夜明け間近の街を歩く印象的な長廻しの場面で、令子が暗唱する良平から贈られた詩「言葉のダイヤグラム」[36]と極めて近いものであろう。あくまでも個人に向けられた言葉が、不意に不特定多数に届く普遍性を帯びること。そう、これらの詩は完全に交わることの決してない「昼」と「夜」の世界が一瞬出会う、美しい「夜明け」の言葉なのである。しかし、第三部において一瞬並行し同期するかに見えた二本の電車が、すぐさま再び分岐してしまうように、朝焼けの光景や「夜明け」の言葉の美しさは決して永遠に持続するものではない。「昼」に人々と交わされる他愛もない日常の言葉たち、「夜」に独り沈思黙考する中で紡がれる詩の言葉たち。それらと循環するリズムを刻むからこそ、美しい越境の瞬間に発せられた言葉は、今も確かにわたしの記憶に残っているのである。

佐藤雄一は、ジャック・デリダの詩論などを引きつつ、コミュニケーションによって「固有値」としての支持体を生成し、「物質性」を創造する可能性を提示している(37)。押韻のような狭義のリズムではない「リズムの鼓動」が、特定の他者である「あなた」の記憶に定着、保存されるか否かに作品（詩）の存立条件を賭ける氏の議論によるならば、前述の第二部末尾で朗読され拡散される言葉こそは、まさにある種の「物質性」を創造することに成功した、詩の映像化の一例といえるのではないか。また、この議論はわたしには「意義あるものとして使用される映画技法のみが意味を持つ」とするカヴェルの「メディウムの創造」の議論とも一定程度響き合うものであるように感じられる。なぜなら、映画技法やジャンルに関する伝統や蓄積の再解釈が意義あるものであるかは、フィルムという支持体の性質のみによって規定されるのではなく、それが「ある作品に説得力をもたせているものに統合されて」（『眼に映る世界』、二一〇頁）いるかどうか、すなわち、具体的な観客であるわたしやあなたの記憶に定着したかどうか、をもってこそ検証することが可能となるからである。カヴェルはこう書いている。「こう言ってよければ、メディウムは、具体的な誰かへと到達する特定の方法、つまり意味を成す固有の仕方をもたらしてくれる。芸術においては、そうした方法は言語の形式と同じような

(36) 空をバックにした長廻し撮影と女性による詩の朗読という要素は、その起源を短篇『はじまり』（二〇〇五年）に遡ることが可能である。
(37) 詳しくは、佐藤雄一「さらに物質的なラオコーンに向かって　――「固有値（Eigenwerte）」としての支持体を自己生成する」『組立――知覚の臨界――』組立、二〇一〇年、九六－一〇三頁を参照。

諸形式である。」（同六三頁、傍点筆者）振り返ってみれば、言葉のレベルでのリズムや近作でのダンスする身体のリズムにとどまらず、『東北記録映画三部作』の対話場面における特徴的な撮影技法や、類似する技法を用いた『親密さ』における対話場面もまた、その特異な単調さを伴ったショット連鎖のリズムと共に、対話を行う人々の発話や表情をわれわれ観客の記憶に深く刻みつけるものであった[38]。

「おと」（＝情報）に耳をすませることで、そこに自らへと差し向けられた「こえ」を聴き取った者が、やがて記憶に残った「こえ」への返答として紡ぐ言葉は、「うた」となる。その「うた」が単なる「おと」にとどまらず、再び特定の誰かに届く「こえ」となるならば、その時言葉は、そして映画は、決して情報に還元できない意義を帯びることになるだろう。濱口の作品群から「こえ」を聴き取ったわたしもまた、今やこう断言することが出来る。そう、世界は情報ではない。

(38) ここでは、演劇や詩やドキュメンタリー映像における言葉が、別ジャンルであるフィクション映画の技法の意義ある使用を通じてこそ、より印象的なものとなっていることを指摘しておくことも重要だろう。それらの言葉を記憶に残るものとするためには、映画化という異なるジャンルへの翻訳のプロセスが不可欠であったように思われる。

三脚とは何だったのか——映画・映像入門書の二〇世紀

佐々木友輔

1　映画・映像入門書の二〇世紀

映画を語る言葉は、暗黙のうちに、カメラが三脚に固定された状態を前提としているのではないだろうか？

あるとき気づいた。何の断りもなく「ショット」と書かれていれば、そのフレームは揺れることなく静止しており、「パン」や「ティルト」は三脚の雲台の回転軸に沿っておこなわれ、「移動撮影」のカメラは台車やレール上のトロッコに固定させられている——。わたしたちはそのように想像する。手持ちカメラによって生じる揺れは、その都度わざわざ「手持ちカメラによる手ぶれ映像」などと書き添えておかなければ存在しないも同然である。

その何が問題か。現在、わたしたちの周りには揺れる映像が溢れている。『ブレア・ウィッチ・プロジェクト』に代表される低予算のフェイク・ドキュメンタリー。その潮流とブロックバスターを結びつけた『クローバーフィールド／HAKAISHA』。イラク戦争などの報道映像のルックをなぞるキャスリン・ビグロー。航空機や船舶など移動する密室的空間を揺らす乗り物酔い（映像酔い）作家ポール・グリーングラス。ウェアラブル・ビデオカメラのGoProを使い捨てるようにして撮影した海洋ドキュメンタリー『リヴァイアサン』。笑いの勘所に振動を組み込む大関れいかのVine動画。現場に居合わせた者が危険を顧みずに撮影した津波や竜巻、火山の噴火。その他、実名・匿名を問わず日々無数に撮影・公開されるウェブ動画やホームビデオ――。ところがわたしたちは、そうした映画や映像の「揺れ」についてうまく語ることができない。個々にまったく異なる質と意味を持った揺動が記録されており、観賞中は確かにその違いを感じ取っているはずなのに、いざそれを説明しようとすると言葉に詰まる。「リアリティ」や「臨場感」、「ドキュメンタリー・タッチ」といった貧しい語彙しか持ち合わせていないことに気づかされるのだ。

そこでわたしは、こうした現状に一石を投じるべく、手持ちカメラによる手ぶれ映像を語るための言葉を自作してみることにした。それが揺動メディア論、すなわち映画を「見るもの」としてではなく「揺れるもの」として捉える試みである。

1・1 手持ち撮影のおかれた状況

本稿もまた、揺動メディアとしての映画論の一環である。

さしあたって、映画を語る言葉が三脚を前提としているという仮説を確かめるために、日本国内で刊行された映画の入門書や教科書を紐解いてみることにしよう。入門書に記述される「基本テクニック」や「文法」は、あらかじめ確固たる体系として存在するものではなく、これまでにつくられた映画の分析を通じて事後的に見出されたものである。従ってそこから読み取ることができるのも、普遍的に正しい映画の見方や撮り方などではなく、著者や同時代の人びとが映画をどのようなものとして捉えていたかという意識なのだ。

劇場公開される商業映画の撮影におけるカメラの動きを分類・体系化した入門書はほとんどが翻訳書であり、日本国内の著者によって書かれたものは僅かである。そこでまずは入門書の定番とも言えるジェイムズ・モナコの『映画の教科書――どのように映画を読むか』と、デイヴィッド・ボードウエルとクリスティン・トンプソンの共著『「フィルム・アート」映画芸術入門』を見てみよう(1)。この二冊では、最初にカメラを動かさない撮影(固定、フィックス)と動かす撮影の区別がなされ、後者はさらに三脚の機構に基づいた動き(パンやティルト)とカメラ位置自体の移動(移動撮影)とに分けられる。そして手持ちカメラは、移動撮影(移動ショット、移動フレーミング)のカテゴリに分類されている【図1】。

(1)ジェイムズ・モナコ『映画の教科書――どのように映画を読むか』岩本憲児他訳、フィルムアート社、一九八三年、一六八頁、デイヴィッド・ボードウェル、クリスティン・トンプソン『「フィルム・アート」映画芸術入門』藤木秀朗監訳、名古屋大学出版会、二〇〇七年、二五六~二五九頁

固定（フィックス）			
カメラの動き	カメラがカメラを貫く三本の想像上の線の一つを軸にして回転すること	パン	
		ティルト	
		ロール	
	カメラ自体が空間のある点から別の一点へ動くこと	移動ショット	トラッキング
			ドリー車
			手持ちカメラ
			ステディカム
		クレーン・ショット	

ジェイムズ・モナコ『映画の教科書――どのように映画を読むか』

固定（フィックス）		
移動フレーミング	パン	
	ティルト	
	ロール	
	トラッキング・ショット	ドリー／台車
		ステディカム
		手持ちカメラ
	クレーン・ショット	

ボードウェル、トンプソン『「フィルム・アート」映画芸術入門』

［図1］

一見もっともらしく感じられるかもしれないが、この分類には問題がある。手持ちカメラでの撮影が必ず移動撮影であるとは限らないし（立ち止まって手持ち撮影をすることもある）、身体の軸がぶれないようにカメラを振れば、三脚のパンやティルトに近い動きをつくることもできる。また、撮影者自身が台車やクレーンに乗り込んで手持ち撮影をすることもあるだろう。要するに、手持ちカメラが移動撮影に分類されることに何ら必然性はない。むしろパンやティルト、フィックスや移動撮影のほうが手持ちカメラのサブカテゴリであってもおかしくはないのだ。

モナコは手持ち撮影について、一九五〇年代に軽量な三五ミリカメラが開発された後、ヌーヴェル・ヴァーグやシネマ・ヴァリテ風のドキュメンタリーに用いられて一時的に流行したが、やがては「六〇年代の陳腐な手法」としてステディカムにその座を譲ることになったと記述している[2]。ボードウェル&トンプソンもほぼ同様の見解を述べており、さらにそこに『ブレア・ウィッチ・プロジェクト』をはじめとするモキュメンタリー（フェイク・ドキュメンタリー）の隆盛を付け加えている。その語り口が興味深いので引用してみよう。

　ときとして、作り手は、なめらかなキャメラの動きではなく、小刻みに揺れる、ぶれた映像を求めることもある。この種の映像は手持ちキャメラを使って作り出されるのが普通だ。（中略）この技法はもともとドキュメンタリー映画の撮影で使われたので、『ブレア・ウィッチ・プロジェクト』のようなモッキュメンタリー《えせドキュメンタリー》はそれを利用してもっともらしい雰囲気を生み出している。他の例には、手持ちキャメラの動きが主観的な見た目のショットの機能を果たしているものもある。手持ちのショットはときに、あたかもハエをちらりとみるときの動作のような、不意の動きの感覚を強調することもある。(3)

ここで彼らが、手持ち撮影をそれ以上細かく分類するのではなく、その映像が観客にもたらす効果についてばかり語ること自体が、手持ち撮影を撮影の基本として認めていないことの証である。透明化した三脚、タブラ・ラサとしてのフィックス・ショットに対する、特定の演出効果を得るための応用手法としての手持ち撮影――。こうした見方は珍しいものではない。ダニエル・アリホンの『映画の文法――実作品にみる撮影と編集の技法』もまた、邦訳では七七四頁にも及ぶ労作であるが、手持

（2）前掲『映画の教科書――どのように映画を読むか』、八五頁
（3）前掲『「フィルム・アート」映画芸術入門』、二五九頁

ちカメラについてはたった一言、次のように述べられるのみである。

移動カメラによるショットは、ときとして、がくんと動くこともある（手持ちカメラ）。この種の動きが観客をいらだたせないよう、持続時間は短かく（たぶん五秒以下）しなければならない。だがこの不規則な動きは、追跡に興奮をもたらすことがよくある。(4)

あるいは、『傑作から学ぶ映画技法完全レファレンス』においてジェレミー・ヴィンヤードは次のように書く。

手持ちカメラによる揺れはシーンに活力を与えることもある。また、ステディカムは大きく動きながらもスムーズな映像に仕上げたいシークェンスで役立つ。(5)

さらに露骨なのが、ダン・アブランの『ハンディ版「Digital」cinematography & directing――3DCGクリエータのための映画撮影術と監督術』だ。実写映画撮影のノウハウを3Dアニメーション制作に応用することを目的としたこの本には、「手持ちカメラのエフェクト」と明記されている(6)。3D空間上の二つの点（キーフレーム）を移動する仮想のカメラ映像があり、その映像に後から「携帯型カメラで撮影した外観」をエフェクトとして付け足すことができる――(7)。そのようなものとして手持ち撮影は捉えられているのだ。

1・2　小型映画と手持ち撮影

　では、手持ち撮影をたんなる演出効果としてではなく、撮影の基本として積極的に扱う入門書はないのだろうか？

　実は、ある。しかも数多く。ここまで取り上げてきた入門書が、主に三五ミリフィルムカメラで撮影される商業映画を対象としていたことを思い返そう。初期の三五ミリカメラは大きくて重く、手持ちで撮影ができるような代物ではなかった。三脚や台車を用いることは表現上の問題であるよりもまず技術的な制約であり、モナコが言うように、手持ち撮影が可能になるには一九五〇年代に軽量なカメラが開発されるまで待たねばならなかったのだ。

　しかし、三五ミリフィルムの映画だけが映画ではない。一九二〇年代初頭、家庭でも気軽に映画を楽しむことができるコンパクトな映写機やカメラの発売が始まった。九・五ミリ、一六ミリ、そして

（4）ダニエル・アリホン『映画の文法――実作品にみる撮影と編集の技法』岩本憲児、出口丈人訳、紀伊国屋書店、一九八〇年、六〇八頁
（5）ジェレミー・ヴィンヤード、ホセ・クルーズ『傑作から学ぶ映画技法完全レファレンス』吉田俊太郎訳、フィルムアート社、二〇〇二年、一三五頁
（6）ダン・アブラン『ハンディ版「Digital」cinematography & directing――3DCGクリエータのための映画撮影術と監督術』西井育生監修、太田奈緒美訳、ボーンデジタル、二〇〇六年、一四頁
（7）同前、九六頁

八ミリといった幅の狭いフィルムを用いたこの新しい映画は、程なくして日本にも輸入され、「小型映画」と呼ばれ親しまれるようになる。小型映画カメラはその名のとおり小さくて軽いため、撮影が手回し式からモーターによる自動回転式になった時点で、手持ち撮影が可能となった。さらにそのカメラは、手持ち用のグリップが備え付けられたり、持ち運びがしやすいように本体上部に持ち手が取り付けられるなど、手持ち撮影を前提とした設計思想のもとに独自の発展を遂げていくのだ。

なんだ小型映画か。所詮アマチュアのお遊びじゃないかと馬鹿にしてはいけない。ジョナス・メカスやヴィム・ヴェンダース、ロバート・ロドリゲスにホセ・ルイス・ゲリン、日本では塚本晋也や石井聰互（岳龍）など、非・三五ミリの傑作をものした作家はいくらでも思い浮かぶし、そもそも小型映画の黎明期には、まだ三五ミリ映画と小型映画との区別はそれほど自明のものではなかった。ソニー育ての親・増谷麟とマクロビオティックの提唱者として知られる食文化研究家・櫻澤如一が一九二七年に共同執筆した『最新映画製作法』では、小型映画には三五ミリと同等の価値があり、制作費が安く抑えられるという意味ではむしろ三五ミリに勝ると述べられている(8)。彼らはその経済性を当時の国内状況に見合うものであると評価し、日本では小型映画を「標準型」と定めることで独自の映画文化を打ち立て、日本人の優越性を世界に知らしめるべきだと主張するのである。純粋映画劇運動で知られる映画作家・歸山教正もまた、一九三〇年に刊行した『小型映畫の撮影と映寫』において当時の小型映画作品に見られる三五ミリ映画の安易な模倣を戒め、「アマチュア自らの途を開拓」することを奨励(9)。三五ミリとは異なる映画・異なる芸術の可能性を追求した。

『小型映畫の撮影と映寫』には、撮影に関する具体的な記述の中にも、先に挙げた三五ミリ映画中心の入門書との顕著な違いが認められる。歸山が挙げる小型映画カメラの実用的な撮影法を整理してみると、

(一) 両手でカメラを持ち、眼の高さで撮影する方法
(二) カメラを低く持ち、腰の高さで撮影する方法
(三) 他人に気づかれないように隠し撮りする方法
(四) 三脚を使用する撮影方法

の四つにまとめられ(10)、さらに彼は、カメラの持ち方、ファインダーの覗き方、足の開き具合など、なるべく揺れを生じさせずに撮影をおこなうコツを事細かに解説している。歸山は三脚の使用を前提とはせず、手持ちと三脚を対等な手法として記述しているのだ。

北尾鐐之助と鈴木陽が一九三二年に刊行した『小型映畫の知識』でも、手持ちと三脚は対等なものとして扱われている。彼らは移動撮影について、「追ひ撮し」「引ずり撮影」「パノラマ撮影」「上下移動」「トラック・シヨツト」「トラック・バック」「上下チルト」「左右パム」の八種類に分類している

(8) 増谷麟、櫻澤如一『最新映画製作法』日本デブリ社、一九二七年、一八～一九頁
(9) 歸山教正『小型映畫の撮影と映寫』誠文堂、一九三〇年、一二一頁
(10) 同前、六二～六五頁

手持ちカメラ	眼の高さにカメラを保つ	固定
		旋廻
		俯仰
	カメラを低く腰の位置に落ち付ける	固定
		旋廻
		俯仰
	隠し撮り	カメラを右手の脇に抱える
		カメラを風呂敷包の書籍を抱くように持つ
三脚		旋廻
		俯仰
		望遠レンズ

歸山教正『小型映畫の撮影と映寫』

手持ちカメラ＆三脚（区別なし）	固定	
	移動撮影	追ひ撮し
		引ずり撮影
		パノラマ撮影
		上下移動
		トラツク・ショット
		トラツク・バック
		上下チルト
		左右パン

北尾鐐之助、鈴木陽『小型映畫の知識』

［図2］

が[11]、ここで三脚と手持ちは特に区別されておらず、それぞれに固有な撮影テクニックが一緒くたにして紹介されているのである。

この二冊の「カメラの構え方」や「移動撮影」に関する記述を表にまとめてみると次のようになる［図2］。モナコやボードウェル＆トンプソンの入門書とは手持ち撮影の位置づけがまったく異なることが一目瞭然であろう。

より具体的な記述にも目を向けてみよう。興味深いのは、『小型映畫の撮影と映寫』と『小型映畫の知識』の双方に、撮影手法のひとつとして「隠し撮り」が挙げられていることである[12]。とりわけ歸山は、ひとに知られず撮影をおこなう方法を熱心に語り、イラストまで付けてカメラの構え方を解説している［図3］。そこでは、足

［図３］『小型映畫の撮影と映寫』、六四頁

を少し開き両脇を締めたオーソドックスな姿勢で撮影をする若者が鳥に「こりゃ素人くせえナ」とからかわれる一方で、さりげなくカメラを抱えて隠し撮りをする紳士やモダンガールはお洒落な撮影スタイルの例として肯定的に描かれているのだ。

さらに『小型映畫の知識』の北尾と鈴木は、映像の「揺れ」に関して、より積極的な議論を展開している。彼らはアベル・ガンスの『ナポレオン』やヴィクトル・トゥーリンの『トゥルクシブ』を例に挙げて、移動撮影がもたらす流動感や、カメラを動かすことで被写体の激しい動きを表現する方法を紹介したり(13)、汽車や船上での撮影時には三脚を用いるとむしろ振動が酷く

(11) 北尾鐐之助、鈴木陽『小型映畫の知識』創元社、一九三二年、八四～八六頁
(12) 前掲『小型映畫の撮影と映寫』、六三頁、前掲『小型映畫の知識』、四六～四七頁

なるので手持ち撮影をおこない、身体のクッションを利用してカメラに伝わる揺れを和らげるよう勧めるなど(14)、揺動をたんなるノイズとみなすのではなく、揺れの種類に応じたテクニックや利用法、注意点を事細かに記しているのだ。

移動撮影を試むる撮影機の動きと、被寫體の動きの對立は、撮り方によつて實に不可思議な感情を現すものだ。私は曾て、浪のうねりに對して、いろ〳〵な追ひ撮しの研究をしたことがあるが、その映畫をみると、眼がぐら〳〵して氣持ちが悪くなるといふものがある。飛行機上で、望遠レンズによる高速度撮影をやつたものなどは、實に不思議な視覚上の世界をつくり出す。(15)

こうした記述は、カメラの運動と対象の運動との複雑な関係に踏み込み、また、カメラが揺れることによって観客に生じる生理的影響（映像酔いなど）とその表現としての可能性を考察するもので、まさに先駆的な揺動メディア論であると言えるだろう。彼らに限らず、小型映画入門書の執筆者たちは当時の前衛芸術（とりわけロシア・アヴァンギャルド）の成果を積極的に取り入れながら、小型映画独自の可能性を追求した。そうした中で、小型映画カメラの軽量性や機動性、経済性に注目が集まり、三五ミリでは不可能な撮影手法が次々に考案されていく。そこでは三脚も手法のひとつにすぎない。この時期の入門書には、確かに、三脚を前提とするヒエラルキーに縛られずに映画を語る言葉があったのだ。

1・3　八ミリ入門書の二極化

時が経ち、映画をめぐる状況が変化していくのとあわせて、三脚と手持ちに関する記述もまた変わっていく。先に見た戦前の入門書を〈黎明期〉として、四つの段階に分けてその変遷を追ってみよう。

■三脚ヒエラルキー形成期

第二次世界大戦中の停滞を挟んで、一九五〇年代にアマチュアによる映画制作は再び大きな盛り上がりを見せ、入門書の数も一気に増加する。この頃には「小型映画」という呼び名は廃れ、アマチュア向けの八ミリ、プロ・セミプロ向けの一六ミリという役割分担が明確になっていた。

そうした中で、「シネ撮影ではなるべく三脚を使用して、カメラぶれのない映画を作られることが大切である(16)」とか、「カメラを静止させ、安定した美しい映画を作るためには、できるかぎり三脚を用います(17)」というように、「**なるべく三脚**」や「**できるだけ三脚**」といった言葉が頻出するようになる。

(13)前掲『小型映畫の知識』、八九頁
(14)同前、九三頁
(15)同前、九四頁
(16)池上信次『8ミリ映画——初歩の初歩』アミコ出版社、一九五六年、七〇頁
(17)吉川速男他『エルモ8ミリの使い方』光画荘、一九五六年、六七頁

また、こうした記述の増加と同時に、「何んといっても本格的には三脚を使うべきであろう(18)」や「8ミリの世界では、ヴェテランになればなるほど三脚を愛用しています(19)」など、「**プロなら三脚**」「**本格的な作品制作なら三脚**」といった考え方も現れる。アマチュアの映画制作にも、三脚を前提とするヒエラルキーが浸透し始めたのである。

さらに一九六〇年代末から、上記のような記述に加えて、「映画の基本は、なんといっても、カメラを三脚にがっちり固定して撮影することが上達の第一歩なのです(20)」というように、フィックス・ショットもしくは三脚の使用が基本であるという記述がちらほらと現れてくる。それまでの入門書ではほとんど見ることのなかった「**基本**」という語が次第に存在感を増してくるのだ。

〈黎明期〉の入門書では、小型映画の特性を活かすことが新しい映画・新しい芸術を生み出すための具体的実践としてあり、手持ち撮影もまた、そうした文脈の上で大きな期待を寄せられたのだと言えるだろう。しかし〈三脚ヒエラルキー形成期〉に入ると、手持ち撮影は手軽ではあるが他人に見せる「作品」としては不適切な手法へと格下げされてしまう。そこでは、八ミリや一六ミリ独自の表現を追求するよりも、常に画面が安定していて見やすいことが求められるのであり、従ってお手本となるのは実験精神に満ちた前衛映画ではなく、三五ミリの商業映画やテレビ番組をつくる「プロ」の仕事なのであった。

■対立・論争期

三脚を用いることを強く推奨し、それが撮影の基本だと定めようとする入門書が増加したことは、裏返せば、それだけ当時のアマチュアが手持ち撮影を頻繁におこなっていたということでもある。そうした状況を踏まえて、『8ミリの写し方』の栗敏雄のように、三脚の使用を義務づけるのではなく、状況に応じて手持ちと三脚を使い分ければ良いとする著者も現れてきた(21)。そしてさらに強烈な議論を展開したのが里見八郎と樋口忠男である。彼らは『8ミリの写し方――モダン・テクニック』において、もはや八ミリ映画に三脚は不要だと言い放つのだ。

おおよそ8ミリの手引書とか入門書とかいう本で、三脚が不要であると書いてあるものは一つもないといっていいくらい、8ミリの代表的アクセサリーとされているものです。しかし、私にいわせれば、おおよそ8ミリカメラに一番不要なものは三脚だといいたいくらいのものです。(中略)アル中か中風患者ならともかく、ブレを心配して三脚をつける必要はないというのが私の体験からみた結論です。(22)

これは極端な例であるにせよ、一九六〇年代から七〇年代にかけて栗や里見&樋口のように手持ち撮影を擁護する論調が目立ちはじめ、やがて、三脚を前提とする立場と、三脚と手持ちを同列に扱う立場の二極化が起こる(前者を「**三脚派**」、後者を「**対等派**」と呼ぶことにしよう)。とりわけ一九八

(18)若山美樹夫『8ミリのABC』川津書店、一九六〇年、七〇頁
(19)北野邦雄『8ミリ映画の撮り方』大泉書店、一九六四年、一四三頁
(20)安藤秀子『最新8ミリの撮影と編集――初心者向き完全図解』日本文芸社、一九七三年、一六七頁
(21)栗敏雄『8ミリの写し方』金園社、一九六六年、一六二～一六三頁
(22)里見八郎、樋口忠男『8ミリの写し方――モダン・テクニック』金園社、一九五七年、七一頁

〇年代には、ビデオカメラの一般家庭への普及により、手持ち撮影を肯定する入門書が大きく勢力を伸ばした。

初期のビデオカメラ入門書は、ある意味で小型映画〈黎明期〉の入門書によく似ていた。新しい記録装置の登場に立ち会った著者たちは「ビデオとは何か」というメディアの特性への問いを熱く語り、そして——三五ミリ映画に対して小型映画がしたのと同様に——これまでの映画（フィルム）に縛られないビデオカメラ独自の活用方法を探求した。そうした中で、長時間録画が可能なことや、優れた経済性・機動性による撮影の手軽さといったビデオカメラの長所を活かすのにうってつけの手法として、手持ち撮影が再発見されたのである。

■棲み分け期

対等派の入門書の隆盛は一九八〇年代でピークに達し、一九九〇年代中頃からは次第に減少に転じていく。一方、三脚派の手持ち撮影批判は過激さを増し、その手法への嫌悪感に満ちた言葉が紙面に踊る。

三脚を使うと撮影がままにならないなどといって、三脚を使いたがらない人もいるが、やはりごう慢というものである。使ったほうが絶対にいい画像になるのだから、やむを得ない場合以外は謙虚に使ってほしい。なぜなら、ビデオの画面は、だれかに見ていただくものだからである。見ていただくからには、見苦しくない画像をお見せするのがマナーというものだろう。(23)

普段から〈手持ち撮影〉ばかりをやっている人たちは、三脚を使うことが億劫になりますし、むしろ使用しないスタイルを自慢する人もいます。（中略）基本がわかっていて、そこから新しい感覚を求める人は許せるのですが、いきなり自分流でとり組んでしまう人の作品は独善色が強くてついていけません。意識に関係なくみたものを撮ればよいと思う人はプライベート・フィルムの世界では王様になれますが、少し距離を置いた人には最後まで見てもらえません。(24)

ただし二〇一五年現在、世界中に「揺れる」映像が氾濫していることからも明らかなように、アマチュアがみな三脚派に転向してしまったわけではないだろう。

ソニーのハンディカムや「パスポートサイズ」のキャッチコピー、シャープの液晶ビューカムなど、ビデオカメラの技術的発展は高画質化の方向だけでなく、小型化と軽量化、そして操作の簡易化の方向にも伸びていった。さらにデジタルの時代になると、ミニＤＶ、ＨＤＤ、メモリースティックなど多様な記録媒体が登場し、耐水性を備えたザクティやGoProなど使用目的を限定した個性的な機種も現れる。加えて携帯電話やスマートフォン、デジカメ、パソコンにも動画機能が埋め込まれるようになり、いまやビデオカメラは家庭向け動画撮影の主流ではない。

これらの撮影装置は簡略化が徹底され、はじめてそれに触れるひとでも直感的に撮影がおこなえるように設計されている。そこでは入門書や教科書どころか、もはや付属の取扱説明書すら必要とされ

---

(23) 島津久純『ビデオカメラ入門——プロが教えるカメラワーク』新星出版社、一九八四年、二四頁

(24) 山岸達児『映画・ビデオ 演出の基礎技法』教育出版センター、一九九二年、一〇頁

ないだろう。要するに、手持ち撮影は廃れてしまったのではなく、入門書が扱い得る範囲の外側に出て行ってしまったのである。

1・4　発見と忘却の歴史

ここで、三脚派と対等派の対立を少し違った角度から考えてみたい。

対等派の入門書では、小型・軽量で扱いの容易なカメラの特性を活かすために手持ち撮影が重視されるということはすでに述べたが、では撮影者は、いったい何が目的でそうした特性を活かしたいと考えているのか。この問いには、三脚と手持ちを状況や用途に応じて使い分けることを推奨する入門書が参考になるだろう。例えば『8ミリ映画の撮り方』の北野邦雄は、手持ち撮影について次のように述べる。

三脚を必ず使えということは「人に見せる作品」を作る場合であって、家族で楽しむホーム・スケッチなどでは、軽快なことが必要ですから、手持ち撮影でもいいでしょう。ことに、最近流行のコンパクト・カメラなどは、せっかくカメラを小型に、軽く作られているのに、重い三脚をかついで行くというのはナンセンスでもあります。(25)

北野は、「人に見せる作品」をつくる場合は三脚を使い、「家族で楽しむ」ためには手持ち撮影をおこなうべしと明確に区別している。あるいは『8ミリの写し方』の栗敏雄も、わざわざ三脚を使用し

なくて良い例として、

（一）会社の出張旅行などで、地方の風景などをメモ的に記録しようとする人
（二）もっぱらホーム・ムービーで、家庭の記録を気軽に写そうという人
（三）8ミリコンクールに応募してみようなどという野心のない人
（四）コンパクト8ミリカメラをお使いの方

という四項目を挙げた上で、次のように言う。

ある程度見られる作品が作れればそれでよく、それ以上の凝った作品を作ろうなどと思われない方には三脚は不用です。三脚が無くとも、結構みられる立派な作品は作れるものです。特に旅行の合間とか、家庭でのスナップなどには、かえって三脚など無い方が、カメラを機動的に使えて、おもしろいシーンを写すことができます。(26)

商業映画監督を目指したり、コンクールに応募するなどして、不特定多数の他人《ひと》に見せるための「作品」をつくることを目標とする入門書では三脚の使用が望ましいとされ、他方、日常生活の記録

(25) 前掲『8ミリ映画の撮り方』、一一七頁
(26) 前掲『8ミリの写し方』、一六二頁

や子どもの成長記録、旅行記の撮影・観賞を通じて、家族や友人といった親しい人びとと豊かな時間を過ごすことを目的とする入門書では、手持ちカメラの使用が望ましいとされる。こうした傾向は他の入門書にも当てはまるものだ。

ここで、自己充足的・形式主義的なコミュニケーション作法を論じる北田暁大の「つながりの社会性」論と、東浩紀によるコミュニケーション志向メディアとコンテンツ志向メディアの区別を参考にして[27]、三脚派と対等派の対立に対応した二つの目的意識をそれぞれ、「**作品志向**《コンテンツ》」と「**コミュニケーション志向**」と呼んでみることにしたい。コミュニケーション志向の入門書では、「何を伝えるか」「どれほど伝わるか」といった情報の意味内容や伝達精度を問題にするのではなく、コミュニケーションすることそれ自体が目的となる。家族や友人とのコミュニケーションに新鮮な刺激を与え、より充実した楽しい時間をすごすためのカンフル剤として、ビデオカメラが機能することが期待されるのである。

手持ち撮影がコミュニケーション志向の入門書と強く結びついたこと。おそらくそこに、二〇世紀を通じてほぼ常に手持ち撮影がおこなわれてきながら、それを語るための言葉がうまく育たなかったことの原因があるのではないか？

ひとつの「作品」としてタイトルが付され、スタッフやキャストがクレジットされ、総時間や上映フォーマットが定められている作品志向の映画・映像は、「アーカイブ」という発想と相性が良い。フォーマットが揃っているために保存・管理がしやすく、各項目をデータ化して検索・参照可能なかたちに落とし込むことも容易だからだ。一方、コミュニケーション志向の映画・映像はアーカイブ化が難しい。私的な目的で撮影をおこなう以上それを観ることができる人間は極端に限られるし、ひとつの作品としてまとまったかたちで残されるとも限らない。また、家庭用の記録メディアは経年劣化や再生機器の陳腐化が早く、長期にわたる記録・保存が難しい（ビデオ・アート史に残るような重要作品でさえ、保存がままならず次々に観賞不可能になりつつあることが問題視されている(28)）。コミュニケーション志向の映画・映像の歴史を記述することはおろか、概略を知ることすらほとんど不可能なのだ。

このようにして見ると、手持ち撮影は、作品志向とコミュニケーション志向の間で板挟みになり、翻弄された手法だったのではないかと思えてくる。

手持ち撮影は常に、コミュニケーション志向の映画・映像利用を象徴するような手法として扱われたために、作品志向の入門書からは敵視・軽視され、基本的な撮影手法のひとつに数えられてこなかった。他方、コミュニケーション志向の入門書においても、手持ち撮影はその機動性や経済性、手軽さといった側面ばかりが強調され、撮影手法の体系化や洗練の方向には向かわなかった。また上述した理由により、実際に手持ち撮影がおこなわれたフィルムやビデオを後から検索・参照することも難

(27)「つながりの社会性」および「コミュニケーション志向メディアとコンテンツ志向メディア」については以下を参照。北田暁大『増補　広告都市・東京――その誕生と死』筑摩書房、二〇一一年、東浩紀『ゲーム的リアリズムの誕生――動物化するポストモダン2』講談社、二〇〇七年。

(28)ビデオ・アートの保存・アーカイブ化を困難にしている「一時的ではかない性質」については以下を参照。クリス・メイ＝アンドリュース『ヴィデオ・アートの歴史――その形式と機能の変遷』伊奈新祐訳、三元社、二〇一三年

しく、批評家間での議論の蓄積や実作者間での手法の継承も満足にはおこなわれていない。その結果、小型映画カメラ、ビデオカメラ、モバイルカメラといった新しい撮影装置や、ニュース映画、ダイレクト・シネマ、シネマ・ヴァリテ、ヌーヴェル・ヴァーグ、フェイク・ドキュメンタリーといった運動や流行が現れるたびに、手持ち撮影もその都度「新しい撮影手法」として発見され、一時的にもてはやされ、また忘れ去られていくというループを繰り返す。手持ち撮影と揺れる映像が辿ってきた二〇世紀とは、こうした発見と忘却の歴史であったのだ。

2 三脚とは何だったのか

一章では、入門書における三脚派と対等派の二極化と、それぞれに結びついた作品志向とコミュニケーション志向について見てきた。すでに確認したとおり、両者の対立は一九五〇年代から六〇年代にかけて現れてきた傾向であり、映画史のはじめからそのような問題設定があったわけではない。それはフィルムやビデオに固有な特性による必然的な帰結ではなく、その時々の社会状況やテクノロジー、人びとの思惑が絡み合う中で、歴史的に形成されてきたものなのだ。対立を自明視してはならない。作品制作のために手持ち撮影をおこなうことや、コミュニケーションのために三脚を活用することだってできるはずだし、事実、そうした試みは脈々とおこなわれてきたのである。

そこで二章では、三脚と結びついた作品志向、手持ちと結びついたコミュニケーション志向という図式からは逸脱した入門書や具体的な作品の分析を通じて、手持ち撮影の表現論および「揺れる」映像の美学について考えてみることにしたい。

この試みは必然的に、撮影手法のみならず、本稿で採用した作品志向とコミュニケーション志向を分ける図式にも疑問を投げかけることになるだろう。言い添えておくと、「作品」と「コミュニケーション」という概念を対立するものとして捉える発想は、映像環境の変化に際して従来型の上映形態や作品観が問い直されている現在の映画・映像についての議論でもしばしば見かけるものである。しかしこれから紹介する二人の作家は、作品とコミュニケーションがそもそも対立する概念なのかという地点まで立ち戻ることを要求する。そして、両者を対立させるのではない仕方で、映画・映像を考えるためのヒントを与えてくれるのだ。

2・1　拡張された身体としてのカメラ――かわなかのぶひろと入門書

かわなかのぶひろは、一九六〇年代にジョナス・メカスをはじめとするアメリカのアンダーグラウンド映画に触発されてカメラを回し始め、現在では日本の個人映画（実験映画や個人映像とも呼ばれる）およびビデオ・アートの第一人者として知られている作家である。また彼は、映画やビデオ・アートの制作のみならず、日本アンダーグラウンド・センター（現在のイメージフォーラムの前身となる組織で、アンダーグラウンド映画などの上映・配給をおこなった）の設立や、各種入門書の執筆など、個人による映像表現のアジテーターもしくは教育者としても精力的な活動を展開している。

かわなかは、一九七九年に刊行した『ビデオ・メーキング――コミュニケーションの新しい道具』において、明確に「コミュニケーション道具《ツール》」としての映像利用を打ち出している(29)。曰く、ビデオカメラを扱うにあたって「大切なのは録画ボタンの場所を知ること」だけであり、専門的な理論や技術を身につけたり、映画やテレビの文法を当てはめる必要はない(30)。こうした記述は一見、作品志向を否定する典型的なコミュニケーション志向にも思えるが、一方で彼は、同じ本の中で作品制作についての様々なノウハウを語ったり、ひとつの章を割いてアーカイブ・コーナーを設け、観賞機会の限られている個人映画やビデオ作品の記録・紹介に努めるなど、必ずしも作品とコミュニケーションとを対立する概念としては捉えていなかった。それどころか、同書では「〈作品化〉を目的としない作品」という言い方もされており(31)、コミュニケーションを志向した映像利用も彼にとっては作品の一形態であることが示唆されているのである。

では、大切なのは録画ボタンの場所を知ることだけだと挑発するかわなかの真意は、どこにあったのか？　彼は個人映画の入門書『映画・日常の実験』の中で次のように言う。

不安定に揺れる画面を見苦しく思ったのはずいぶん前の話である。無目的のズームといえども、それを判定する根拠はなんなのだろう。（中略）ティルトやパンニングにしても、その前後にフィックスのショットを撮っておけば、パンやティルト部分と分離して、前後のフィックス・ショットを使うことができる。しかし、それを映画の〝常識〟とする感覚から制作をスタートすることは、まったくとは言わないまでも、ずいぶん映画をみくびった考えである。(32)

ジョナス・メカスは一九七二年のインタビューで、「私は、カメラを三脚から解放し、また、既存のものであれ最新のものであれ、あらゆる主観的な映画作法を採用する必要がありました」「〝正しい〟露出、〝正しい〟カメラワーク、正しく適正なあれやこれといった型にはまった考え方は捨て去らねばなりませんでした」と語っていた[33]。この問題意識を受け継いだかわなかもまた、常識的・入門書的なカメラワークの体系に疑問を投げかけ、三脚、手持ち、ズーム、パン、それ以外にもバルブ撮影などの――大抵の場合は「特殊撮影」に分類される――手法までを等価に扱い、それらを総動員して作品制作に取り組む姿勢を打ち出している。アーカイブに頁を割いたのも、過去の映画・映像で試されたことを一度限りのアイデアに留めておくのでなく、誰にでも使える手法として読者たちと共有するために他ならない。

要するにかわなかの攻撃対象は、作品志向とコミュニケーション志向の対立という発想の根本にある硬直した「作品」観であった。「プロなら三脚」とか「アマチュアなら手持ち」というような、作品の作品らしさを保証するための安易な手法こそが批判されなければならなかったのだ。

従って、彼のコミュニケーションへの注目もこの文脈で理解するべきだろう。コミュニケーション・ツールとしてカメラを用いることはまさに道具の利用方法を変えることであり、道具の利用方法が変われば、それによって生み出される映像もまた変わる。コミュニケーションの導入は、映画・映像制作について回る先入観や硬直した思考を解きほぐし、思いもよらぬ発見をもたらす契機となるの

(29) かわなかのぶひろ『ビデオ・メーキング――コミュニケーションの新しい道具』フィルムアート社、一九七九年、九頁
(30) 同前、三六頁
(31) 同前、一〇四頁
(32) かわなかのぶひろ『映画・日常の実験』フィルムアート社、一九七五年、一〇〇頁
(33) ジョナス・メカス「日常を撮り続ける」、西嶋憲生編訳『フィルム・ワークショップ』ダゲレオ出版、一九八三年、一〇六頁

だ。

ビデオにとっては、映像作法の標準に自分をあてはめるよりも、自分なりのカメラの呼吸をマスターすることのほうが、どんな作法よりも大切である。（中略）実際、手持ちカメラが不安定であっても、ぼくは少しも恥じる必要はないと思う。見ている側は、その動きを通じて録った人の息づかいを感じるし、ズームやパンの行先を見ることによって、その人の興味を知ることができる。(34)

こうして、手持ち撮影はたんなるお手軽な手法ではなく、撮るものと撮られるもののコミュニケーションを画面の運動（視点の移動や揺動）に変換するための手法として捉え返され、三脚の使用を前提とする「映像作法の標準」においてはノイズにすぎなかった手ぶれ映像は――ここでは「録った人の息づかい」や「その人の興味」の反映として解釈されているように――より詳細に分類・分析し得る対象となる。カメラの視点は、実体を持たず宙に浮かぶ透明な眼差しではなく、撮影者の身体と結びつき、興味や関心に沿って向きを変えたり、寒さや恐怖に身を震わせたり、呼吸を乱したりする。さらにその眼差しは、被写体を一方的に見つめるのではなく、その被写体からの働きかけによって文字通り動揺させられたり、興味の方向を変えられたりもするだろう。コミュニケーション・ツールとしてビデオカメラを捉えることによって、このような身体性と双方向性が見出され、「作品」制作にも応用し得る新たな心理描写や演出の可能性が開かれるのである。

かわなか自身が、上記のようなカメラの利用方法を実践したビデオ・アート作品として、一九七四年の『キック・ザ・ワールド』が挙げられるだろう。

そこで彼は、コカ・コーラの空き缶を蹴とばしながら歩いていく様子を手に持ったビデオカメラで自ら記録している。一五分間ノーカットで撮影され、転がっていく缶とそれを蹴る足の映像が続くだけのシンプルな作品だが、観ていて不思議と飽きることがない。気がつけば、転がっていく缶の行方を目で追って楽しんでしまっているのである。

この作品の魅力を、初期映画的な「映像が動くこと」の驚きや快楽で説明することもできるかもしれないが、その「動くこと」の内実には変化が生じているように思える。缶を蹴ると転がっていく。その不規則な動きをカメラが追いかける。また缶を蹴る。転がっていく缶を追いかける。そのくり返し――。人間と空き缶とのコミュニケーションとでも言いたくなるようなこの映像には、映画やビデオ・アートの言説を参照するよりも、ライター・評論家のさやわかが提唱したゲームの定義「ボタンを押すと反応する」のほうがしっくりくる(35)。もちろん、この作品に登場する「足」を観客が自由に操作できるわけではないから、正確には「ゲーム的」ではなく「ゲームのプレイ動画的」と言うべきだろう。観客は、動画主のおぼつかないゲーム・プレイをじりじりとした気持ちで見つめるように、画面に対して少しだけ能動的に振る舞う。こう蹴ればあっちに転がる、そう蹴るのは悪手だと、頭の中で足の動きと缶の軌跡をシミュレートしながら映像を見守るのだ。

周到にも、かわなかはロケ地を三保文化ランドのミニチュア・パークに設定することでこのゲーム

(34)前掲『ビデオ・メーキング――コミュニケーションの新しい道具』、八一頁
(35)さやわか『僕たちのゲーム史』星海社、二〇一二年、一一頁

をより魅力的なものにしている。缶を追うカメラは行く先々で、凱旋門やスフィンクス像など、園内に設置された有名建築のミニチュアを捉えていく。カメラを回しながら缶を蹴るというシンプルなゲームの規則に、コカ・コーラの空き缶と連れ添っての世界旅行というシニカルな物語が組み合わせられているのだ。

ともあれこうした体験を可能にしているのが、コミュニケーション・ツールとして、あるいは撮影者の拡張された身体としてのビデオカメラの利用であることは間違いないだろう。缶を蹴る足と連動してのそのそと歩き、蹴り損じたり、転がっていく缶の軌道に翻弄されたりするカメラの眼差しの人間臭さこそが、観客に、自分自身で操作できないが故に画面に没入してしまうゲームのプレイ動画的なもどかしい快楽を提供しているのである。

2・2　はじめに揺れありきの世界——原將人『二〇世紀ノスタルジア』

もうひとり、作品志向とコミュニケーション志向および三脚と手持ちの関係について考える上で重要な個人映画作家として、原將人の名を挙げたい。

原將人は、高校時代に制作した『おかしさに彩られた悲しみのバラード』（一九六八年）や風景映画『初国知所之天皇』（一九七三年）など、時に「伝説的」とも言われる映画作品を手がけてきたが、一九九七年に突如として商業映画デビューを果たす。それが、これから取り上げる『二〇世紀ノスタルジア』である。物語は、高校生の遠山杏がアメリカからの転校生・片岡徹と過ごした時間を振り返りながら、二人で制作していた映画の完成を目指すというもので、杏役を公開当時人気の絶頂にあったアイドル・広末涼子が演じている。彼女の映画初主演作としてこの作品を記憶している読者も多いだろう。

二〇一五年に『二〇世紀ノスタルジア』を見返してみて驚くのは、SNSや動画共有サイトなどの登場によって大きな盛り上がりを見せた、二〇〇〇年代終盤から一〇年代にかけてのコミュニケーションを重要な要素とする映像環境のありよう――『イメージの進行形――ソーシャル時代の映画と映像文化』で渡邉大輔が提唱する「映像圏 imagosphere」的状況(36)――を連想させるイメージが至る所に登場することである。ニコニコ生放送を思わせるビデオレターに、いわゆる「自撮り」写真的な表情と構図。「踊ってみた」や「歌ってみた」動画さながらのミュージカル・シーン。アイドルによるセルフ・ドキュメンタリー的な趣向。「職業芸術家は一度亡びねばならぬ」「誰人もみな芸術家たる感受をなせ」と主張した詩人・宮沢賢治の童話に登場するチュンセとポウセの名が、それぞれ徹と杏にかさねられているのも示唆的である。

さらに本作では、映画愛を語り、作品を完成させることに情熱を燃やす徹と、作品制作よりも徹とのコミュニケーションを目的にカメラを回す杏という対比や、徹がファインダーを覗く（当時としては）オーソドックスな形状のビデオカメラを使用するのに対して、杏はビデオ雑誌に「これは記録メディアではなく、コミュニケーションツールだ(37)」と紹介された液晶ビューカムを愛用するという

(36) 渡邉大輔『イメージの進行形――ソーシャル時代の映画と映像文化』人文書院、二〇一二年
(37) ビデオSALON編集部編『ビデオSALON』一九九二年一二月号、玄光社、三六頁

撮影機材の対比など、物語上でも作品志向とコミュニケーション志向の対立が描かれている。さらに終盤には、杏がプロ・セミプロ向けのビデオカメラ・VX1000を構え、徹が液晶ビューカムに触れるというカメラの交換を通じて、両者の和解が象徴的に描かれ、二一世紀に生まれる「双子の赤ちゃん」＝新しい映画の姿が幻視されることになるだろう。

原はここで、二〇世紀におこなわれてきた個人による映画・映像制作の歴史を振り返りながら、作品志向とコミュニケーション志向の対立以前の地点を探り出し、そこから新たな映画・映像のかたちを見つけ出そうとしている。そうした中で、作品志向とコミュニケーション志向の間にあって、両者を分け隔てると同時に結びつけるものとしてあるのが、他ならぬ揺動なのである。

本作を特徴づけ、ひときわ目を惹くのが、作中の人物たちによって撮影された激しい手ぶれ映像であることは誰もが認めるところだろう。ビデオの荒い画質で縦横無尽に動き回るその映像は、日中は見慣れた東京の風景を画面の運動によって変形させ、夜になればスローシャッターが無数の光のラインを引き、独特な運動のリズムをつくりだしている。またその揺れは、かわなかのぶひろが入門書に記述していたように、カメラを回す杏と徹の息づかいや興味の方向を生々しく伝えてもいる。カメラもまた演技の一端を担い、登場人物を演じているのだ。

さらに本作には、手ぶれ映像のみならず、フィックスで撮られた映像にもどこか異質な印象が備わっている。例えば、杏が机上に液晶ビューカムを置いて自らにカメラを向け、徹へのビデオレターを撮るショット。あるいは彼女が録画状態のビデオカメラを清洲橋の手すりの上に置いて、その前で様々な動作をしてみせるショット。同じく清洲橋で、杏と徹が三脚にビデオカメラを設置して、二人して画面に収まるショットなどだ。これらのフィックス・ショットを読み解くためには、西沢利治が著した『父のビデオ撮影術——家族が喜ぶ作品づくりのコツ』に見られる次の記述が参考になる。

家族全員で乾杯する時や、ごちそうを食べる時はビデオカメラを三脚につけたり、適当な高さの台の上に置いてしまうのもいい方法です。家族みんなが一緒に撮れるばかりでなく、子供たちがカメラを意識しないこともあって、自然な表情や声が撮れると思います。(38)

ビデオカメラを録画状態のまま三脚などに固定しておくことで、誰かがカメラ番をする必要がなくなり、家族揃って画面に収まることができる。この撮影手法は、本格的な作品制作のために三脚を必要とするのではなく、家族の団らんや思い出づくりを重視しているという意味で、コミュニケーション・ツールとしての三脚利用だと言えるだろう。先に挙げたいくつかのショットも同様に、厳密な構図や揺れのない安定した画面をつくることよりも、手ぶらで撮影ができることや、杏と徹の二人が共に画面に映ることのほうが重視されている。その映像はフィックス・ショットと呼ぶにはあまりにも不安定で、少し風が吹くだけでぐらついてしまいそうだ。固定は固定でも、あくまで「仮止め」程度といった具合である。

これを怠惰で大雑把なだけじゃないかと切り捨ててはならない。というのも、ここにこそ、カメラが三脚に固定された状態を前提としない、揺動メディアとしての映画が依って立つ世界観が端的に表

(38) 西沢利治『父のビデオ撮影術——家族が喜ぶ作品づくりのコツ』実務教育出版、一九八九年、一二一頁

れていると考えられるからだ。

清洲橋の手すりにカメラを置いていた杏は、程なくして、すっとカメラに近づきそれを両手で摑む。画面がガタリと揺れる。カメラが持ち上げられて画面はふわりと浮き上がり、手持ち撮影による歌とダンスのミュージカルが始まる――。このように、仮止め状態に置かれていた映像は、観客に、画面の背後にあるカメラの物体としての厚みと重みを感じさせる。ここで言う厚みと重みとは、杏がしたように、誰かが手を伸ばせばきっとそれに触れることができ、力を加えれば動かすこともできるだろうという確信だ。『二〇世紀ノスタルジア』のカメラは、メタフィクションにありがちな暴露的意図（これは映画である、これは虚構であるというメッセージ）を超えて、さらには撮影者の拡張された身体であることも超えて、独立したひとりの登場人物として映画に出演しているのである。同じ世界の内に住みついているからこそ、その身体を備えた眼差しは他の出演者やスタッフによって位置や方向を変えられるかもしれないし、強風や地震に揺さぶられて転倒するかもしれないし、自動車に轢かれて壊れてしまうかもしれない。ここでは画面が微動だにしない状態こそが例外的なのであり、フィックス・ショットも、何かに仮止めされて一時的な安定を得ている以上のものではない。あらゆるものが常に揺れ動き続けていること。それこそが、揺動メディアとしての映画・映像が前提とする世界なのである。

しかし、そのような世界を果たしてわたしたちは受け入れることができるのだろうか？

社会学者の宮台真司が、ひとは過剰な流動性がもたらす入れ替え可能化に耐えられないと言うように、哲学者の千葉雅也が「接続過剰」に対する「切断」の重要性を説くように、あるいは常に揺れる画面が大抵の場合見るに耐えないものであり、激しい手ぶれは深刻な映像酔いを引き起こすように、果てしなき揺動が、思想的にも生理的にもひとに大きな負担を強いるものであることは間違いないだろう。

この問題を原将人は理解していた。そして彼が打ち出した打開策は、奇しくもと言うべきか必然的にと言うべきか、渡邉大輔が映像圏的状況に特有の映像美学を生み出す要因として挙げる、「記号の極端な可変性・拡張性と、それを拘束する素材の表象のもつ固有性（安定性）というカップリング」と同形のものであったのだ(39)。杏が清洲橋を訪れ、自身にカメラを向けて手持ち撮影をおこなうシーンについて、原は次のように語る。

歩きながらの手持ちカメラは、歩く揺れと同じリズムで揺れるので、前に向けると風景が揺れますよね。でも自分自身に向けると背景は揺れるんですが、向けた自分自身は驚くほど安定して写ることになるんです。並んで歩く人物も、共感作用が働くというか、無意識的にほぼ同じリズムで歩行するんで、同様に安定して写るんですね。走りながらでも、踊りながらでも、驚くほど安定するんです。（中略）あっ！と、ハリウッド映画もびっくりの、映画史上初の非ハリウッド的なミュージカルシーンです。(40)

(39) 前掲『イメージの進行形——ソーシャル時代の映画と映像文化』、五一頁
(40)「原将人フィルモグラフィー」、http://web.kyoto-inet.or.jp/people/hara-mov/homepage/ filmo.html

原は、広末涼子をはじめとする登場人物たちの特徴的な**顔**（表情）、さらには清洲橋や東京タワーといった誰もが知る**ランドマーク**を画面の中央付近に仮止めすることで、目を留められる場所をつくり、映画に一時的な安定性を持ち込む。さらにそれらの**顔**や**ランドマーク**は一度限りではなく、くり返し作中に現れることでさらに印象を強めていく。例えば杏と徹が**顔**を寄せ合うショットは、杏が映画の編集作業をおこなう中でその都度文脈を変えながら再生される。二人が出会った記念の場所である清洲橋は、時間や構図を変えてくり返し撮られることによって、僅かな差異を孕んだ無数の清洲橋のイメージを積み重ねていくというように。

カメラが三脚に固定された状態を前提とする映画では、不動の「地」の上を「図」が移動することによって画面が成立していた。これに対して『二〇世紀ノスタルジア』では、無数のバリエーションがつくられてもなお残る（むしろ反復されることでより強化される）**顔**や**ランドマーク**といったイメージの安定性が、仮止めされた足場としての「図」の役割を果たす。常に揺れ動く「地」のただ中に、相対的に強力な「図」を楔として打ち込むことで、その都度仮設の足場を設けるようにして、ゆるやかにひとつの映画（作品）としての輪郭を浮かび上がらせていくのだ。

こうしてようやく、本稿のタイトルに据えた問いに答えることができる。揺動メディアとしての映画・映像にとって、三脚とは何だったのか？

それは、上述した**顔**や**ランドマーク**が果たした役割と同様に、矩形のフレームに構図を仮止めすることで、揺れる世界に一時的な安定性を持ち込むための手法のひとつである。あくまで「手法のひとつ」であって、相対的に有力ではあるが決して絶対的なものではない。二〇世紀を通じて長らく三脚の時代が続いたために、固定されているのが当たり前だと思いこんでいるだけで、実際のところ、画面に映るすべてのものは揺れうるし、傾きうるのである。

言うなれば三脚とは、大海に浮かぶ豪華客船なのだ。人間は生身で海上に生きることはできない。すぐさま激しい波に溺れ、命を落としてしまうだろう。そこでわたしたちは船をつくる。小船ではまだ心もとないが、造船の技術は次第に向上し、やがて寝室やレストランやカジノまで完備した豪華客船が登場する。海という外部環境から切断され、天候や気温などに左右されない独立した「均質空間」（原広司）が実現し、安全で快適な旅が保証されるのだ。そしていつしか乗客は世界の揺れを意識しなくなり、自分が海の上にいることすら忘れてしまうだろう。「不沈船」と喧伝されたタイタニック号に悲劇が起きる、その日まで。

さらに言えば、日本に暮らす人びとは、海に限らずこの大地さえもが不動ではないことを繰り返す災害のたびに痛感してきたのではなかったか。揺動メディア論とは、揺れを忘却するのでもなければ快楽的に身を任せるのでもなく、揺れ続ける世界と何とかしてうまくつき合って生きていくための、ひとつの切実な試みなのだ。

スタジオジブリから「満洲」へ――日本アニメーションの歴史的想像力

渡邉大輔

1　スタジオジブリ／日本アニメーションのアルケオロジー

二〇一四年一一月八日。この日、日本が誇るアニメーションの巨匠、宮崎駿は、日本人として黒澤明に続く二人目のアカデミー賞名誉賞を受賞した。

宮崎は、前年の二〇一三年九月、同年夏に発表した長編監督第一一作『風立ちぬ』（二〇一三年）を最後に、長編アニメーション映画の監督業から引退することを表明していた。しかもこの年は、奇しくも宮崎が一九六三年にアニメーターとして出発してからちょうど半世紀の節目の年でもあった。

アカデミー賞授賞式会場でのプレゼンターは、ピクサー／ディズニーを統括する現代3Dアニメーションの巨匠、ジョン・ラセター。かれは会場で、宮崎を「ウォルト・ディズニーに次ぐアニメーションの偉人」だと紹介した。このとき、ニコニコ生放送でこの授賞式の模様を眺めながら、わたしはあるひとつの深い感慨を覚えずにはいられなかった。

というのも、宮崎駿という国産アニメーション産業の正統な嫡子とも呼べるクリエイターが、ハリウッドで、しかも現在の「ディズニー」という一大ブランドを牽引する人物をプレゼンターとして、その功績が公式に称えられたこの瞬間こそ、じつはおよそ七〇年以上にわたって連綿と紡がれてきた日本アニメーションのひとつの「夢」が叶えられた出来事だったとも考えられたからである。それは、いったいどういうことか。

宮崎駿や高畑勲、そしてかれらの拠点である「スタジオジブリ」（以下、「ジブリ」）については、いまさらくだくだしく説明する必要がないほどに有名だろう。

一九八五年六月に、宮崎の長編監督第二作『風の谷のナウシカ』（一九八四年）を製作した「トップクラフト」を発展的に解散・改組するかたちで徳間書店の出資により設立されたジブリは、以降、おもに宮崎と、かれの長年の盟友である高畑の手掛ける数々の長編アニメーション映画の傑作群をつうじて、日本を代表する世界的なアニメーションスタジオとして広く知られている（二〇一四年八月、同年公開の米林宏昌監督『思い出のマーニー』を最後に、制作部門の解体を発表）。

また、一九八〇年代からこのジブリを拠点に活躍してきた高畑と宮崎は、いまやアニメーションという枠のみならず、この二一世紀の日本でおそらく唯一――そして確実に最後の――、「国民的作家」という形容がふさわしいといえるほどの、圧倒的な大衆的支持と国際的評価をえている。その数々の作品はもはや複数の世代や男女をまたぐ共通の「国民的記憶」としてわたしたちの文化に分厚く広がっているだろう（ハイジ、コナンからルパン、トトロ、ポニョ……）。

もちろん、そんなジブリについては、その圧倒的な名声や功績と比例するごとく、これまでにも膨大な量の関連書籍、評論や研究論文がさまざまな分野から出されてきた。だが、それらの先行研究

（文献）の多くは、（従来のアニメ評論やサブカル批評と同じく）総じてたとえば宮崎や高畑個人の作家論や作品論、また戦後・現代アニメ史やオタク文化史の視点から語られてきたものが多かったように思われる。

しかし、近年、日本映画史研究やアニメーション（史）研究の分野では、学術、在野の双方で研究や資料整理、フィルム修復が急速に進み、これまではほとんど注目されてこなかった領域や歴史的時期への分析調査がつぎつぎとなされつつある(1)。また、二〇〇四年の「コンテンツ産業振興基本法」成立に象徴される、いわゆる「クール・ジャパン」「コンテンツ」などと呼ばれる日本の文化産業への海外に向けた行政施策や、「デジタル化」に伴う視覚文化論のパラダイムの変容など、さまざまな動向から「アニメーション」自体に対するジャンル的評価も日増しに高まりつつある(2)。

(1) 一九九八年に〈日本アニメーション学会〉が設立されて以降、東京工芸大学、京都精華大学など国内大学でのアニメーション学科の設置、専門書籍の刊行によって研究ディシプリンの整備が進み、アニメーションの学術研究が活発化している。また、二〇〇七年、長らく現存しないと考えられてきた日本最初のアニメーション作品である幸内純一の『塙凹内名刀之巻（別題：なまくら刀）』（一九一七年）の玩具フィルム版が松本夏樹によって奇跡的に発見され、ディジタル修復されたのをはじめ、戦前の貴重なアニメーション作品のフィルム修復・上映もここ数年で実現されてきた。

(2) たとえば、よく知られるところでは、アメリカのメディア理論家レフ・マノヴィッチは、ディジタル化によって映像の「指標性 index」が衰退することにより、それまで「（実写）映画の周縁ジャンル」にすぎなかったアニメーションの地位が相対的に高まり、「デジタル映画とは、多くの要素の一つとしてライヴ・アクションのフッテージを用いる、アニメーションの特殊なケース」となるだろうと指摘している。レフ・マノヴィッチ『ニューメディアの言語――デジタル時代のデザイン、アート、映画』堀潤之訳、みすず書房、二〇一三年、四一四頁。

たとえば、アニメーション史研究の代表的な事例でいえば、およそ一九五〇年代以前、とりわけ戦前から戦中期にかけての国産アニメーションの作品や実態への本格的な注目があるだろう。

日本アニメの歴史といえば、これまで一般的には、「ジャパニメーション」と呼ばれる独特の映像表現や話法を築きあげた戦後の「テレビアニメ文化」との関連からも、手塚治虫率いる〈虫プロダクション〉の『鉄腕アトム』（一九六三～六六年）、あるいはせいぜいが〈東映動画株式会社〉創立の五六年以降の記述に限られていることが非常に多かった。一例を挙げるとすれば、日本アニメーション史研究の第一人者のひとり、津堅信之もやはり、「アニメ」の時代区分を『アトム』以降に設定し、それ以前を「アニメ前史」、以後を「アニメ本史」と呼ぶ史観を提唱している(3)。逆にいえば、国産初のアニメーションが制作された大正初年代の一九一七年から占領期ころ（一九五〇年代初頭）までの約三〇年あまりの時期については、ほとんど語られることがなかったし、また、具体的なフィルムを観賞する機会もきわめて限定されてきた。

むろん、そこには、この時期の国産アニメーションの、現在とは趣を異にする固有の製作・興行形態が大きく関係している。当時、「線画」などと呼ばれていたそれらは、一般的な劇場で公開される娯楽作品というよりも、むしろそうした劇場用映画の添え物、もしくは「教育映画」や「教材映画」として、ごく小規模の手工業的な工房で製作され、学校や公共施設などできわめてマイナーなかたちで観賞されていたのだ。

しかし、二一世紀に入って、フィルム・アーカイヴィングやデジタル修復の進展によって、ＤＶＤの発売や近代美術館フィルムセンターなどでの特集上映が相次いで実施され、あらためて戦前の国産アニメーションに対する注目や研究が広まっているのである(4)。そして、以下に見てゆくように、ジブリの手掛けてきたアニメーション群がはらんでいる想像力の「歴史性」を正確に見定めるには、おそらくこうしたより広い歴史的射程での分析が欠かせない。

ともあれ、以上の前提に基づいて、従来とはまた異なった視点からジブリ作品のかかえる固有の歴史的意義や可能性について語ることはできないだろうか。また、それをつうじて、ひるがえってジブリもそこに属する日本アニメーション史の知られざる側面についても照射してみたい。以上が、この小論の目的である(5)。

2　ジブリから「東映動画」へ──高畑・宮崎の思想的起源

議論をはじめる前に、話の取っ掛かりとして、宮崎駿のアニメーション人生の出立と終着をそれぞれ彩るふたつの、ある象徴的なトピックを紹介しておきたい。ひとつは、ある意味でかれの作品を形作る些末な細部であり、もうひとつは、かれをめぐる比較的よく知られた挿話である。

(3) 津堅信之『日本アニメーションの力──85年の歴史を貫く2つの軸』NTT出版、二〇〇四年、二〇～二一頁。同「アニメの歴史」、高橋光輝・津堅信之編著『アニメ学』NTT出版、二〇一一年、二四頁。

(4) 二〇〇四年には、映像文化製作者連盟（映文連）がDVD『日本アートアニメーション映画選集』全一二巻。二〇一〇年には同じく『アニメーションの先駆者　大藤信郎　孤高の天才』などを発売。それまでめったに観ることのできなかった国産アニメーションの過去の名作がDVDやYouTubeで観られるようになっている。

(5) 本論の内容は、以前、一七〇〇字ほどのごく短いエッセイ原稿できわめて簡単に触れたことがある。渡邉大輔「スタジオジブリの「語りにくさ」」、『すばる』五月号、集英社、二〇一四年、二五〇～二五一頁。

まず、宮崎の最後の長編アニメーション映画監督作（ということになっている）『風立ちぬ』のなかに、こんな台詞が紛れこんでいる。

「いい夜です。ここは魔の山《デア・ツアオバーベルク》。忘れるにいいところです。中国《チャイナ》と戦争してる、忘れる。満洲国作った、忘れる。国際連盟抜けた、忘れる。世界を敵にする、忘れる。日本、破裂する。ドイツも破裂する……」[6]

『風立ちぬ』は、「零戦」の設計者として知られる実在の航空技術者・堀越二郎の半生を描いた物語である。この台詞は、物語の中盤、ヨーロッパ視察から戻った二郎（庵野秀明）が、かつて関東大震災の日に出会ったヒロインの里見菜穂子（瀧本美織）と再会を果たす軽井沢の「草軽ホテル」のシークエンスに登場する。夜、菜穂子と彼女の父親とのはじめての会食の前に、ホテルのレストランのテラスで煙草を吸っていた二郎のところに、カストルプ（スティーヴン・アルパート）という謎めいたドイツ人が亡霊のように現れる。このカストルプが二郎に向けて仔細ありげにつぶやくのが、右の台詞なのだ。

この『風立ちぬ』のカストルプの台詞は、宮崎作品にとってさまざまな意味で暗示的だ。第一に、この作品において宮崎が、主人公・二郎の「艦上戦闘機」の設計についやした半生を、自身の「アニメーション作り」のそれとあからさまに重ねあわせて描いているように、近年の宮崎作品同様、本作が宮崎自身の半生を総括するような寓意的符牒に満ちみちているという点である[7]。

また、それも踏まえて第二に、このカストルプがはじめて映画のなかに姿を見せるのが、再会する二郎と菜穂子が草軽ホテルのレストランで視線を交しあうはじめてのシークエンスであり、その後登場するこの台詞の直後に、菜穂子の急な体調不良により予定されていた会食が取りやめになり、それから彼女の肺結核が発症するという物語後半の不穏な展開を予告する重要なシークエンスでもあるということだ。このようなシークエンスにおいて、宮崎が図らずも「中国」や「満洲」という単語をキャラクターの口を借りてつぶやいたという事実は、以下の論述においてこのうえなく示唆的な意味を含みもっているといえよう。

さて、もうひとつの挿話は、『風立ちぬ』発表からちょうど五五年前に遡る。

一九五八年一〇月二二日、一本の長編アニメーション映画が公開された。タイトルは『白蛇伝』。この二年前に創立された〈東映動画株式会社〉が製作した国産初にしてアジア初のカラー長編アニメーション映画だった。すでによく知られるように、当時、都立豊多摩高校三年（一七歳）だった宮崎

（6）宮崎駿『スタジオジブリ絵コンテ全集19　風立ちぬ』徳間書店、二〇一三年、三九六〜三九七頁も参照し、記述した。

（7）たとえば、『崖の上のポニョ』（二〇〇八年）では、父親（耕一）が遠洋航海の仕事のためにほとんど家にいない男の子、宗介を主人公にしている。宮崎自身もインタビューなどでそれとなく述べているとおり、この宗介と父親の関係は明らかに息子・宮崎吾朗と自身の半生の投影として描かれている（しかも、これは主人公の「父殺し」の物語である吾朗の映画監督デビュー作『ゲド戦記』〔二〇〇六年〕に対する父からの応答でもある）。また、宮崎が企画・共同脚本として参加した吾朗の監督第二作『コクリコ坂から』（二〇一一年）は、映画オリジナルとして、主人公たちが通う高校の古い文化部室棟「カルチェラタン」の取り壊し反対運動が主題的に描かれるが、こちらの「カルチェラタン」はまさにいまや古びつつあるフル・アニメーションやセル・アニメーションの牙城としての「スタジオジブリ」（と東映動画）のメタファーである。実際、この作品の舞台設定である一九六三年は、まさに宮崎が東映動画に入社した年であった。

は、この作品を映画館で観て、深い衝撃を受ける。曰く、

日本最初の本格的長編色彩映画『白蛇伝』が、公開されたのは一九五八年である。その年の暮れ、場末の三番館で、高校三年の受験期のただ中にいたぼくは、この映画と出会ってしまった。どうも気恥ずかしいうちあけをしなければならない。ぼくは漫画映画のヒロインに恋をしてしまった。心をゆさぶられて、降り出した雪の道をよろめきながら家へ帰った。[…] 未熟なそのときのぼくには、『白蛇伝』との出会いは強烈な衝撃を残していった。(8)

宮崎は、この中国の民間説話を題材にしたアニメーション映画の虜になってしまい——もっとありていにいえば、ヒロインの蛇の化身、「白娘《パイニャン》」に萌えてしまい——、これをきっかけにアニメーションの道を志すのである(9)。

ともあれ、ジブリと、それが象徴する日本アニメーション史のある重要なひとつの側面は、この『白蛇伝』と『風立ちぬ』という二本のアニメーション映画をつなぐ半世紀の歴史のあいだに横たわっているといえるのだ。

それでは、つぎにジブリにおける高畑勲や宮崎駿の想像力や思想の核についていくつかの前提的な事実や論点を確認しておきたい。

ジブリの作るアニメーション作品の多くに、相互扶助的な労働者たちの共同体——いわば「コミューン」のモティーフが繰りかえし登場することは、これまでにもいたるところで指摘されてきた要素である。

たとえば、『風の谷のナウシカ』の「風の谷」、『天空の城ラピュタ』（一九八六年）の「鉱山町」、『おもひでぽろぽろ』（一九九一年）の「山形の紅花農家」、『紅の豚』（一九九二年）の「ピッコロ社の飛行艇工場」、『もののけ姫』（一九九七年）の「たたら場」、『千と千尋の神隠し』（二〇〇一年）の「油屋」……などなど、ジブリアニメの登場人物たちはこぞって「協働的な労働」に積極的に従事する姿が描かれる。そしてまた、それらのモティーフが、高畑や、とりわけ宮崎のもつ「左翼的」なイデオロギーに基づいていること、さらにそれがかれらの演出家やアニメーターとしての出自である東映動画での協働作業や、ラディカルな労働組合運動の経験に由来することもすでに広く知られているだろう(10)。

とりわけそうした「左翼的」なニュアンスは、いうまでもなく冷戦構造が崩壊し、ユーゴ内戦など

（8）宮崎駿「日本のアニメーションについて」、『出発点 1979〜1996』徳間書店、一九九六年、一〇〇〜一〇一頁。

（9）この『白蛇伝』が宮崎に与えた衝撃は、のちのかれの作品の細部にも認められる。たとえば、『崖の上のポニョ』。管見の限りでだれも指摘していない点だと思われるが、この作品で台風の日、リサの運転する車に乗って帰る宗介のもとに大津波の「水魚」に乗ってポニョが再来する印象的なシークエンスのイメージは、『白蛇伝』のクライマックスで、主人公・許仙《シュウセン》を取り戻すために巨大ナマズに乗って嵐の海からやって来る少青《シャオチン》のシークエンスを髣髴とさせる。

（10）一九九〇年の以下のような発言。「僕はコミュニズムが掲げた理想というのは、やっぱり現実の社会主義が上手くいってなくても、要するに人間はより高くありたいとかより高貴でありたいっていう、人から屈辱を受けたくないとか、そういうことでね、その価値は少しも消えてないと思うんです！［…］それに社会主義っていうのはそんなに難しい問題じゃないんじゃないかと思いましたからね。希望ということなんじゃないかと思ったから」、宮崎駿「風が吹き始めた場所」、『風の帰る場所――ナウシカから千尋までの軌跡』ロッキング・オン、二〇〇二年、六四〜六六頁。

旧社会主義国の紛争が激化したことによって宮崎がある意味で思想的な「転向」を遂げたとされる『紅の豚』以前の諸作において顕著である。『ナウシカ』におけるナウシカたちの「風の谷」とクシャナ率いる「トルメキア帝国」の対比は、まさにサンディカリズム的な共同体と帝国主義国家との拮抗として描かれていたといえる。

以上の点からも、ジブリのはらむ想像力の内実について踏まえるために、続いてその実質的な起源となっている東映動画との関係についても見ておかねばならない。

東映動画（現在の東映アニメーション株式会社）とは、一九五六年にメジャー映画会社、〈東映株式会社〉の子会社として創立されたアニメーション会社である。

高畑は東京大学仏文科を卒業後の五九年、そして宮崎は学習院大学政治経済学部卒業後の六三年に、それぞれ演出採用、アニメーター採用としてこの東映動画に入社し、アニメーション業界でのキャリアを出発させた。そしてのちに経緯を詳述するように、当時の東映動画では、親会社の東映ともども、社内スタッフのあいだで左翼的傾向が濃厚で、ことあるごとに賃上げなど労働条件改善を訴える組合運動がさかんだった(11)。入社翌年、二三歳の宮崎は、はやばやとこの東映動画労働組合の書記長に選ばれる。ここで同時期に副委員長を務めていたのが、二九歳の高畑であり、若い宮崎は高畑から多大な思想的感化を受けるのである。

こうした当時の東映動画内部での左翼的雰囲気を象徴する作品としては、さしあたり森康二（森やすじ、もりやすじ）演出による短編『こねこのスタジオ』（一九五九年）を確認しておくのがよいだろう。

高畑が入社の年に製作されたこの一六分ほどのアニメーションは、東映動画最初の短編アニメーションである藪下泰次演出『こねこのらくがき』（一九五七年）の続編であり、登場するのは子猫と、二匹のネズミである。主人公の子猫は撮影スタジオでネズミを相手に映画を監督しているが、すぐに壊れるキャメラや演技の下手なネズミたちに嫌気がさし、すべてがオートメーション化された近代的なスタジオとロボットの俳優で映画を作りはじめる。ところが、ネズミたちの悪戯や機械の故障などで結局はうまくいかず、さらにロボット化した俳優のギャングや警官たちに追いまわされることになった子猫は、ついに自分自身に似せた監督ロボットを作ってスタジオを任せ、ネズミたちとともに出ていくという物語だ。

『こねこのスタジオ』が発表されたこの年、東映動画では、上層部経営陣が「劇場用長編を最低でも年一本」という過密な製作ペースを一方的に要求しており、それをクリアするための短期間での急激なスタジオの大規模化や合理化、度重なるスタッフの大量増員による制作現場の混乱と労働環境の悪化が深刻な問題となっていた。これを受けて、同年に社員たちが第一次労働組合を結成するが、即刻解散を余儀なくされている。宮崎ものちに参加する東映動画の労働闘争が本格化するのは一九六一年以降のことである。ともあれ、『こねこのスタジオ』は一方的なスタジオの合理化＝近代化に対抗するという当時のアニメーターたちの変革と抵抗の機運を如実に反映して作られたアニメーションだった。

そして、これもよく知られるように、そうした思想性やリアリティの最大の結実として生まれたの

（11）この点については、以下の論文が詳しい。木村智哉「初期東映動画における映像表現と製作体制の変革」、『同時代史研究』第三号、同時代史学会、二〇一〇年、一九〜三四頁。

が、高畑の記念すべき長編アニメーション映画監督デビュー作『太陽の王子　ホルスの大冒険』（一九六八年）であった。この映画では、悪魔グルンワルドに乗っ取られた村をホルスを筆頭とする村人たちが団結して取り戻すシリアスな物語が描かれる。これはまさに公開当時の「六八年」の政治的空気を濃密に湛えた労使対立のドラマの隠喩以外の何ものでもない。たしかに、この『ホルス』のコミューンから後年の『ナウシカ』や『もののけ姫』のそれまでは、一本のはっきりとした線が引けるだろう。

……とはいえ、従来のスタジオジブリ論、あるいは高畑・宮崎論の枠組みでは、おおよそこのあたりまでの歴史しか遡行して語られず、それ以上の経緯というのはほとんど触れられてこなかったように思われる。ここには、やはり冒頭で述べておいたように、「戦後」という区分に特化した国産アニメーションの歴史記述が長らく支配的な位置を占めてきたことが理由に挙げられるだろう。

それでは、ジブリにも通底する東映動画のこうした左翼的傾向はそれ以前のいかなる歴史的経緯と結びついていたのか(12)。

3　左翼系映画人の「アジール」としての東映／東映動画——満洲史の視点から

では、ここであらためて東映動画が創立するまでの経緯を、より広い日本の近代史的視点とからめながら見ていこう。

先述のように一九五六年に創立された東映動画は、日本で最初の本格的な企業形態を採用したアニメーション製作会社であった(13)。そもそも東映動画の母体である〈東映株式会社〉は、一九三八年に興行専門に設立された〈東横映画〉が、一九五一年四月に、同じ東急電鉄系の〈太泉映画〉、〈東京映画配給〉の二社と合併して発足した企業である。まず、ここで注意すべき重要な事実のひとつは、東映が、日活や松竹、東宝、大映といったほかの国内メジャー映画会社と違い、戦後にできた新しい映画会社（第四系統）であったことだ。そのために、初代社長の大川博以下首脳経営陣は、既存の他社がまだ進出していない、新興ジャンルに活路を見いだそうとする。そのひとつが、アニメーションであった。

一九五三年の大川らによる欧米視察を契機に、東映では一九五〇年代半ばから本格的にアニメーション自主製作のプロジェクトが動きはじめ、一九五六年一月に「漫画映画製作研究委員会」が発足。同年八月に、一九五二年に設立され、戦前から活躍していたアニメーターが在籍していた〈日動映画株式会社〉を東映が買収するかたちで東映動画が発足する。東映動画は数本の短編を製作したあと、一九五八年に満を持して長編第一作となる『白蛇伝』を発表。以後、『少年猿飛佐助』（一九五九年）、

(12) こうした東映／東映動画的な歴史的想像力は、「ポスト・ジブリ」の現代日本アニメーションにも連綿と受け継がれているといえる。たとえば、高畑や宮崎と同様、東映動画のアニメーターとして出発した細田守は、近年の監督作においても「東映的記憶」をはっきりと反映させていることで知られている。『サマーウォーズ』（二〇〇九年）のクライマックスに登場する「花札」は、東映の人気任侠シリーズの一作『緋牡丹博徒　花札勝負』（加藤泰監督、一九六九年）への目配せである（このシリーズの主演女優・富司純子［当時、藤純子］が本作に陣内栄役で出演している）。また、『おおかみこどもの雨と雪』（二〇一二年）にはこれも東映実録路線のスター、菅原文太が出演していたし、モティーフや演出は明らかに相米慎二に由来している。

(13) 牧野守「東映動画の誕生に至る経緯とその歴史的背景」、日本アニメーション学会編『アニメーション研究資料 Vol.1　東映動画の成立と発達』日本アニメーション学会、二〇〇二年。

『西遊記』（一九六〇年）、『安寿と厨子王丸』（一九六一年）……と、コンスタントに劇場用の長編アニメーション映画を公開していき、ここにいわば現在につうじる日本の「アニメ産業」が生まれるのである。

さて、そんな東映動画、そして親会社の東映はいかなる経緯でできあがっていったのか。視野を広げよう。話は、戦中期に遡る。

周知のように、二〇世紀半ばの日本は、一九三七年の盧溝橋事件による日中戦争、続く四〇年末の真珠湾攻撃によるアジア太平洋戦争（大東亜戦争）の勃発により、一九四五年の敗戦まで第二次世界大戦の渦中に置かれることになる。国内全体の軍国主義化、全体主義化の趨勢のなか、国内の映画界もまた、「映画国策」「映画報国」のスローガンのもとに厳しい統制が敷かれてゆく。

暮れにアジア太平洋戦争がはじまる一九四〇年には前年に制定された「映画法」に基づき、政府が映画会社に向けて国民の映画による意識統制を促す「映画新体制」という製作制限案が掲げられ、それは翌一九四一年に再編される「映画臨戦体制」へと受け継がれる。そんななかで、一九四一年に全面改正された治安維持法によって、国内の共産主義や社会主義を含む反体制的な左翼活動が一斉に検挙されてゆくことになる。

こうした状況の変化で、戦前から日本の映画界で活動していた左翼系の映画人たちは国内での活動が弾圧されたことにより、かれらはつぎつぎと大陸に渡ることになる。というのも、一九三一年の「満洲事変」を契機として、翌一九三二年に中国東北部に日本帝国の傀儡国家「満洲国」が建国されていた。ここでは、日本の満洲支配を進めるためのプロパガンダ活動を目的に、一九三七年に「満洲映画協会」（満映）および「満洲映画法」が作られ、おもにこの新興実験国家・満洲を新天地として戦争のあいだ、左翼系映画人たちは活動を続けることになったのだ。

そして一九四五年、日本は敗戦を迎え、それに伴い満洲国も崩壊する。すると、行き場を失った大陸の映画人たちは、一斉に日本へと引き揚げてくる。しかし、いうまでもなく、日活や松竹、東宝など戦前からのさまざまなしがらみがあり、またレッド・パージの吹き荒れるほとんどのメジャー映画会社はかれら左翼系映画人たちを容易に受け入れない。そんななかで、かれらをほぼ唯一、積極的に受け入れて仕事を与えていったのが、戦中に生まれた比較的新興の会社である東横映画、そしてその後身として戦後に発足した東映だったのである。さらに、東映はこうした満洲人脈以外にも、東宝争議（一九四六～四八年）やGHQのレッド・パージによって撮影所を追われた共産党系の映画人を積極的に雇い入れていた。たとえば、山本薩夫、亀井文夫、関川秀雄といった監督たちである。

この経緯を表す神話的なエピソードが、自らも戦時中に満洲に渡り、戦後は帰国して東横映画撮影所、東映東京撮影所の所長を歴任したマキノ光雄が喝破したという言葉にある。日本最初の映画監督で、「日本映画の父」とも呼ばれる牧野省三の息子でもある親分肌のマキノは、左翼系の監督としてのちに東映を代表する巨匠となる今井正の起用を渋る会社幹部たちを前に、こういいはなったという。「右翼も左翼もあるかい、わしは大日本映画党じゃ！」。

何にせよ、こうして草創期の東映、および東映動画には、なかば必然的に、満洲人脈＝左翼人脈の映画関係者が数多く在籍することになった。そう、もはや明らかなように、数々のジブリアニメのモティーフにつらなる高畑、宮崎の左翼的思想性は、ひとつには（というのは、そこには草創期の東映の徹底した合理化方針なども背景にあるからだが）こうした「左翼系映画人のアジール」としての東映／東映動画の映画史的経緯に基づくものなのである。

4　満洲の夢、アニメーションの夢――ありえたはずの戦後日本（アニメ）史

　さて、以上のように、いまや、高畑や宮崎の属するジブリの手掛けるアニメーションには、はるか遠く「アジア」（大陸）の影が差していることがおぼろげながら明らかになりつつある。この点をもう少し踏みこんで探ってみよう。

　ここで注目したいのが、たとえばさきほどの「満洲」という傀儡国家が含む近代日本における独特の歴史的位相である。そのことを端的に示すように、かつて中国文学者の藤井省三は以下のように記していた。「そもそも満洲国とは戦後日本の暗喩に過ぎず、戦後日本もまた満洲国の暗喩に過ぎぬ」[14]。すなわち、日本の近代において、満洲国、あるいは満映とは、いわば「ありえたはずの戦後日本／映画」の姿であったということができる。

　とはいえ、近代史研究の分野においては、この仮説は比較的知られるものであるだろう。もとより、満洲国とは、政治・経済・産業・文化など、社会のあらゆる分野で先進的な実験が繰り広げられた一種のユートピア国家（王道楽土）であった。そして、そうした「実験」の数々が、じつは満洲崩壊後の戦後の日本社会にもちこされてリブート（再起動）されてゆくのである。

　よく知られたところでは、満洲で実施された先進的な計画統制経済「産業開発五ヵ年計画」が挙げられる。当時、この計画を率いていた中心的な経済官僚のひとりが若き岸信介であり、その大枠は、戦後、かれが首相になったあとの高度経済成長の一連の経済政策のモデルになった。ほかにも、日産自動車や新幹線などの主要都市インフラ、また電通をはじめとする広告産業の近代化など、戦後日本

で全面に花開いた「満洲の夢」は数知れない。藤井のいうとおり、いわば満洲とは、もし第二次世界大戦で日本が敗けていなかったら、ありえたはずのバーチャルな「戦後日本」だったのである。わたしたちの生きる日本社会には、いわば亡霊のように「満洲」の影が張りついているのだ。

そして、じつはここには、もうひとつのありえたはずの「満洲の夢」がつけ加わることになる。それこそが「アニメーションの夢」にほかならない。

そのことを見るために、ここで「満洲」と「ジブリ」を結びつけるひとりのキーパーソンを召喚しておかなくてはならない。

赤川孝一。

『セーラー服と機関銃』（一九七八年）や『三毛猫ホームズ』シリーズ（一九七八年〜）などの小説で知られるベストセラー作家・赤川次郎の父としての顔ももつこの人物は(15)、戦後の黎明期の東映動画のアニメーション作りの中心を担ったひとりである。そして、赤川もまた、まぎれもなく満洲人脈のひとりであった(16)。

(14) 藤井省三「暗喩としての満洲国——高橋和巳『堕落』の構造」、『文藝』秋季号、河出書房新社、一九九一年、二九一頁。

(15) 赤川次郎は、東横映画福岡支社で生まれたという。赤川次郎『本は楽しい——僕の自伝的読書ノート』岩波書店、一九九八年、八六頁。また、赤川原作の相米慎二監督『セーラー服と機関銃』（八一年）の配給会社は、いうまでもなく東映である。

(16) 赤川孝一の事績については、これも近年、急速に研究の注目を集めつつある。木村智哉「東映動画株式会社の発足と同社アニメーション映画の輸出に関する一考察」、『演劇博物館グローバルCOE紀要　演劇映像学2011』第一集、早稲田大学演劇博物館グローバルCOEプログラム、二〇一二年、一四七〜一六八頁。赤上裕幸『ポスト活字の考古学——「活映」のメディア史1911-1958』柏書房、二〇一三年。また、以下の記述にあたっては、赤上の著作に負うところが多い。

一九三四年に二六歳で東京帝国大学哲学科を卒業した赤川は、そのままできたばかりの満洲国へと渡る。そこでかれは満洲国文教部社会教育課映画並放送教育係に着任し、地方への一六ミリ映画の巡回映写活動、美術展の企画立案など、若きエリート公務員として総じて満洲国の映画教育政策や文化政策に携わってゆく(17)。その後、三八年に赤川は当然のごとく、満映の職員に抜擢される。

ところで一九三九年から、満映のトップである第二代理事長を務めていたのが、陸軍軍人の甘粕正彦であった。関東大震災のおり、無政府主義運動の巨魁、大杉栄とその愛人・伊藤野枝の虐殺（甘粕事件）を指揮したことでも知られ、ベルナルド・ベルトルッチ監督の歴史大作『ラストエンペラー』*The Last Emperor*（一九八七年）でオスカーを獲得する音楽家・坂本龍一が演じた人物である。

甘粕の秘書を務めた伊藤すま子によると、かれは、あるとき、満映近くの湖西会館で催されたディズニー映画『ファンタジア』*Fantasia*（一九四〇年、日本公開五五年）の上映会を観ている(18)。さきにも述べたように、この当時の国産のアニメーションというのは、すべて短編の素朴な物語のものばかりであった（日本最初の長編アニメーション映画である『桃太郎の海鷲』が製作されるのは、一九四三年のことである）。娯楽用の劇場アニメーション映画に強い関心をいだいた甘粕は、当時、満映開発部実践課長だった部下の赤川に、満映で長編アニメーション映画の自主製作に取りかかることを指示する。

ところが、間もなくして満洲、満映は瓦解してしまう。敗戦を越えて生き残った赤川は、帰国後に東横映画に入り、満洲での経験を活かして一六ミリ教育映画の全国巡回映写活動の事業に携わる。その後、東映に移った赤川は、引き続き、東映教育映画部部長として教育映画製作に従事する(19)。しかし、ここで一九五五年一一月に、第一回自主製作作品として『うかれバイオリン』という短編アニメーションを日動映画社に委託して製作しているように、戦後十年経っても、かれは「アニメーションの夢」をけっして忘れたわけではなかった。

そして、東映が「東洋のディズニー」を日指してアジア最大規模のアニメーションスタジオを練馬区大泉に建設したとき、そのアニメーション製作の中心に立ったのが、赤川だったのである。かれは誇らしげに、こう述べる。曰く、

大川社長は、外遊を契機として国際性のある「漫画映画」の自主製作を提示され、「構想は大きく、ディズニーに対抗するものを……」という理念を目標としての立案即実行を命ぜられた。幸い私は、かつて満映において「国際性」ということで「漫画映画自主製作」の準備をした経緯があった。[20]

(17) なお、この満洲での巡回映写において、赤川はすでに『空の桃太郎』『海の桃太郎』などの国産短編アニメーションの一部を上映していた。前掲『ポスト活字の考古学』、二九九頁。
(18) 佐野眞一『甘粕正彦――乱心の曠野』新潮社、二〇一〇年、四九〇頁。また、映画編集者の岸富美子は満映での『ファンタジア』上映会が、立ち見が出るほどの盛況であったと記憶している。岸富美子・石井妙子『満映とわたし』文藝春秋、二〇一五年、八七頁。『ファンタジア』が戦中期の国産アニメーションに与えた影響関係については、以下も参照。萩原由加里『政岡憲三とその時代――「日本アニメーションの父」の戦前と戦後』青弓社、二〇一五年、第五章。
(19) 東映動画のアニメーション事業における教育映画分野とのかかわりについては、以下の拙論も参照されたい。渡邉大輔「初期東映動画における教育映画の位置――主に国際化路線との関わりから」、『演劇研究』第三七号、早稲田大学坪内博士記念演劇博物館、二〇一四年、九七～一一四頁。

そして、赤川が企画を立て、完成させたのが、ほかならぬ五八年の『白蛇伝』であった。こうして、東映動画には、赤川孝一という男をつうじて、「ディズニーを超える長編アニメーションの夢」が、「満洲」から流れこむのである。

5　満洲の記憶――東映動画からジブリへ

そのころはアニメーションは一般に「漫画映画」と言われていて、大川博社長でさえ、スタジオに来て挨拶されるたびに「漫画の諸君、こんにちは」といって社員から爆笑を買っていましたから、それが普通でした。[…]政岡憲三さんが「動画」ということばを言い出されて、[…]「アニメーション」の訳語として認知されるようになっていったのです。当時、東映教育映画部長だった赤川孝一さんもスタジオへ来ては「これからは、漫画ではなくて動画なのだ」としきりに強調していました。(21)

右は、東映動画草創期からの名アニメーターであり、新人時代の宮崎駿の指導も担当した大塚康生の回想である。当時の赤川の東映動画でのリーダーシップぶりがうかがわれる挿話だ。

その赤川が企画した東映動画の長編第一作『白蛇伝』は、必然的にさまざまな側面で「満洲の記憶」が色濃く反映されたアニメーションに仕上がった(22)。

たとえば、まずそれはそもそもが『白蛇伝』という題材に象徴されているだろう。この第一作を筆頭に、東映動画の長編アニメーション映画は、宮崎の動画デビュー作である『わんわん忠臣蔵』（六三年）まで七作連続ですべてアジア圏の古典に材を仰いでいる。これは、『白蛇伝』が当初、東アジアマーケットへの輸出を想定していた事実や、対照的にヨーロッパ民話に基づいたディズニー作品への対抗意識などが背後にあるとともに、東映動画初期の長編アニメーションが満映時代の映画の大陸民衆へのプロパガンダ活動の名残りを引きずっていることの明確な証左といえる。

また、それは『白蛇伝』で主要キャラクターのひとりとして登場する「パンダ」についてもいえる。パンダもまた、いうまでもなく中国大陸を象徴する動物なのだが、興味深いことに、このパンダを含めた登場人物の声を担当していた声優（俳優）のうちのひとりが、森繁久彌であった。森繁といえば、戦前、満洲の首都・新京（現在の吉林省長春）の中央放送局でアナウンサーを務めていた経歴の持ち主で、満映製作の映画でもナレーションを担当し、甘粕とも親しく交流した筋金入りの満洲人脈である。この森繁や赤川のほかにも、満洲で満日文化協会の設立に従事し、『白蛇伝』では風俗考証を手掛けた杉村勇造や、東映動画社長の山梨稔、東映教育映画部部長の岡田寿之……などなど、当時の東映動画周辺には無数の満洲人脈がひしめいていた。

そう、ここであらためて冒頭に掲げたジブリをめぐるふたつの挿話のもつ意味が浮かびあがってく

(20) 赤川孝一「三つの回想」、『東映十年史――1951年－1961年』東映十年史編纂委員会、一九六二年、三六一頁。
(21) 大塚康生『作画汗まみれ　改訂最新版』文藝春秋、二〇一三年、三六頁。
(22)『白蛇伝』がはらむアジア的想像力の射程については、以下の拙論でも軽く触れている。渡邉大輔「ポップ、ネットワーク、亡霊――現代アジア映画の文化資本と想像力」、夏目深雪他編『アジア映画で〈世界〉を見る――越境する映画、グローバルな文化』作品社、二〇一三年、二八五～二九八頁。

るのである。

宮崎がアニメーションという表現の魅力に目覚めるきっかけとなった『白蛇伝』と、それから半世紀あまりのちに、かれが最後の長編監督作として製作した『風立ちぬ』の重要なシークエンスに意味深にしのばせた「中国」や「満洲」という単語は、どちらもおそらく日本アニメーションがかつて中国大陸で描いた「ディズニーを超えるアニメーションの夢」の、まっすぐさきに生まれ落ちたものなのである。

だからこそ、というべきだろうか。満洲崩壊から四〇年、東映動画の発足からほぼ三〇年を経て立ちあげられた高畑、宮崎のジブリの作るアニメーションの数々にもまた、「満洲の影」はその濃い輪郭をはっきりと落としているといってよい。

そもそも監督デビュー作『ルパン三世　カリオストロの城』（一九七九年）を発表した年、三八歳の宮崎が当時のアニメブームの本質を記した以下の文章はいまのわたしたちの耳にいかにも暗示的に響く。

ところで、中学生を中心とした〝ミドル・ティーン〟と呼ばれる人々の間で、アニメがいま大変な人気を呼んでいる。それは、なぜか。私には、原因というか、背景がよくわかるような気がする。
［…］
ミドル・ティーンたちは「自分の世界をもちたい」と願う。親にも知られたくない、これはオレのものだ――という世界だ。その一つにアニメが組み入れられていると思うのである。
私は、そうした感情を「失われた世界への憧れ」だといっている。自分はいまこうなっているけれど、こうでなかったら、ああいうこともできたはずだ——こうした気持ちが、ミドル・ティーンたちをして、アニメに熱中させるのではないかというしだいだ。［…］

アニメをつくる人の原点というのも、私はここにあると信じている。(23)

アニメの魅力としてある「失われた世界への憧れ」。思えば、この分析のとおり、宮崎アニメの世界とは、つねに「かつては繁栄していたが、いまは失われてしまった廃墟や残骸」を舞台としてきた(24)。『未来少年コナン』（一九七八年）の「インダストリア」、『カリ城』の「カリオストロ城」、『ナウシカ』の「腐海」、『ラピュタ』の「ラピュタ城」、『もののけ姫』の「神々の住む森」、『千と千尋』の「テーマパークの残骸」、『ハウル』の「動く城」……。そこにはまさに、「いまはすでに失われた、ありえたはずの可能性」としての満洲のイメージが重なる。

そのうえで、たとえば『ナウシカ』について見てみよう。巨大生体兵器「巨神兵」と腐海や蟲たちの生態系をめぐって、辺境の小国「風の谷」とそこに侵攻する大国「トルメキア帝国」との攻防を描いたこの作品の骨子は、近代史学者の與那覇潤がいみじくも論じていたように(25)、まさに満洲事変から原爆投下にいたるまでの太平洋戦争の日本の顚末を象徴的になぞっている。事実、トルメキアの

(23) 宮崎駿「失われた世界への郷愁」、前掲『出発点』、四三頁、傍点引用者。

(24) 宮崎アニメがしばしば「廃墟」を描くという指摘自体は、とくに珍しいものではない。たとえば最近でも、杉田俊介『宮崎駿論——神々と子どもたちの物語』NHK出版、二〇一四年、一七七頁以下などを参照。

(25) 與那覇潤『中国化する日本——日中「文明の衝突」一千年史』文藝春秋、二〇一一年、第七章。

王女クシャナは風の谷のひとびとに向かって「我らは、辺境の国々を統合し、この地に王道楽土を建設するために来た！」と宣言するのだが、周知のように「王道楽土」とはまさにかつての満洲国のスローガンであり、ここには日本帝国の満洲支配の残影が見え隠れしている。

あるいは、その『ナウシカ』の変奏ともいえる『もののけ姫』は、ある意味でもっと露骨である。この作品には「乙事主」という齢五〇〇有余の巨大な猪神のキャラクターが登場するが、この声を演じているのが満洲人脈・森繁久彌なのである。密着ドキュメンタリー『「もののけ姫」はこうして生まれた。』（一九九八年）などで明らかにされているように、宮崎は自身の集大成的大作と位置づけていた本作の乙事主に、自身の出発点となった『白蛇伝』へのオマージュとして意識的に森繁をキャスティングしたのだった。

さらに、本作の世界観には網野善彦の中世史観とともに、その神秘的でゆたかな自然の描写において、中尾佐助の「照葉樹林文化論」の強い影響が刻まれていることにも注目しておきたい[26]。中尾らが提唱したこの学説は、絹やモチ食など古代以来の日本の生活文化の主要な要素が、中国雲南省を中心に湖南省からインドにおよぶ「東亜半月弧」と呼ばれる共通の照葉樹林地域から派生したものではないかと考えるものだ。この考えは、従来のジメジメと孤立した稲作文明として描かれてきた日本の自然観・農村イメージを刷新し――宮崎曰く「風が吹き抜けて」――、一九七〇年代の日本の文化人類学において絶大な影響力をもった。

ともあれ、『もののけ姫』の基本設定を作り、宮崎もいたるところでその思想的影響を公言しているこの照葉樹林文化論は、いわゆる戦前の「大東亜共栄圏構想」を哲学的に正当化した「京都学派」を受け継ぐ戦後の「新京都学派」の一翼を担うイデオロギーでもあったことが知られている。その点で、『もののけ姫』もまた、明確に「アジア主義的想像力」のアニメーションなのだ(27)。
そして最後にひとまずのしめくくりとして、高畑の仕事も簡単に瞥見しておこう。宮崎の『風立ちぬ』と同じ年に七八歳のかれが発表したのが、じつに一四年ぶりの新作にして、製作期間八年、総製作費五〇億円超という「怪物的」な大作『かぐや姫の物語』(二〇一三年)である。キャラクターも背景もすべての線が筆でひと捌けに描いたような前代未聞のスタイルで作画され、ジブリアニメ最長にして、世界のアニメ史上にも残るだろう破格の実験と革新に満ちたこの傑作にもまた、濃密に「満洲の記憶」がまとわりついているのである。高畑は「半世紀を経て」という一文に、この作品が作られた経緯についてつぎのように記している。

昔々、五十五年足らず前、東映動画という会社で、当時の大監督、内田吐夢さんを立てて、『竹取物語』の漫画映画化が計画されました。結局実現はしませんでしたが、監督の意向もあって、社員全員からその脚色プロット案を募る、という画期的な試みがなされたのです。[…]

(26)『もののけ姫』公開時に行われた網野善彦との対談でも、照葉樹林文化論について、「出会って以来、その衝撃が僕の中で尾を引いていましして」と触れられている。網野善彦・宮崎駿「『もののけ姫』と中世の魅力」、宮崎駿『折り返し点 1997〜2008』岩波書店、二〇〇八年、七一〜七二頁。
(27)この点に関連して、文芸評論家の福嶋亮大は、『もののけ姫』の描く〈自然〉や〈日本〉のイメージが、「戦前の「大日本帝国」の地理的想像力を取り戻すことを意味していた」と述べ、そうした帝国志向が宮崎と同世代の富野由悠季の『機動戦士ガンダム』シリーズなども含んだ戦後日本のアニメーション表現の重要な課題を形成していると注意を促している。福嶋亮大『復興文化論――日本的創造の系譜』青土社、二〇一三年、三八一〜三八五頁、とりわけ註二七を参照。

私は応募しませんでした。事前に演出・企画志望の新人たちがまず企画案を提出させられていたのですが、そのときすでに、私の案はボツになっていたからです。［…］
いったい、かぐや姫が月で犯した罪とはどんな罪で、〝昔の契り〟、すなわち「月世界での約束事」とは、いかなるものだったのか。［…］
このような物語に、いわゆる今日性があるのかどうか、じつのところ、私にはまったくわかりません。しかし少なくとも、このアニメーション映画が見るに値するものとなることは断言できます。
(28)

『かぐや姫の物語』は、もともと高畑が東映動画入社直後に持ちあがり、実現しなかった企画の原案がもとになっている。このとき、『竹取物語』のアニメーション化企画の監督に予定されていた東映の巨匠、内田吐夢。かれもまた、四一年に満洲に渡ったばかりか、満洲崩壊にさいして服毒自殺を遂げた甘粕正彦の死の現場を赤川孝一らとともに見届けた満洲人脈のひとりであった。

……以上のように、『ナウシカ』『もののけ姫』を経て、二〇一〇年代の『風立ちぬ』『かぐや姫の物語』まで、いまや日本アニメの代名詞となったジブリアニメには「満洲」をめぐる日本アニメーションの歴史的想像力が亡霊のように宿っているのだ。そして、その七〇年以上におよぶはるかな歴史は、宮崎がディズニーのラセターからオスカー像を受けとった瞬間に、おそらくはようやくひとつの区切りを迎えたはずだ。むろん、このできごとには一面で、ジブリ＝日本アニメーションがその思想的出自である左翼的理想とは裏腹に、「米帝ディズニー」に「搾取」され、「第二の敗戦」を喫しただけ、という理解もありうるだろう。とはいえ、かたや宮崎も、オスカー受賞後の日本プレス向けの記者会見にいたっても、なおきわめて迂遠な表現で痛烈なディズニー批判を展開していたように（ウォルト・ディズニーは「プロデューサー」であって「アニメーター」ではないという発言）、むしろここには微妙な歴史的屈託を積極的に読みとっておくべきだろう。

現在でも、中国や韓国といった東アジア地域は、日本のアニメーション産業にとって産業的にも受容的にも重要な位置を担っている。そのとき、いまや世界中に広がりつつある「アニメの魂」（イアン・コンドリー）は、まさにここから出発した固有の歴史的想像力にはっきりと基づいていることを、わたしたちはもう一度呼び覚ましてみるべきだろう。ジブリのアニメーションは、その事実をたしかに教えてくれる。

（28）高畑勲「あとがきにかえて」、『アニメーション、折りにふれて』岩波書店、二〇一三年、三七〇～三七二頁。

共同討議1

映像はいかに変わったか——ＶＦＸ・集団制作・神経科学

■映像はいかに変わったか
――VFXによる創発的クリエイティビティ

飯田　この討議では論集での議論を踏まえ、視覚文化をさまざまな角度から考えていきたいと思います。まずは視覚文化（論）の中心を長らく担ってきた映画における変化から語っていきましょう。

佐々木　近年のハリウッド映画を見ていて気になる点として、VFXと演技に関わる問題があります。宮本さんの論考でも『ロード・オブ・ザ・リング』シリーズのゴラムに触れられていましたね。これまでVFXで架空の生物や人物をつくる試みは「いかにリアルか」「本物らしく見えるか」が問われていたと思いますが、もうその段階は越えていて、いまやVFXの「演技力」が問われる段階にきているのではないでしょうか。例えばゴラムはたしかに「リアル」に見えるけれど、『ホビット　思いがけない冒険』まで来ると、芸達者な俳優が演技を見せつけようとしてオーバーリアクションになっているような感じが少々鼻につく（笑）。あるいは『ミュータント・タートルズ』の亀たちは外見的には荒唐無稽なモンスターにしか見えないけれど、ちょっとした仕草や振る舞いにティーン・エイジャーらしさが宿っていて驚きました。これはたんに「VFXやCGが進歩したね」という話ではありません。VFXの人物（生物）の演技というのは役者個人の演技ではなく、CGのスタッフや声優、監督等が「集団で一人を演じる」「集団で一人を作る」という「集団作業としての演技」の質が問題になっているからです。

藤田　佐々木君は、鼻につくと言ったけれども、僕が驚いたのが『猿の惑星』の新しいシリーズの主人公は猿で、ほとんどCG。なのにあれの「中の人」である役者であるアンディ・サーキスに破格のギャラが払われていて、次の新作でも同じ役者と契約がされたと報じられている。CGの基になる人間の「こいつじゃなきゃダメだ」感に大金を払っているわけです。CGが次のフェーズに移行しつつあるときに、生身の身体をもういちど必要としていることはおもしろい。

宮本　画家が絵を描くときにモデルがないと描きにくいのと同じで、CGもゼロからリアルに動かすのは難しい。シミュレーションしようにも、結局それはいろんな人のたくさんの演技をコンピュータに取り込んで予測精度を上げてゆくことになります。まして実在する個人でなく架空の存在を作るとなると、その特定の形状をした存在がどう動くかというのは現実に無い事例なわけです。だったら、イメージの一番近い俳優さんに演技をしてもらって、一例に肉付けしていくほうがラク、ということではないでしょうか。人間の動きを作る神経回路メカニズムも細かくは分かっていないですし、地面の角度や風の吹き方といった変動要素に対する身体・衣服の反応をシミュレートするにも複雑な物理計算にはまだかなり時間がかかりますし。

海老原　物理法則やコンピュータでの表現はどうしても最適化されてしまうけれど、人間の身体には冗長性、ある種の過剰性、〝ムダ〟が必然的に生じてしまう。その冗長性を再現するにはまだコンピュータが入り込めない部分がある。

佐々木　そうした「人間らしさ」が追求されるいっぽうで、特にＳＦやアクションに顕著ですが、限りなく死ねない身体も目立って来ていますね。先日、古いハリウッド映画を見ていて、主要人物がアパートの窓から落ちてそのままあっけなく死んでしまうシーンがあって、これ今の映画だったら絶対生きているだろうなと思ってしまった。奇妙に弾力的な身体の感触が発明されて、それが物語の展開や観客の見方にも影響を及ぼしているように感じます。

飯田　漫画のキャラクターに近くなっているわけですよね。

佐々木　こうなってくるとますます、どこまでが実写でどこまでがＶＦＸかという問いや、リアルかリアルでないかという問いは有効ではないと感じます。映画の観賞においてはしばしば画面を虚心に見つめることの重要性が説かれますが、返す刀でＶＦＸに対する実写の優位が唱えられたりする。実写であれＶＦＸであれ、画面に映っているという意味では等価だと考えても良いはずなのですが。

実写とＶＦＸの対立軸で考えないということは、先ほどお話しした「集団作業としての演技」にも言えると思います。そもそも生身の役者が演技をする時だって、台詞を考案する脚本家や演出する監督、衣装や照明など複数の人間による集団作業としてひとりの人間が生み出されるわけですから、そこからＶＦＸだけ除外する理由はない。

藤田　「集団制作」問題は重要だと思います。今はもう役者や監督が誰であろうと「インダストリアル・ライト＆マジックが本気を出せばどんな監督でも傑作を撮れる」仮説を僕は立てています。ＩＬＭはルーカスフィルムが所有している特殊効果やＶＦＸのスタジオですが、たとえば二〇一四年だと『キャプテン・アメリカ』『トランスフォーマー・ロストエイジ』『ミュータント・タートルズ』『ガーディアンズ・オブ・ギャラクシー』『ノア 約束の舟』、二〇一三年は『G.I.ジョー バック2リベンジ』『スター・トレック イントゥ・ダークネス』『パシフィック・リム』、二〇一二年は『バトルシップ』『アベンジャーズ』『クラウド アトラス』、あとは『宇宙戦争』や『アイアンマン』にも関わっています。『クラウド アトラス』はクソだったけど、たとえばピーター・バーグの『バトルシップ』なんて、すごい映画になっていたと思う。もともとはジョージ・ルーカスが『スターウォーズ』を作るためにILMを作り、CG技術を開発して『スターウォーズ』のエピソードI、II、IIIや『ジュラシックパーク』などを手がけていったんだけれども、ここ五年、一〇年はひとり勝ちしている印象があります。

渡邉　「作品の中のどの部分を創造的な要素としてみなすか」という問題ですが、それもやはり近年のデジタル化と関係していますね。これはより細かい部分でもいえて、映像をデータとして処理するのが当たり前になるということは、イコール映像の画面を構成している諸要素の断片化、モジュール化、細分化が可能になることを意味している。『サイド・バイ・サイド――フィルムからデジタルシネマへ』という映画のデジタル化を描いたドキュメンタリー映画で少し描かれていますが、最近は映画の中で色を付けるカラーリングも自在にデジタル補正されているんですね。画面に映っている木の一本や雲のひとつでさえも、「カラーリスト」という専門スタッフによって簡単にデジタルのペンタブレットを使って微妙に色が変えられてしまう。そうした作業を無数のエンジニアたちが分業して注力することで、スピルバーグやヒッチコックといった監督やかつての名役者が持っていた個人のクリエイティビティ以上の力を創発してしまっている。

藤田　ルーカスやスピルバーグは「監督」以上の存在なんですよね。映画監督を取り巻く「技術環境」を丸ごと作ってしまったわけだから。ノンリニア編集システムの開発にも関わっているし、フィルムのデジタル化もルーカスがかなり推進させた部分がある。技術屋が集団ですごいクオリティのものを生み出す環境を作ってしまえば、監督は代替可能になるという時代における、監督以上の「創造者」なんです。

飯田　それは歴史を考えるとおもしろいよね。ルーカスはもともとヒッピー崩れの集まりのなかから出てきたような人で、有名な話だけど『スター・ウォーズ』はジョーゼフ・キャンベルの神話論を参照して脚本を作ったわけです。キャンベルは単一神話論を提唱していて、世界中の神話はいろんな要素が多様にあるように見えるけれども、突き詰めれば全部同じ構造、似たようなプロットでできあがっているんだと言った。神話は近代的な「作者」がいるわけではなくて、集団で紡ぎ上げられていったものですよね。制作技術のデジタル化とネットワーク化が進展した結果、もういちど人類は匿名的とも言える集団制作でいろいろなバリエーションの——でもプロットはよく似た——物語を無数に作り上げるようになったとも言える。

藤田　もはやそうなんでしょうね。笠井潔理論的に言うと、二〇世紀が英雄的人間の戦争の時代ではなく戦車や戦闘機の台頭によって大量の兵士や市民が死ぬ「大量死」の時代になったように、二一世紀にはクリエイティビティも英雄的な作家個人に拠るのではなく総力戦の様相を呈している。「大量創作理論」とか名付けたら怒られるかな（笑）。

■少人数ローバジェットの実写映画に可能性はあるか

海老原　ハリウッドでデジタル化が進行し、無数のエンジニアによる創発状態になるという話もわかりますが、他方では個人で撮影も編集も配信もできるようになって映画作りに対する参入障壁が下がってもいる。映像制作に携わったことのない部外者からすれば、佐々木さんみたいに作家性が際立つ個人作家も出てきやすくなる土壌が整備されたのではないか、と思うのですが……。

佐々木　実写映画に関しては、低予算で作ることはむしろ以前より困難になってきているように感じています。セキュリティや商標などの問題もあり、街に出て自由にカメラを回すことすら難しくなってきた。

渡邉　僕もデジタル革命によるいわゆる「チープ革命」については多少、誤解していた部分がありました。先日、映画監督の深田晃司さんに伺ったのですが、デジタル化で映画の製作費がローコスト化しているといっても、せいぜいフィルム代くらいで、もちろん、人件費などはデジタル化できないし（笑）、実態はそれほどでもないらしい。また、撮影をめぐるセキュリティや商標権の問題については、今回の海老原論文のテーマ「監視社会化」ともつながっていますよね。昔だったら街頭でダンスをやっているひとたちにテレビカメラを向けると「イエーイ」とか返してくれて、結構いい絵が取れたけど、二〇〇〇年代初頭以降からは「誰の許可を得て撮ってるんだ」という感じで怒られるようになった。個人情報や肖像権が監視されていることに対する不安の到来ですね。

海老原　今はTVのバラエティの街ブラなんかでも画面に映りこんでしまった関係のない通行人などにはモザイクがかかります。『孤独のグルメ』を観ていたら、主役の五郎さんが歩く周りのほとんどがモザイクで、卑猥な街みたいに見えた（笑）。

藤田　顔とか個人情報はもはや卑猥なんだよ（笑）。『ハーモニー』の中で、プライバシーやプライベートって言葉が、卑猥な意味になっていたみたいに。

佐々木　権利関係で予想される問題を完璧にクリアする意気込みでやっていくと莫大な費用が必要になり、フットワークの軽さを武器にしていたインディーズは苦境に立たされます。さらに言えば、これだけ世の中に映像が溢れかえってしまうと、無名の監督が撮った素人しか出ていない映画を誰がわざわざ映画館まで観に来るのか？という問題が出てくる。だから、そういったことに煩わしさを感じる人たちは映画よりもYouTubeやVineに投稿されるような「動画」に移行しているのだと思います。GoProで撮ってみたりドローンを個人で手に入れて空撮してみたりと、ワン・アイデアで勝負できる動画のほうが魅力的に見えるというのも分かる気はする。

飯田　あるいは竹本君が論じた淫夢や、僕や藤田君が扱ったフリーゲーム／インディー・ゲーム、ゲーム実況なんかのほうが、実写よりやりやすいし手ごたえも得やすい。

藤田　そうなんですよね。構築性の高い劇映画を少人数で作るのは困難になってきているのはたしかで、映画は「映画が撮れないことを映画にする」「映画が時代遅れであることの自虐感」を撮るような段階に入ってきている。

佐々木　『桐島、部活やめるってよ』とか。

藤田　ええ。他にもアロノフスキーの『レスラー』は、時代遅れのレスラーの肉体の皮膚感やプロレスの廃れ感を自虐的に描くことで、映画というものの時代遅れ感を自己言及的に表現して、ベネチアで金獅子賞を取った。『バトルシップ』やJ・J・エイブラムスの『スーパー8』もそうですね。映画は死にそうだという身振りを繰り返すことで生きのび続けるもの、ゾンビと同じで死んでいるようでいて生き延びる「死ぬ死ぬ詐欺」なんです。あとは渡邉さんが言及していた『007スカイフォール』。あれはコンピュータや機械に人間が根性で勝つパターンで、やっぱり映画のナルシシズム、自閉的な方向――負け惜しみに見える。アナログ時代の映画とデジタル化した映画環境、言いかえると人間と機械の対立自体を映画の中に入れて、しかも人間が勝つパターンをくりかえし描いている。

渡邉　藤田さんが例に出した『レスラー』に象徴されるような、撮影所システム衰退後の「映画」というジャンルに対してアイロニカルに対峙することによって、逆説的に映画の強度を再確認していくというポストモダン的な態度は七〇年代くらいから始まっていますよね。そういう身振りが現在まで半世紀近くも続いていて、エイブラムスの『スーパー8』なんか、「アイロニーのアイロニー」みたいになって、何重にも自意識が捻じれている（笑）。ここで少し思い出すのが、僕や藤田さんも寄稿した『ゼロ年代プラスの映画』という二〇一一年に出た映画本について、『映画芸術』で詩人の安川奈緒さんが書いた書評です。たとえばそこでのエッセイで、僕は「かつての映画はこれから終わっていくけれど、あたらしくアップデートをしてサバイブしていかなければ」みたいなことを書いたんだけれども、そうした本のテーマに対して、安川さんの書評の題名は、「2010年代も2000年代も生き延びなくていいよ、いっつも死んじゃっていいよ」だったのですね。その時、思ったのは、僕は安川さんの感じる苛立ちもよくわかる。ただ、そうした感性なり倫理なりも一つのクリシェという か、蓮實風にいえば「紋切り型」になっていることに対する別の苛立ちもあるわけです。

飯田　藤田君が例に出した「人間対機械」図式自体はＳＦではかなり古典的で陳腐な題材だよね。『ターザン』や『すばらしい新世界』の時代からだいたい「完璧な管理社会や機械文明が支配する世界なんてものは不可能で、野蛮人が勝利する」という話だから。

藤田　しかし、機械的な支配の象徴であるデス・スターを壊す映画である『スター・ウォーズ』を作ったルーカスが、現実の映画産業をデス・スター化させているっていうのは、よくよく考えると面白い。映画というのは、産業構造の状態を自己言及し続けている部分もあるのかもしれないですね。

佐々木　海老原さんからの問いかけに立ち戻りますが、私も悲観的な見通しばかりもっているわけではありません。ハリウッド映画は年々製作費が高騰していて、ずっと「近いうちに破綻する」と言われながら続けている。ボックスオフィス（全米映画ランキング）を見ていると素人目にも恐ろしい綱渡りをしているのが感じられますし、ＶＦＸ製作会社倒産のニュースなどもあり、これはあと一〇年続かないのではないかと、いつも大作の公開を楽しみにしている観客のひとりとしては不安に思っています。しかし一方で、ＶＦＸを駆使して人間の演技を再現するような方向性は、ふと我に返ると、「なぜひとりの役者にできることを莫大なカネを使ってやっているのか？」となる。個人の才能や努力で表現できることを巨額の予算と人員を投じてつくることは、すごいと言えばすごいけれども――。

藤田　バカバカしいっちゃバカバカしいですよね。

佐々木　ええ。そこから逆に、突出した個人がつくるものの驚きを再発見することにもつながっていくのではないでしょうか。

海老原　ネットのマンガとかイラスト投稿サイトみたいに、インディー作家がタダで集まれる場所を作る。集まった作品の中でおもしろかったものだけを吸い上げ、商品としてパッケージし、流通に乗せて有料販売する。あるいは、従来の紙媒体にリクルーティングするほうがいいのかもしれない。究極の最適解は「作品」をコンピュータで作ることじゃなくて、天才的な作家を生み出す「場所」を作ることなんじゃないか。

飯田　商業映画がビッグバジェット化していることと、ローコストでネットベースのCGMの隆盛は並行して補完的に起こっている現象ですよね。YouTuberでもニコ動出身のボカロPや歌い手、踊り手あるいは実況主でもいいんだけれども、CGMで有象無象のなかから出てきたスターは、テレビや出版のようなレガシーなメジャーメディアにフックアップされていく。これ自体はいつの時代もそうだけど、非常に両極に加速しているのが現状だと思う。

佐々木　あるルールや枠組みのなかで最適解をつくりだすのではなく、ルールや枠組みそのものをつくりだすという点では、まだまだ個人にもできることはある。最適解になりようのないバカなアイデアを選択して、間違っていてもやってしまう、思い込みでとりあえず前に進んでみるという意味でのフットワークの軽さは持っていたいですね。

藤田　どうやってマネタイズするかとか、視聴者数を度外視すれば、作家の自由度は上がっていると考えてもいいんじゃないかと思うんですよ。劇場でかかる劇映画に拘らなければ、こんなに映像作家が自由で恵まれている時代はないんじゃないだろうか。

飯田　そうだと思う。たとえば作品の「尺」にしても多様になった。今までは映画にしろテレビ番組にしろ、商売上の理由や人間の集中力の限界からあるていど枠が決まっていた。だけど今はゲーム実況の生放送みたいな超長時間な放送もできるし、Vineみたいに一本六秒のものも発表できる。一本三〇分とか二時間じゃないものなりの演出技法やおもしろさが生まれている。

■認知科学や神経科学的知見の映像研究への応用について

冨塚　監督個人の作家性から集団制作へ、という流れで言うと最近たまたま観た『ベイマックス』は象徴的な一本だったように思います。共同監督、共同脚本で制作された本作は、戦隊ヒーローものやバディものといったジャンルに関し、「各ジャンルにはこんな約束事があるから、こう展開すればウケる」というノウハウを熟知した優秀な人材が大勢集まって、意見を突き合わせながら作っているような印象があり、とりたてて穴のない秀作であるのは間違いないものの――どうしてもこの作品が私は好きになれませんでした。というのも今回、自分の論考や巻末のリストで紹介した作品群について、私はその新たな「問い」を創造・発明するような、ある種の作家性に連なる側面に魅力を感じたわけですが、それに対し結局この作品で提示されるのは、すでに存在する所与の問いへの「最適解」に過ぎないからです。たしかに無駄を削ぎ落とした上でこうすれば「泣ける」、「グッとくる」というポイントを的確に突いているから、あるていど感情は動かされてしまう。しかし、その「デキる大人たちが会議を重ねて到達した『正解』」の権化のようなウェルメイド感には、観ていてどうしても違和感が拭えませんでした。

藤田　結構、個人個人のアイデアやりたいことも反映されているらしいんだけど、物語の「最適化」には、似た意見。ハリウッドがマーケティングや脚本術、脳科学やら心理学を援用しまくって作っているのはたしかだけど、万人ウケを重視しすぎて、いびつな物語は減ってきている。僕は正直、極端に言えば、ハリウッド映画にはどれだけすごい絵が出てくるかっていう期待しかしていない。

飯田　長編映画のように決まった尺のなかで人間の生理に訴えかける技術を駆使してつくっていくと、物語の筋は洗練されて似たようなパターンの順列組み合わせにならざるをえない。そもそもなぜ最適化していくか。どんなジャンルでも勃興期はカオスで何がウケるのか誰もわからないところから、だんだん需要と供給のバランスが見えてきて洗練され、「正解」ができてくる。ハリウッド映画はその最たるもので、萌え豚用のアニメと同じく観ていると身体は反応してしまうけれど、蓄積されたパターン、テクニックが透けて見えるから「これでいいのか？」と思ってしまう。

渡邉　冨塚さんが提起された『ベイマックス』問題は、ある意味では日本の（文芸）批評が扱ってきた伝統的な問題系にも近いと思います。よく知られるところでは、映画批評家としても著名な蓮實重彦が八〇年代に提唱した「物語」と「小説」の対比がありましたね（『小説から遠く離れて』）。「物語」とは説話の反復的で構造化可能なパターンの組み合わせにすぎず、真の「小説」なり文学体験とは、そうした機械的なパターンからの過剰な逸脱性こそにある、と。柄谷行人のいう「村上春樹には構造しかない」問題もそうですし、後の大塚英志や東浩紀の仕事も同様の問題を扱っていました。僕も批評家としては、冨塚さんの違和感に共感します。その一方で、どういう演出や表現が観客に「刺さる」かが定量的に分析可能になっていて、現代ハリウッドはそれをもとに作品を作っているという問題については、最近、漠然とですが、こんなことも考えています。『ベイマックス』問題の台頭とは、これまでの映画理論や映画批評が重視していた「こういう表現や演出が作品として美しい」といった「美学」由来の語彙で語れる問題の外部に、映画をめぐる「可能性の中心」が移行していることの象徴ではないか、ということです。文学にしても映画にしても「この表現はなぜ美しいのか、なぜ卓越しているのか」について人類は知を積みかさねてきたけれど、いまや実作者のみならず批評や研究の側も映像表現について「なぜこの表現はワクワクするんだろう、なぜ楽しいんだろう」、あるいは「『おもしろい』とはどういうことなのか」という側面こそを積極的に考えていくべき段階なのではないか。それは例えば、飯田さんが『ベストセラーライトノベルのしくみ　キャラクター小説の競争戦略』でやった分析と直結している。なんでこの文章、この映像に触れていると楽しいと思うのか、身体が反応してしまうのかについて人文的な知はあまり扱ってこなかった。僕たちがそれについて考える時に手にしている理論はほとんどフロイトしかない。でも、フロイトの理論は貧しい。エピクロスの昔から人間は「快楽主義の美学」については考えてきたけれど、快楽そのもの、おもしろさそのものの原理について芸術を語るときの言葉は心許ない。こういうと具体的には、ポジティブ心理学とか神経美学の思想的基礎づけみたいな作業になりそうですが、そうではない形で、もう少し突き詰めて考えてみたい。

飯田　渡邉さんご指摘のとおり、僕の『ベスラノ』や「SFマガジン」連載の連載評論「エンタメSF・ファンタジイの構造」は、半面は「商品として小説を語る」という試みですが、もう半面は神経科学や認知科学の知見を創作や文芸批評に援用しようという試みです。二〇世紀までの人類の知が中心的に扱ってきた「理性」や「悟性」などといったものよりももっと原始的な「情動」に注目する動きは、アントニオ・ダマシオやジョセフ・ルドゥー、マイケル・S・ガザニガといった神経科学者が開拓して以降、ジャンルを問わずさかんです。グレッグ・イーガンや伊藤計劃といったSF作家も参照しているし、ニューロマーケティングのように広告・CMをはじめビジネス全般にも応用されている。映像論にもそういう視点は必要だと僕も思います。行動経済学者のダニエル・カーネマンは脳の動きをシステム1とシステム2に分けて語っていて、システム1は喜怒哀楽や恐怖といった情動、言いかえれば扁桃体のような脳の原始的な部位が即座に反射的に反応するものであり、システム2はひらたく言うと理性、前頭葉なんかの働き――扁桃体による反応から少し遅れてやってくる冷静な反応ですね。これまでの人文的な知、美学はシステム2的な処理を主に扱ってきたけれど、「システム1の美学」は未整理。ただ、「システム2の美学」と「システム1の美学」は共存可能です。どちらにせよ刺激に対する脳の反応なわけで、原始的な部位に作用しているのか、後天的にできてきた部位に作用しているのかの違いでしかないから。

藤田　僕もそういう見方には賛成です。映画に限らず最近の文化産業は脳内報酬系をいかに刺激するかにシフトしていて、それを論じるには旧来の「引用の織物を読解する」とか「物語性や象徴性を読む」とか「役者の演技を評価する」といった切り口では、分析が不十分になってしまうし、それらが引き起こす「効果」に対して、批評的な視座が取れない。『トランスフォーマー』がひとつの典型だけど、「深さ」を語るよりも「視覚に対する刺激がどれだけすごいか」という「表層」の話だけに還元したほうが、その魅力も危険についても、重要な議論ができると思う。蓮實重彥とは違う意味での『表層批評宣言』というか、神経美学的に解析できる表層の分析が必要なんじゃないか。マイクロソフトのゲーム部門はもう半分くらい脳科学のラボです。ワーナーもゲーム会社を買収しまくって『バットマン』のゲームを作って二〇〇〇万本ぐらい売れている。映画会社がゲーム会社を買収して、その研究成果を吸い上げて映画を作ることはもう起きている。いわゆる「ハマる」状態みたいなのをゲームが計算して作るように、映画も脳科学的な作られ方をしています。

宮本　ただ、表層とはいえ、文化的なものに対する反応には個人差もかなりあるでしょうから、今のところは「調査したこういう集団ではマジョリティがこういう風に反応する傾向がある」みたいに限定的に作品を解析することしかできないはずです。マーケティング的にはそれで想定購買層だけにヒットすれば良いのかもしれませんが、批評家として作品の受け手側をそうやって調べるのはまだ難しいところですよね。

藤田　今のところはそうだし、人間が語る余地がなくならないことを、評論家としては、願う。でも、でもゆくゆくは物語も象徴も作家性も神経美学で語れるようになっていく可能性は、そんなに低く見積もるべきではないと思う。そのあとで、人間が何を「評論するか」は、また別の問題として立ち上がってくるにしても。

海老原　今までなぜしてこなかったかというと、ツールがなかったからですよね。技術的に不可能だった。だから文化や伝統が、一種の解釈共同体を形成し、「これいいよね」「あれいいよね」という感じに口承で価値が伝達・維持されてきた。今は脳波や目の動きも測定できるし、視聴者のデータを吸い上げてクリックひとつで分析できる。

冨塚　「システム1の美学」に関連する理論や批評が人文知の分野でも重要性を増している、という認識は私も共有しますが、個人的には飯田さんがおっしゃる「「システム2の美学」と「システム1の美学」の共存」をいかに達成するのか、というレベルに最も興味があります。今回、論考とリストで扱ったロマンティックコメディやメロドラマ、ホラーはいずれも観客の情動に強く働きかけることを特徴とするジャンルであり、それらを論じることでシステム1と2の架橋が出来ないか、というのがひとつの継続的に考えていきたいテーマです。

宮本　僕の論考でも書いたように、分析ツールはどんどん進化しています。まだ実験室のなかで限定的にやれるだけで、広範囲の人に対する実験はできないわけですが。で、結局企業は売れるものを作るためにしか使わないので、今の大作は同じようなものばかりになるんですよね。たとえば三パターンのエンディングを用意して、観客の神経活動が一番良かったものを劇場公開して、あとはDVDの特典にする。こういう風にマジョリティが喜ぶものばかりが社会の表に立って、同じようなパターンのものが単純接触効果のフィードバックでどんどん人気になる。あまり原始的な情動に訴えすぎると、結局は世界の文化がアメリカナイズされて一元化してしまう気がします。

飯田　べつにすべての作品が万人受けする必要はないわけで、年齢性別趣味嗜好、あるいは宗教や政治信条ごとに特定セグメントに高確率でヒットする、あるいは評価されるならそれでペイするようなものをつくることは十分にありうると思います。それから、産業的な利用とは別に、学術研究は必ずしもそうはならないだろうし。そこはポジティブ、ネガティブ両方見ていきたいところです。

第三章▼社会と切り結ぶ映像／イメージ

テレビCMとこれからの広告表現

蔓葉信博

1　なぜ、二〇一五年の今、テレビCMを論じるのか

本論は、日本のテレビCMの歴史を概観することで、日本社会におけるこれからのテレビCMの可能性について論じるものである。とはいえ、インターネットが広く日本社会に普及し、多くの人々がパソコンや携帯電話で双方向的な情報のやりとりを行っている時代になぜテレビCMを論じるのかという疑問を抱く向きも多いことだろう。

二〇〇六年、ジョセフ・ジャフィ『テレビCM崩壊』という書籍が広告業界で一時の話題をさらった。邦題は大げさにすぎるも、アメリカのテレビCMの硬直した実情を論じ、インターネットメディアを中心に広告の可能性を探る本であった。しかし、本書の批判対象はあくまでもアメリカであり、傾聴に値する議論はあれど、アメリカとは状況の異なる日本のテレビCMには当てはまらないという意見が当時はまだ主流であった。

しかし、YouTubeやiPhone、Twitterなど、インターネットを中心とした多くのデジタルサービスが日本の社会に根付いていくなかで、日本のテレビ業界とテレビCMに対する批判の声はだんだんと大きくなっていった。山崎秀夫・兼元謙任『ネット広告がテレビCMを超える日』や、佐々木俊尚『2011年新聞・テレビ消滅』、昨年には本田哲也・田端信太郎『広告やメディアで人を動かそうとするのは、もうあきらめなさい。』といった書籍などでそうした批判を確認することができる。それでもいまだテレビCMは健在である。テレビは消滅していないし、二〇一四年の日本における広告費の約六兆円のうち、約三割がテレビCM広告費であり、四大メディアのなかでも不動の一位を保っている。インターネット広告費は約一兆円で、他の三メディアはすでに抜き去るも、テレビCMの広告費には及ばない。しかし、四大メディアの広告費が前年度比で微増か減少であるのに対し、インターネット広告費の成長率は目覚ましいものがあり、遠くない未来にテレビと肩を並べる時代が来るかもしれないという予測は今も根強い。

今年の二月、アドテクノロジーを中心に事業展開するアラタのサイト「Unyoo.jp」に「2023年テレビCM崩壊―博報堂生活総合研究所の暗示」なるコラムが掲載された。そのなかで紹介される博報堂生活総合研究所のレポートによると、現在の日本において三〇代以下の人々が二〇二三年になると日本人口の過半数を超えるという。このコラムは、そのレポートの見解をもとに、経営者層もユーザー層も、テレビをマスメディアの中心と受け止めてきた世代から、たんなるメディアのひとつでしかないものと考える世代に移行するため、テレビCMの影響力が格段に下がるという予測を導き出している。『テレビCM崩壊』における批判をあらためて検証するかのように、日本におけるテレビCMの問題点を指摘しながら、テレビCMの未来はネット回線と接続したスマートテレビによって、新しい展開を迎える可能性をひとつの結論としているのだ。テレビCMは、一部インターネット広告のように確定データに基づくコンバージョン率が計れるわけでもなく、費用対効果に不確定な部分が残りつつも、相対的に優位な状況から多くの出稿量を獲得しているのが現状だ。ところが、スマートテレビになればインターネット広告同様に視聴者の反応に対応した広告測定システムを構築できるはずである。デジタル化が著しい広告業界であるが、フィルムというメディアでは不可能だった新しいテレビCMの役割がそこでは期待されているのだ。

古くから広告はメディアとともにあり、奴隷探索の依頼を書いたパピルスや街角の案内板などが古い事例としてあげられるも、一般的な広告観を形成したのは産業革命以降の工業化されたマスメディアの誕生からであろう。新聞、雑誌、ラジオ、テレビとそれぞれのメディア特性を活かした広告表現を模索して現在に至る。メディアの特性と広告表現は切っても切れない関係なのだ。その特性が近年変わりつつある。

現在の日本において、今のところ、マスメディアを用いた広告活動の最適解がテレビCMであることには変わりない。博報堂メディアパートナーズ メディア環境研究所が二〇一四年に東京・大阪・愛知・高知で行った調査によると、四大メディアおよびパソコン、タブレット端末、携帯電話（スマートフォン含む）のなかで、最も接触時間が長いのはいまだにテレビである。とはいえ、一〇代（調査上は一五歳～一九歳）、二〇代ではスマートフォンの接触時間が一番多いという結果であり、また東京地区のみだが、パソコン、タブレット端末、携帯電話を合計した数値は、テレビを上回る結果となった。二〇一四年から、インターネット端末における接触時間は、アプリやデジタルメッセージサービスなど必ずしも明示的にインターネットを介した接触時間とは限らないデータであることには留意するにしても、インターネット端末に対するテレビの優位性はゆらぎ始めており、そう遠くはないころに逆転することは容易に想像できよう。各メディアの機能を見ても、インターネットはそのメディア内で認知から購入まで包括できるため、購入を最終目的とするメーカーにとってインターネット広告が最適であることは疑いない。だが、多くの人々にひとつの情報を伝えるということにおいては、今のところテレビＣＭに軍配が上がる。

そうしたメディアの機能とは別に、テレビＣＭが問題とされることがある。宣伝会議が運用する広告業界向けサイト「アドタイ」の今年の一月に公開された対談型コラム「『猪子さん、いま広告に何が必要なんだろう？』——チームラボに聞きに行く」では、テレビＣＭだけでなく既存の広告に批判の矢が向けられている。いわく「ネット上に『今、僕、ラーメンを食べた』のようなリアルな情報があふれ出したから。リアルな情報のほうが、フィクションよりも説得力がある」ために、「これまでのマスメディアを中心とした広告の代替物にネットがなるのではなく、広告そのものが効かなくなっていく」というのだ。

こうした広告が持つフィクション性を批判する見解は珍しいものではない。内田東『ブランド広告』では、砂漠にそびえる塔の上に新車を乗せたシボレーのテレビＣＭが、ビジュアルショックを与えるだけで車の機能を伝えようとしていないと批判されている。また山本直人『「買う気」の法則』では、「おいしい生活。」と謳った西武百貨店の一九八二年の広告キャンペーンを例に「実際のビジネスと切り離されたところで鑑賞物として批評された広告群」を「額縁広告」と名付けて批判し、他方で「ビジネスに貢献する」広告を「戦う広告」として評価していた。『「買う気」の法則』ではその前後で、「額縁広告」の間接的な効果は否定できないとしているも、実際の商品とはほとんど関係のないことを宣伝しても説得力が伴わないことは、確かにそのとおりであろう。この「額縁広告」もリアルな情報ではないフィクションの広告とみなしてよさそうだ。それではフィクションの広告が効果を持たないと仮定して、広告はどのような表現を提示すればいいのであろうか。

アドタイの対談型コラムで、正しい広告の一例として言及されるのは「iPhoneやiPadでゲームをしたり、音楽を演奏したりするシーンだけを見せる」テレビCMだ。おそらく二〇一二年に放送されたiPhone5やiPad miniのテレビCMを指しているものと思われ、このようなテレビCMのように「広告もドキュメンタリーに近い考え方になればいい」というのだ。この対談でも言及されるチームラボのインスタレーションも同様にドキュメンタリー性を想起させる。チームラボはマイクロソフトの広告コンペで、別の芸術祭に出展予定のインスタレーションを提案した。このインスタレーションはマイクロソフトの各種技術を活用したものであり、見方によってはマイクロソフト商品の宣伝活動とみなすことも難しくはない。その提案の意義を買い、マイクロソフトはインスタレーションを広告表現の提案として採用、後日そのドキュメンタリーも公開した。ドキュメンタリー性といえば、『ブランド広告』ではシボレーのテレビCMに対して、深い雪道でも走行できることを伝えたフォルクスワーゲンのテレビCMを評価していたが、これもフォルクスワーゲンの性能を記録した作品とみなせよう。ただ、考えてみればわかるようにiPhone5のテレビCMも、フォルクスワーゲンのテレビCMも、ドキュメンタリー性が高いとはいえ、何かしらの編集加工がほどこされている。いいかえれば、リアルといってもあらゆる条件下でリアルなのではない。しばしば、リアルとはフィクションではないものとされるが、リアルであることを伝えるために余分な要素を削り、順番を整えるなどして、加工をしなくてはならない。人によってはその工程を経たものをフィクションと呼ぶこともあろう。そもそも、ここでいわれるリアルとは何であろうか。

繰り返すがテレビCMに限らず、広告とはメディアを通じて商品に関することを伝えるものだ。つまり、真のリアルとは商品そのものにほかならず、その商品の名前、機能、価格などを選んでメディアに載せる以上、それはリアルでない何かをはらんでしまう。かといって、編集物をすべてフィクションと断ずるのも違和感がある。おそらくリアルとフィクションとのさじ加減が問題なのだ。

そのさじ加減を考えるに、すでに言及された「額縁広告」を考察してみたいと思う。広告が商品を広告せず「額縁広告」という作品になってしまった時、それはリアルではなくなると考えるべきだからだ。ならば、そのフィクションのさじ加減がはっきりする「額縁広告」を概観することで、テレビCMにおけるリアルとフィクションの境目がくっきりするのではなかろうか。つまり「商品とは別に加えられる表現とはいったい何か」という問いに答えることである。そこで、次節より筆者の考える「額縁広告」を選び、日本のテレビCM史を概観していきたい。

2　日本テレビCM小史　額縁広告編

日本でTV放送が始まったのは一九五三年。その年に日本初のテレビCMも誕生している。服部セイコー（現・セイコー）の「時報」である。その後、花王の「石鹸」や三共（現・第一三共ヘルスケア）の「ルル」などが五〇年代に放送され、一九六二年には日本初のカラーCMとしてトヨタ「トヨペット」が放送された。このころのCMは今と比べて複雑なことができたわけではないが、服部セイコー「時報」はアニメと実写の合成表現、三共「ルル」は今も残る「クシャミ3回、ルル3錠」といった記憶に残るフレーズなど、CM表現のさまざまなことが試みられた。それらは十分に商品に寄り添う広告であり、面白さと説得力を兼ね備えていた。

一九六九年に放送された丸善石油（現・コスモ石油）の「100ダッシュ」のテレビCMで、小川ローザが走り去る車にスカートをあおられ「オー・モーレツ！」と表現した台詞が一世を風靡する。電気冷蔵庫、洗濯機、テレビの三種の神器が、カラーテレビ、クーラー、カーの新三種の神器と変わり、多くの人々が経済的な繁栄を実感していた時代であった。そのテレビCMの表現を狙い撃ちにしたのが、一九七〇年に放送された富士ゼロックスの企業テレビCM「ビューティフル」である。ヒッピー姿の加藤和彦が、「BEAUTIFUL」と書かれたプラカードを手に、銀座を歩く。BGMも物憂げに「BEAUTIFUL」と歌われるのみ。最後に「モーレツからビューティフルへ」というキャンペーンコピーと企業名で終える斬新なテレビCMである。当時のヒッピー文化をCMのなかに持ち込み、経済繁栄だけに固執する日本社会へのアンチテーゼを謳う作品であった。

また、このテレビCMは企業広告であり、主体的存在としての商品は視聴者の前に現れない。企業広告は、会社の技術や社会的貢献を伝えることで企業への好感を獲得し、企業の商品販売を補助することを目的としている。このテレビCMでいえば、新しい時代を見据え、切り開いてく自社の姿勢を暗に伝えていることになる。その姿勢を商品の宣伝活動とする間接的な広告効果を狙った作品だ。ただ、このテレビCMは企業の技術や社会貢献を謳っているわけではない。謳われているのは企業が考える「時代のメッセージ」だ。考え方によっては、それを伝えるために企業が費用を投じた映像作品といってもよいはずである。ならば、本作を日本テレビCMにおける「額縁広告」第一号と、さしあたってはいってもよいであろう。

その後、「額縁広告」らしいテレビCMとして、丹頂（現・マンダム）の「マンダム」など独自の面白さを追求したものがいくつも作られるなか、「ビューティフル」と肩を並べるほどといえば、一九八三年に放送されたサントリー「サントリーローヤル ランボオ」をあげるべきだろう。砂漠を歩くサーカス芸人の一団。火を噴く大男や天使の姿をした少女、ジャグリングをするピエロにまじって黒いマントを羽織る一人の青年。ナレーションはこうだ。

その詩人は底知れぬ乾きをかかえて、放浪をくりかえした。限りない無邪気さから生まれた詩《うた》。世界中の詩人たちが青ざめたそのころ、彼は砂漠の商人。詩《し》なんかよりもうまい酒をなどと、とおっしゃる。ランボオ。あんな男、ちょっといない。

猟奇的で現実離れしたその映像美はまさに「額縁広告」の名にふさわしい。サントリーローヤルは最後の押さえとして映されるのみだ。同年代の作品として、糸井重里の手による西武百貨店の「不思議、大好き。」（一九八一）、「おいしい生活。」（一九八二）といった紙媒体を中心とするキャンペーンコピーがあったことも指摘しておきたい。これらのコピーは、直接的に西武百貨店の機能を訴求しているわけではなく、企業が推奨する「時代のメッセージ」を表現している。そのメッセージに共感した人々の何人かは、不思議なことやおいしいと感じる生き方を求め、西武百貨店に足を向けたのであろう。西武百貨店で商品を購入したからといって、必ずしも不思議を体験し、おいしいと実感できる生活になるかどうかは定かではないが、そうしたあいまいさも内包した広告表現なのである。「ランボオ」もサントリーローヤルを飲んだからといって、皆が皆「ランボオ」の世界に必ずしも浸れるわけではない。しかし、そうした映像美と自分を重ねあわせられるきっかけを購入したと見るべきなのだ。他にも、静かに音楽を聴く猿という衝撃的なテレビＣＭを打ち出したソニー「ウォークマン」（一九八七）や、「24時間戦エマスカ」というフレーズを軽快なコマーシャルソングに仕立てた三共「リゲイン」（一九八九）など一九八〇年代後半のテレビＣＭの多くはバブル経済の勢いも借りてそれぞれが推奨する「メッセージ」を商品からは離れた表現で飾る「額縁広告」化に邁進していった。

そして再び「モーレッツからビューティフルへ」のごとく、時代へのアンチテーゼ的広告も現れる。それがコピー機の三田工業（現・京セラドキュメントソリューションズ）の企業広告「空から降る車」（一九八九）である。高層ビルの合間を何台もの車が落下するという映像は、あたかも物質文明社会の終焉を描いているようで、その後のバブルの崩壊と予言していたかのようであった。そして一九九二年には、『「買う気」の法則』で額縁広告の頂点とされている日清食品カップヌードル「hungry?」シリーズが始まる。ただ、原始人とマンモスたちとで描かれる四コマ漫画風のコミカルなテレビＣＭをなぜ「額縁広告」としたのか、詳しくは言及されていない。一般的にはレイ・ハリーハウゼン風の優れたストップモーションアニメの映像作品としてのクオリティと、原始人と動物たちのノンバーバルな喜劇的面白さが多くの視聴者の共感を呼び、その結果としてカンヌ国際広告祭（現・カンヌ国際クリエイティブ祭）のフィルム部門グランプリをはじめ、数々の広告賞を受賞している。映像表現上、カップヌードルという対象は「hungry?」という台詞のあと、ちらりと映されるのみだ。そこでは機能は謳っていない以上、商品からは離れた表現で飾っていることには変わりがない。

「hungry?」はコンピュータ技術の発展に伴う撮影法や映像合成の進化に支えられているところも大きいが、それをより視聴者に実感させた作品が、二〇〇〇年、サッポロビール「黒ラベル」のテレビ

CMだ。豊川悦司と山崎努の白熱した卓球シーンが超スローモーションで描かれる。宙を舞う体や飛び散る汗など、力強い躍動感が、勝負の後のビールを飲み干す感覚と重ねあわされるテレビCMだ。用いられたカメラは前年公開のSF映画「マトリックス」の撮影でも使われたフォトソニックであり、多くの視聴者がそのVFXの最先端表現にあらためて驚嘆した。本シリーズは二〇〇〇年、全日本シーエム放送連盟が主催するACC CMフェスティバルのグランプリを受賞しており、この年あたりから、中規模の広告制作会社でもノンリニア編集を駆使するようになり、複雑な合成を用いたテレビCMが増えはじめた。

また制作現場だけでなく一般の生活環境にもパソコンや携帯端末が普及し、iモードや写メールなどといったデジタルサービスが活用されるようになる。特筆すべきは二〇〇六年よりサービスを正式に開始したYouTubeによって、インターネット動画の配信が一般の人々へと浸透するとともに、企業側はテレビCMやそのネット編集版の動画を公式サイトなどで公開するようになったことだ。二〇〇七年に放送し、同年のACC CMフェスティバルのグランプリを受賞した日本マクセル「ずっとずっと。」シリーズは、廃校が決定済みの小学校でその最後の一週間を過ごす生徒の日常を六〇秒CM二本、一二〇秒CM二本で写しだした。だが、日本の地上波放送におけるテレビCMは、一五秒、三〇秒でほぼ占められている。六〇秒以上のテレビCMシリーズをテレビですべて見ることはかなりの困難を伴うわけだが、この企画ではインターネット上の特設サイトでもCMを公開することで、その問題を解消させるとともに企業サイトへの誘導もうながすことができた。BSやCSばかりで放映されていた長編CMに改めて光が当てられるようになったのもこのころからで、シリーズもののテレビCMも多く作られるようになっていった。

二〇一一年三月に起こった東日本大震災を受け、同年一〇月よりトヨタ自動車が「ReBORN」と題した一大キャンペーンのひとつ「DRIVE FOR TOHOKU」はシリーズもののテレビCMの集大成といえよう。木村拓哉、ビートたけしが現代に生まれ変わった織田信長、豊臣秀吉に扮するという設定で、東京から東北へと旅するドライブムービー風の連続テレビCMだ。本シリーズもまた、二〇一二年のACC CMフェスティバルのグランプリを受賞。「石巻」編では、たけしが海に向かって「バカヤロー！」と叫ぶシーンに多くの共感の声が上がったことは記憶に新しく、その年を代表するテレビCMであることは間違いない。

昨年、昔話の「桃太郎」をエキゾチックなファンタジーへと描き直したサントリー「PEPSI NEX ZERO 桃太郎」も、「ランボオ」と同じように商品は最後に添えるのみで、その圧倒的な映像表現により、同年のACC CMフェスティバルのグランプリを受賞。私見では近年最も「額縁広告」らしい作品といえる。

3　テレビCMと解釈

一九五三年から現在までの日本のテレビCM史から「額縁広告」と思われるテレビCMをいくつか選んでみた。そのうち富士ゼロックスの「ビューティフル」や三共「リゲイン」などは、その当時の象徴的なエピソードを色濃く反映させた内容になっていたと考えられる。そこで商品とは別に加えられる表現が何かという問いに対する答えのひとつは、「時代性」といってよいのではないだろうか。放映当時の視聴者が、当時の時代背景として理解可能であろう象徴的なエピソードが商品よりも前景化され、そのことにより間接的に商品の魅力を伝えていくという手法である。

しかし、ソニー「ウォークマン」や、サッポロビール「黒ラベル」ではどうだろうか。前者は、ウォークマンの高性能な音質という機能を表現するため、猿がウォークマンの音楽に聞き惚れているという比喩的表現として見ることもできるだろうし、後者はビールを飲みたくなるようなシチュエーションを演出することで、間接的にビールに対する強い欲求を呼び起こそうとしているといえる。ただ、比喩やシチュエーションの表現は、必ずしも商品の機能を正しく視聴者に伝えるわけではない。ときとして他の受け止め方をすることも当然ありうる。音楽に聴き惚れる猿に楽しさを覚え、人間やスリッパがゆっくりと宙を舞う非現実的な映像表現に感嘆することは自然なことだ。そうした実感の次に、上記のような商品に対する共感を抱く視聴者がいると考えるのが合理的と思える。もちろん、商品とは関係のない映像を流しているだけで意図のわからないテレビCMだと感じている視聴者もいないとは限らない。こうした解釈の多様性を一意に絞り込むことは、原理的に回避不可能だ。つまり、「時代性」というのはひとつの答えでしかなく他の場合もありえる。数ある広告主もそうした解釈のゆらぎを極力収束させるべく、いくつかの手立てを怠ってはいない。

そのひとつとして、テレビCMの視聴者の理解について確認をしておこう。主要な広告主は調査会社や自社の調査部門を介して分析した結果を元にテレビCMを行うのが一般的だ。かつては商品認知までを広告の役目とするラッセル・H・コーリーのダグマー理論が主流であったが、近年では購入時での選択確率の最大化を目指す傾向に変わりつつある。競合他社の状況や広告とはかかわりのない対象商品の特性により、消費者の購買行動に差が生じることは否めないにしても、広告費に見あう一定の責務を果たす必要性に迫られているからだ。広告出稿量やクリエイティブ内容、商品カテゴリー、そして過去の調査実績と比較しながら、認知率、好意度、理解度、商品購入喚起度といった指標で分析する。つまり、上記のような一般的視聴者による解釈の基本的な差異などについて、主要広告主は把握していると言ってよい。ちなみに、二〇一三年度の東京キー局における企業別テレビCMの年間放送ランキングを確認しておくと、一位は花王、三九七〇三本。二位は興和、二五九八六本、三位はKDDI、二二〇三九本である。これだけの数のテレビCMの購買効果について、消費者へのグループインタビューや統計データで分析しているのだ。

ただ、こうした効果測定は、調査対象が明確に広告のメッセージを正しく理解し、行動しているという前提に立ったものであり、認知心理学研究や社会学研究などから、刺激を与えれば正しく反応するという理想的なモデルに寄りかかったものだという批判が存在することには留意しておきたい。たとえば下條信輔『サブリミナル・インパクト』では、意図的に誤った商品情報を与えられた消費者が、その誤解を後付で都合のいいように解釈しなおす事例をあげながら、人が必ずしも自らの自由意志で商品を購入しているとは限らないことを例証していた。本論ではそうした精緻な議論には立ち入らないにしてもソニー「ウォークマン」を実際の商品とはほとんど関係のない「額縁広告」と見ることも、商品の露出、使用描写から商品広告として適切な範囲内だとすることのいずれも両立しうることについては首肯いただけるであろう。たとえば、広告の役目を商品購入喚起に力点を置いて判断するか、認知に力点を置いて判断するかでも、結果はいろいろになるからだ。こうした両立性はすでに「額縁広告」とみなしたはずの三共「リゲイン」にもいえ、コミカルなCMソングで商品名を連呼し、機能を想起させること自体は正しい商品広告の姿だ。また「額縁広告」の代表とされる日清カップヌードルの「hungry?」にしても、一度このテレビCMを見れば、その商品名を忘れることはなかなかに難しい。認知というテレビCMとしての役目については、一定の結果を導き出しているといえる。つまり、あるテレビCMを「額縁広告」とするには、当該テレビCMの表現における機能性の訴求値や商品名認知の値が、その商品カテゴリーの基準値を下回ると同時に、別の表現、たとえば「時代性」の認知の値が他の指標を上回ることが求められることになる。

多くの視聴者にとって、ある時代を想起させる象徴的なエピソードは、地域、世代、職種などさまざまな条件により複数存在しうる。その意味では、先ほど言及した「時代性」というのは、複数存在しうるエピソードのゆらぎをとどめ、比喩的表現とするための楔のような役目になる。もちろん、その象徴的なエピソードを体感していることが望ましいが、そうではない場合も当然ありうるとなれば、商品と「時代性」を結びつけるだけの強い磁力が広告には求められることになる。ここで、広告の役目を今一度確認しておこう。日本における広告の定義として教科書的に長く参照されているのが、下記の小林太三郎『現代広告入門』の定義である。

広告とは、非人的メッセージの中に明示された広告主が所定の人々を対象にし、広告目的を達成するために行なう商品・サービスさらにはアイデア（考え方、方針、意見などを意味する）についての情報伝播活動であり、その情報は広告主の管理可能な広告媒体を通じて広告市場に流されるものである。広告には企業の広告目的の遂行はもとより、消費者または利用者の満足化、さらには社会的・経済的福祉の増大化などの機能をも伴うことになるのは言うまでもない。企業の他に、非営利機関、個人などが広告主となる場合もある。

ここにある「消費者または利用者の満足化」という言葉は、本来的には消費者ないし利用者の生活上の利益のことであるが、本論の文脈で言えば「面白さ」や「感動」といった商品とは直接関係のない事柄もそれに含んでおくべきと考える。というのも、こうした広告の定義において、しばしば看過されているのは、広告が存在するためには、何かしらの非広告的なメディアに従属的にならねばならないことだ。テレビCMであれば、メディアそのものはテレビであるが、そこでまず放送されているのは非広告的なテレビ番組である。そのテレビ番組の合間に、視聴者に対して有益な情報を広告として発信しているという前提のもと、テレビ番組制作費として広告のメディア費用を広告主が支払うビジネス構造により民放のテレビ番組は成立している。ちなみにテレビCM以外の広告も、基本的な構造に変わりはない。新聞広告や雑誌広告は無論のこと、交通広告や野外広告ならば、駅、街角など、そのシチュエーションごとに存在するものをメディアとして利用している。インターネットの検索サイトにおける検索連動型広告も、その画面の一角を広告スペースとして借りているのである。

ここでいう有益とは、商品が消費者に提供するであろう利便性のことだけではない。これまでになかった役立つ新商品についてニュースのように世の中に広まることもひとつの有益性ではあるが、既存の商品であってもその商品を伝えるための「比喩」が面白ければ、視聴者はそれを楽しむという有益性がそこには生じる。むしろ、この「比喩」の面白さがテレビCMには求められる。つまり、娯楽を提供するテレビ番組という大きな枠の一隅にテレビCMがあり、かつテレビCMという娯楽の一隅に商品の名前や機能があるというメタ構造が成立している。その娯楽のバリエーションのひとつとして、たまたま「時代性」が選ばれているのである。つまり、商品と「時代性」をつなぎとめる磁力とは娯楽性なのである。

しかし、「額縁広告」という批判には、視聴者へ娯楽を提供するという前提があってはじめて商品の宣伝を行うことができるというプラットフォームへの理解に欠けている。人々に役立つ商品の機能を正しく伝えることは、確かに重要な広告の役目である。ただし、それ以前に広告は、別の目的にもとづいて進行している状況に従属的に存在していることを忘れてはならない。広告は、いわば部外者的存在であり、その状況下において「役に立つ機能」を伝えようとすること自体は、たとえ結果的に視聴者に対して有益な情報であろうと、広告主の都合にすぎないのだ。その部外者的存在であるにもかかわらず、その情報を消費者に受け止めてもらうには、「役に立つ」ということの前に、娯楽の提供を行うことで、部外者的存在から視聴者が目的としている主体的存在に変わる必要がある。

これまでの議論をいいかえれば、広告には「役に立つ機能を伝える」ニュース型の広告と、「娯楽の提供を行なう」エンターテインメント型の広告の二種類が存在するということになる。前者は商品についての正しく役に立つ情報を直接的に伝えるという意味で「戦う広告」であり、後者は商品には間接的な情報だが楽しい伝え方をするという意味で「額縁広告」といえる。

世にある広告技術の解説書において、前者における利便性・伝達技術については数々の言及がなされている一方で、後者のエンターテインメント性については、あまり言及されていることはなかった。それは本論の第一節で述べた広告のフィクション性への批判とも通じるところがあるだろうし、エンターテインメント性を支えるだろう広告クリエイティブに関することは、アートディレクターといった技能職の範囲だという理解は今も根強いだろう。しかし、近年ではコミュニケーション・デザインやコンテンツマーケティングなどといった議論のなかで、情報の有益さだけでなく、情報に付随する楽しさの必要性があげられることが少なくない。佐藤尚之もその著書『明日の広告』においてこのように述べている。凝ったクリエイティブを排し、コミュニケーション・デザインに徹したほうがよいのではという疑問に対して、「それは広告ではなく、インフォメーションなのだ。相手の心を動かすことはできない」と断言する。他にも谷口マサト『広告なのにシェアされるコンテンツマーケティング入門』では、映画のタイトルに引っ掛けた愉快なコラム記事をインターネット上で公開し、その爆発的な噂の伝播が結果として映画の広告となるような仕組みを紹介していた。

間接的にであれ広告は必ず商品に関与し、かつ楽しくなければならない。すでにあげたシボレーのテレビCMは、シボレーのブランドイメージがアメリカ国民に知れ渡り、飽きられているにもかかわらず、そのブランドイメージに寄りかかった「額縁広告」を作ってしまったことが敗因ということができるだろう。商品に間接的にすら関与せず、なにより楽しくない広告になってしまったのである。第一節であげられていた他の広告作品のフィクション性への批判も、同様に考えるべきである。それはフィクションだから、広告として弱体化したのではない。たいして面白くもないフィクションだからこそ、弱体化したと批判されているのである。だから、問いを変えてあらためて設定せねばならない。面白い広告とは果たしていかなるものか、という問いこそが考えられるべきだろう。

4　テレビCMと限られた時間

テレビCMにおいて面白いということはどういうことかを考えるに、あらためて「額縁広告」のいくつかを参照しよう。サントリー「ランボオ」や、ソニー「ウォークマン」のテレビCMは、それが広告であるということを抜きにしても、ひとつの映像作品として成立している。そこにおいて商品の名前や特性を伝えることは副次的なことだ。日清食品カップヌードル「hungry?」も、カップヌードルの商品に言及せず原始人の日常を描くショートムービーとしても、作中の楽しさは基本的に変わらない。限られた時間のなかでなにかしらの面白いことを伝えるということはテレビCMの基本のひとつといってよい。それは、二〇一三年に車用品店のオートウェイが公開した「雪道コワイ」や、二〇一四年にドコモが公開した「3秒クッキング　爆速エビフライ」などといったインターネット動画を中心としたプロモーションにもいえる。インターネットの特性を活かしながら、娯楽としての恐怖感や奇抜なユーモアを視聴者に伝えることで、結果として販売している商品の認知を向上させている。

しかし、そうした目に見えてわかりやすい娯楽作品ばかりが、「額縁広告」ではなかったことは確認したとおりである。たとえば、富士ゼロックスの「ビューティフル」は、娯楽というには実に批評的な作品だ。ここで批評的なメッセージを放つ主体を無視することはなかなかに難しい。そこにはドキュメンタリーというよりさらに一歩踏み出したジャーナリスティックな観点を見出すこともできよう。テレビCMを通じて富士ゼロックスの企業精神を理解するには、社会情勢に対する見識が求められることになり、その映像表現に理解が及ばない一定層にも、それがどういった背景を持つテレビCMなのか考えるきっかけとなりうる。つまり、社会情勢を暗に批評する映像作品だといえるのだ。

そうしたテレビCMのジャーナリスティックな側面を考えるに、一九九五年に放送された公共広告機構（現・ACジャパン）の「井戸水」について言及しておこう。その年の一月、阪神・淡路大震災が発生。災害支援が続けられるなか、公共広告機構は「井戸水」と題したTVCMを放映した。そのCMは被災地に貼りだされた一枚の紙を大写しする。紙には「水、自由に使ってください」とサインペンで書かれていた。そして男性の声で「水出てるよ、水。持ってってー。そやけど、生で飲まんといてな。ポンポンこわすよってに。水、出てるでー。水、出てるでー」と声が被される。最後に「人を救うのは、人しかいない。」の文字とナレーションが入るが、それはあくまでも広告として映像を終えるための締めの台詞であり、このテレビCMの核は被災地の人々の困窮した姿、生水の危険性を伝え助けあうやりとりを映しだしたことにある。娯楽という言葉は本来ふさわしくないが、時を経た今も、小さなドキュメンタリーとしてこのテレビCMを見ることができる。「井戸水」以外にも、多くの公共広告はジャーナリスティックな視点でその時代の問題や課題を映し出しており、知るということがある種の娯楽と相通じることを示しているといえよう。

こうした公共広告は、広告主たる団体が、官公庁やその他の非営利的組織であるがゆえに発信可能な情報ともいえる。営利企業としては、その社会的責任、CSR（Corporate Social Responsibility）を遵守し、その説明責任を果たすことがそれに当たると考えられており、多くの広告主は、徹底したコンプライアンスを制定したり、環境マネジメントのセミナーなどを副次的に実施するようなところが現状といっていいだろう。一企業がテレビCMのような方法を選んで、社会情勢への批評や社会的問題を扱うのは容易な道ではない。

企業と社会的問題の関わりあいについて考えるに広告史的に言い落とせない会社がある。それはイタリアに本社を持つ国際的服飾メーカー、ベネトンである。一九八四年からベネトンのアートディレクターとなったオリビエーロ・トスカーニは、一九八九年に発表した広告キャンペーンによって時の人となる。そのキャンペーンとは「黒人女性が胸をあらわにして白人の赤子を抱きかかえる」という写真を用いたものだった。このキャンペーンは、一部の団体から批判を浴びるも、人種差別への反対をアピールする表現は国内外の高い評価を獲得。その後も、ベネトンは人種や国家、異文化などをテーマにし、ジャーナリスティックで非広告的なキャンペーンを展開、ときには厳しい批判を浴びつつも、世界のさまざまな広告賞を受賞することになる。二〇〇〇年に実施した死刑廃止キャンペーンで起こった全米でのボイコット運動を機にトスカーニはベネトンを離れることとなるも、同社はトスカーニ主導で設立したアートスクールの卒業生たちに広告キャンペーン中核を担わせている。二〇一一年、「反・嫌悪（UNHATE）」と題した広告キャンペーンでは、オバマ大統領と胡錦濤国家主席や、故・金正日総書記と李明博大統領など対立する組織の代表が口づけを交わしているような合成写真を使用した。そのうちローマ法王ベネディクト十六世とイスラム教指導者アフマド・アル・タイーブ師との合成キス写真は、ローマ法王庁からの抗議を受けて掲出中止となるも多くのメディアで話題となり、二〇一二年カンヌ国際クリエイティブ祭のプレス部門グランプリを獲得し、さらなる世界的注目を集めることとなった。広告費換算は難しいところだが、人種・民族問題の根幹にある憎悪感情に対し一企業が反対するキャンペーンとしては最も大きなものだったといえるはずだ。プレス部門ということからも推察できるとおり、ベネトンが行ったこれら広告キャンペーンの多くは、ジャーナリスティックな観点を持つ「額縁広告」といっていい。一九八九年以来、ベネトンの広告キャンペーンではキャンペーンロゴ以外、商品どころか同社を連想させるものは表現していないのである。その一方で、ベネトンの広告キャンペーンにおけるビジネスとしての評価は難しいところにある。二〇〇〇年代以降の服飾産業の変化に乗り遅れてしまっているなか、それらを補塡するはずの広告キャンペーンを実施していないことは本末転倒の誹りを免れないところだ。今となっては、第一節で危惧されていた「額縁広告」の一例とするべきかもしれない。

そうした状況もあり、近年、経済学者のマイケル・ポーターは共通価値の創造、ＣＳＶ（Creating

Shared Value）を提唱している。これはCSRがあくまでも本業に対する副次的なものであるのにたいし、CSVは営利事業そのものが社会的問題に取り組むことで、経済的な価値を創造することを目指すものである。CSVとしてしばしば紹介される一例に王子ネピアの「千のトイレプロジェクト」がある。詳しくは並河進『Communication Shift』を参照いただきたいが、このプロジェクトでは同社対象商品の売上の一部が日本ユニセフ協会を通じて東ティモールの家庭用トイレの設置や衛生環境の改善に使われており、二〇〇八年開始以来、昨年まで六二〇〇個のトイレの設置を完了しているといわれている。本業であるトイレットペーパー販売と直接関係したキャンペーンであり、六年の継続実績があるものの、販売に対する効果は明らかではない。その意味では、アサヒビールが二〇〇九年から実施している「うまい！を明日へ！」プロジェクトは、全国四七都道府県の地域における対象商品一本の購入ごとに一円が環境・文化財などへ活用されるものである。なにより当該プロジェクトの立ち上げはテレビCMにて大々的に告知されていたこともあり、このテレビCMで同社が社会貢献活動を行っていると認知されている側面は否定しがたい。気軽に地域貢献ができるコンセプトや、同社のサイトで寄付金を公開していることも同プロジェクトの透明性を伝え、CSVとしての役目を果たしていることは、昨年までの寄付金実績が約二三億円という数字からも想像に難くない。とはいえ、そのテレビCMには「ビューティフル」や「井戸水」のような視聴者の関心を引く磁力のようなものはなく、プロジェクトのニュースとしての機能が果たされていたにすぎない。プロジェクトの企画内容は面白いが、視聴者を楽しませる要素は欠如していた。だから、初期段階の一般周知の役目としてテレビCMが用いられ、その後は店頭プロモーションなど個別地域ごとの戦略が取られたものと思われる。

「hungry?」や「井戸水」、そして「うまい!を明日へ!」などからわかるのは、広告におけるエンターテインメント性とニュース性との配分が、それぞれの広告の結果と密接に関わっていることだ。広告はプロモーションの一部であり、販売計画のなかで価格や流通などとどのような関連性を持ち、それらを補助しているかが重要となる。だから、認知や説得といったその広告が果たすべき目的によって、エンターテインメント性やニュース性の配分は定められるべきだ。「うまい!を明日へ!」のようにエンターテインメント性がなくとも、本業に密着し販売に貢献するのならば、ニュース性に特化した広告であっても何ら構わない。季節限定商品の値下げ販売を訴えるテレビCMは数多く放映されているのもそうした背景によるわけだが、得てしてそういったテレビCMの話題は長くは続かない。そのため、新商品のため知名度を獲得したければ、有名タレントの起用や新しいユーモアの発見といった何かしらのエンターテインメント性を付与した広告で、広告外のメディアにも取り上げられるような施策を打つ必要がある。しかし、そのエンターテインメント性が商品そのものと乖離していた場合は、そのエンターテインメント性を持つ映像表現のみが話題となり、販売に貢献することは難しくなる。知ること、楽しいこと、考えさせられること。これらの配分を、どのような視聴者にどのようなタイミングで、どのような商品との距離感において放送するかが問題なのだ。事実を伝えたからといって必ずしも面白いわけではない。新しいことを伝えたからといって面白いわけではない。一見面白いことを伝えていても、それが後々まで面白いとは限らない。こうしたことは視聴者に対して、広告主が何を、どうやって伝えるのかによっていかようにも変わりうる。

つまり、テレビCMが、テレビというメディアで放送される動画広告であるということと同時に、一五秒、三〇秒という限られた時間のなかで視聴者に有益な情報をもたらす動画広告であるということも議論の中心に据えるべきなのだ。すでに述べたように遠くない未来にはテレビCMとネット動画の境はあいまいになっていくことだろう。インターネットに張り巡らされたアドネットワークが、いずれスマートテレビも包括し、総合的にメディアへの出稿計画における短時間動画配信のなかの一部にテレビCMとネット動画が共存することとなる。そのとき、どのような動画が楽しくて有益なのか。デバイスごとの表現、内容を考えるに、テレビCMの歴史を通じて映像表現の可能性を模索することは、今もなお重要だと考えるのである。

【主要参考文献】

内田東『ブランド広告』光文社、二〇〇二年
オリビエーロ・トスカーニ『広告は私たちに微笑みかける死体』紀伊國屋書店、一九九七年
小林太三郎『現代広告入門［第二版］』ダイヤモンド社、一九八三年
佐々木俊尚『２０１１年新聞・テレビ消滅』文藝春秋、二〇〇九年
佐藤尚之『明日の広告』アスキー・メディアワークス、二〇〇八年
社団法人　全日本シーエム放送連盟『ＡＣＣ ＣＭ年鑑　２０１３』宣伝会議、二〇一三年
社団法人　全日本シーエム放送連盟『ＡＣＣ ＣＭ年鑑　２０１４』宣伝会議、二〇一四年
ジョセフ・ジャフィ『テレビＣＭ崩壊』翔泳社、二〇〇六年
下條信輔『サブリミナル・インパクト』筑摩書房、二〇〇八年
谷口マサト『広告なのにシェアされるコンテンツマーケティング入門』宣伝会議、二〇一四年
並河進『Communication Shift』羽鳥書店、二〇一四年

日経広告研究所『広告白書２０１４』日本経済新聞出版社、二〇一四年
日経広告研究所『基礎から学べる広告の総合講座〈２０１０〉』日経広告研究所、二〇〇九年
日経広告研究所『基礎から学べる広告の総合講座〈２０１４〉』日経広告研究所、二〇一三年
日本アド・コンテンツ制作社連盟『ＴＨＥ　ＣＭ』宣伝会議、二〇一一年
本田哲也・田端信太郎『広告やメディアで人を動かそうとするのは、もうあきらめなさい。』ディスカヴァー・トゥエンティワン、二〇一四年
山崎秀夫・兼元謙任『ネット広告がテレビＣＭを超える日』毎日コミュニケーションズ、二〇〇七年
山本直人『「買う気」の法則』アスキー・メディアワークス、二〇〇九年
「広告批評　２５０号　保存版日本のコマーシャルＢＥＳＴ１００」マドラ出版、二〇〇一年
『広告20世紀　広告批評アーカイブ』グラフィック社、二〇一四年

「防犯／監視カメラの映画史　風景から環境へ」

海老原豊

◎はじめに

本論は、防犯／監視カメラやそれに類するテクノロジーの出てくる映像作品をたどることで、監視カメラの現代的／未来的な意義を探る通史だ。防犯カメラなのか監視カメラなのかは、自らの立ち位置によって変化する。商店街にカメラを設置しようと考える組合は「防犯カメラ」と呼ぶだろうし、自らのプライバシーが侵害されていると訴えるものであれば「監視カメラ」と呼ぶだろう。ここでは境界事例への注意を払いつつ防犯／監視はあくまで地続きの事象として扱う。防犯／監視カメラの存在に心情的反発を抱くものもいるかもしれない。実際の防犯／事件解決の重要な手がかりであることを評価するものもいるかもしれない。賛成・反対からひとまず離れて、単なる「監視社会はプライバシーの侵害」というアンチ管理主義・左翼的文脈でもなく、防犯／監視カメラ映像が二十一世紀の鏡像として自己イメージ（アイデンティティ）の構築と結びついていることを示していこうと思う。

◎かんじんなことは目に見えない

防犯なのか監視なのか。

そもそもは防犯カメラだった。カメラが最初に導入されたのは、工場の作業を遠隔管理するため、鉄道・道路交通における事故を減らすためだ。いまでもイオンショッピングモール内ではこう形容されているが、導入当時のカメラは「安全カメラ」といったほうが近い存在である。やがてカメラは金融機関内に設置され、防犯へと流用されていく（永井良和『スパイ・爆撃・監視カメラ』一七六－一七七頁）。いまでは、ATMに設置されたカメラがとらえた振り込め詐欺犯の画像がいたるところに貼り出されているが、金融機関には、客向けだけではなく従業員向けにもカメラは設置されている。従業員の不自然な振る舞いを監視し、横領等の犯罪を抑止するためだ。労働者の身体を、安全だけではなく生産効率という観点からも監視するような使われ方をしている。労働者の身体は資本家にとっての資産であり、効率的な資産運用が資本家の最重要課題であるのならば、この流れは当然といえる。

それでは具体的に映像作品を見ていこう。

資本主義と機械化文明を批判したチャーリー・チャップリンの『モダン・タイムス』（一九三六年）で、労働者チャップリンは双方向カメラ／テレビによって監視される。双方向的なものとしてカメラがイメージされているのは、電話をテクノロジーの観点から外挿法を用いて拡張しているからだ。外挿法によるテクノロジーの拡張とは、いまあるテクノロジーをベースに別のテクノロジーを加えたり程度を強化したりして、新しいテクノロジーを創出すること。新しいテクノロジーであることに変わりはないが、現在のテクノロジーから類推可能なものである（典型的な例は空飛ぶ車）。したがって『モダン・タイムス』のカメラ／テレビは、映像付電話と考える方が良い。チャップリンは、カメラによって見られているし、カメラを通じて監視主体を見ることもできる。見る／見られるの関係が成立しているこのカメラは、一対一の人間関係を遠隔化しただけのものだ。

ジョージ・オーウェル原作、マイケル・アンダーソン監督の『１９８４』（一九五六年）にも『モダン・タイムス』同様に双方向カメラ／テレビが出てくる。テレスクリーンだ。「ビッグブラザーは見ている！」を標語とするディストピア社会には、至るところにビッグブラザーのポスターが貼ってあり、バーやオフィスへ行けば宙吊りのテレビはビッグブラザーの顔を映している。何かあれば、そのテレビはビッグブラザーの言葉を発し、「ビッグブラザーは見ている！」の反転として、人々は物理的にビッグブラザーに「見られている」のだ。『１９８４』でも『モダン・タイムス』同様に見る／見られるの関係を発見できる。

主人公ウィンストン・スミスの自室にも監視装置はついている。こちらはテレビのようなディスプレイではなく円形のレンズにスピーカー／マイクがついているもので、レンズの向こう側には監視者がいて音声でスミスに指示をする。「カバンの中身を見せろ」というように。スミスは、帰宅直後に不審なものを持っていないか、カバンの中もあわせて見せる。しかし、すぐにレンズを背中に向け、自室の隅で禁止されている「日記」を書き綴る。

テレスクリーンやレンズの背後にいるのが人間である限り監視のコストは高くなる。そのためテレスクリーンには死角がある。スミスの自室でさえレンズに背を向けてしまえば死角が生まれるし、市民エリアにはそもそもテレスクリーンがない。スミスと恋人ジュリアの逢引場所は市民エリアの骨董屋の二階で、その裏窓からはたくましい女が子供を育てている様子が見える。歌を歌いながら。「彼女のような人がビッグブラザーを倒す」とスミスはつぶやく。

『1984』は、確かに「ビッグブラザーは見ている」というスローガンや、テレスクリーンという監視装置は有名だ。ただしこの世界は、しばしば誤解されているような完全な監視体制を築いた独裁国家というわけではないのが実情だ。ここでいう完全な監視体制とは物理的・心理的な監視が完遂された、死角のない世界のこと。テクノロジーが未成熟であり、『1984』のディストピアとして想像された監視システムでは、全国民を完璧に監視することなどコスト的に不可能だ。

むしろ『1984』で主題化されているのは内面の問題なのだ。まず、人々は、遍在するテレスクリーンによって、実際に見られているかどうかは別にして、常に見られていることが意識されている。ベンサム／フーコー的パノプティコンが建築レベルではなく、テクノロジーとして社会に実装されているからだ。しかし、先にも指摘したとおり監視システムのローテク／ハイコストのため物理的死角は存在し、その物理的死角から精神的自由、ビッグブラザーを打倒しようとする意志が生じているのも確かだ。見られているという意識が、監視テクノロジーの間隙に個人の内面（見られていないもの）を生み出している。

ビッグブラザーの監視独裁国家はこの死角をどう処理しているのか。体制の転覆を計画したウィンストンは、同志だと思っていたオブライエンの罠にはまり、逮捕・拷問される。この拷問は、自分の恐怖するものを突きつけられ、自分の大事なものを諦めるという心理的改宗を目的とする。スミスに自ら恋人を裏切らせることで、国家による内面管理が完成する。『1984』では日記を書くと死刑になるが、それは日記が国家の監視テクノロジーの届かない場所にある個人の内面の象徴であり、抑圧し弾圧すべきものだからだ。監視カメラ／テレビの死角は、ある意味で遊びの空間であり、そこで日記を書き内面を吐露したものを捕まえる。そもそもスミスとジュリアが密会する部屋を用意したのは、オブライエンなのだ。国家にとって重要なのは、内面を生じさせないようにする徹底的な監視システムの構築ではなく、生じた内面を国家の意のままに改変すること。自分の改宗体験を物語る行為（改宗体験記）は昔から存在したが、それになぞらえるならば『１９８４』は「改宗映像記」とでも呼べる。

かんじんなことは目に見えない。目に見えないものがかんじんなことだ。

アルフレッド・ヒッチコック監督『裏窓』（一九五四年）は見える／見えないの境界線をズラし、通常であれば見えない領域を可視化する。しかし当然、全てが見えるようになったわけではない。見えるようになったところにも、どうしても見えない場所があり、物語の真相は最後まで隠蔽され続ける。ＳＦではなく非現実的な設定を導入していない映画のため防犯／監視カメラというテクノロジーこそ登場していないが、カメラをモチーフとした映画と共通した要素があるのでここで触れておきたい。足の怪我のため車椅子生活を送り部屋から出られないカメラマン・ジェフは、マンションの裏窓から、向かい側のマンションを見る。各部屋の様子が一望できる絶好のポジション。住人たちが見せる表の顔とは異なる素の顔が彼には手にとるように見える。ジェフはとあるセールスマン・ソーワルドの不審な行動が気にかかる。いるはずの妻の姿が消え、不自然に大きな荷物を運び出すソーワルド。ジェフは、恋人や家政婦、知人の刑事の協力を得て、彼が妻を殺したのではないかという推理を組み立てる。

『裏窓』は、人間には、見る／見られるの関係が存在する公の場とは異なり、見る／見られるから離れた私的な空間＝自室で見せる姿もあることを示す。別人格というほどではないにしろ、人は誰かに見られているとき（実際に見られていなくても、見られていると思われるときも含む）と誰にも見られていないときでは、振る舞いに変化が見られる。殺人犯と疑われた男は、部屋の外では「普通の男／夫」として通っているように、人は私的な空間、個人の部屋の外／中で異なる表情を見せるものだ。逆に言えば、見る／見られるから離れたところに見えない私的空間がひっそりと広がっている。ソーワルドの妻殺害の決定的瞬間をジェフは裏窓から見ていない。ジェフの視線が開く見る／見られる空間から逃れる見えない私的空間がソーワルドの部屋の中にもある。見える／見えないの境界線がズラされている。ジェフにだけ見える／普通の人には見えない「裏窓」からの世界があり、しかしそんなジェフにも見えない／ソーワルドだけが見える私的空間が「裏窓」世界の奥にある。ジェフの視線が貫通しない私的空間で、ソーワルドの犯行は行われた（とジェフは確信している）。なんとしても決定的な証拠を得たい主人公は、恋人に男の部屋に忍び込ませる。部屋の中にズラされた見える／見えないの境界線を、物理的に越境しようとしたわけだ。このように『裏窓』は、視線から切り離された私的空間にソーワルドの正体（真実）が隠されているという姿勢をとり続ける。

見る職業であるカメラマンのジェフの立場から「見ること」を考えると、ソーワルドは自分の真実が露わにされる恐怖を経験している。他方で、ソーワルドからジェフを見返すことも起こりうる。物語の最後、ジェフも他者の視線＝恐怖にさらされる。自分が何者かに監視されていることに気がつき、監視者が向かいの部屋にいることに気がついたソーワルドは、口封じのためにジェフの部屋にやってくる。ソーワルドを監視しているという事実が、ソーワルド自身に見られてしまうことで露呈される。自らの危機にジェフがとった行動は、カメラのストロボを焚きソーワルドの目を一瞬だがつぶすことだ。もちろん決定的な攻撃にはならない。仲間たちが助けに来てくれる時間をなんとか稼ぐために、車椅子に縛られている彼にはそれしかできなかった。だが象徴的な次元では、ストロボを焚くことは、見るという攻撃と、見られることによる真実の露呈を同時に防ぐことができる。

エピローグ。殺人犯から逃げるために窓から落ちたジェフは再び病床にいる。スタートとは異なるのは、恋人との関係を「維持」から「結婚」へと進めたこと。妻は、夫の願いどおりに変わったように見せて、夫が寝た瞬間に手にしていた雑誌をするりと換えて、夫には見せない彼女の本当の姿を見せる。映画の最後でも、ジェフの視線が届かない場所に本当の姿が隠されている。

ここまで『モダン・タイムス』『１９８４』『裏窓』を見てきた。見る／見られるの関係から逃れる「絶対に見られない」私的空間に、見せたくないもの＝本当の自分（内面、自意識）が生じる。資本家に管理されない自分、国家の転覆を考える自分、人には見せられない残虐な自分、夫には見せられない自分。表面では唯々諾々と従っていても、譲り渡すことのない自分。この内面は安定した・不変のものではない。もしカメラのフレームの枠内に引きずり出されると変化する。

ここまで対比してきた見える／見えないの関係は、風景／内面と言い換えることができる。誰にでも開かれカメラによって簡単にとらえられるものが風景であり、その風景に溶け込むことは決してなく、カメラのフレームの外へと逃れることさえできるものが内面である（風景／内面というキーワードですぐに連想される柄谷行人『日本近代文学の起源』（講談社、一九八〇年）とは異なる使い方をしていることに注意）。

振り返ってみれば映画の歴史にはカメラに映っていないものをとらえようとする試みにあふれている。モンタージュ技法は、登場人物の怒りや恐怖といった感情の発露を表現するものだった。ハリウッドが洗練させた映画の文法は、見るものが登場人物に感情的／想像的同一化を容易に果たせるようにするためのものだ。登場人物の内面は、人工物や自然が風景として映りこむようには画面に収まらないので、景色と重ねるか観客に同一化させるかしているわけだ。

しかし事態は変化しつつある。内面と対立していた風景は、監視／防犯カメラのテクノロジー進化によって変容している。

◎風景から環境へ

現代の「風景」の実像を探るために、『裏窓』の盗作ではないかと裁判沙汰にもなった現代版『裏窓』、D・J・カルーソー監督『ディスタービア』（二〇〇七年）を見てみよう。プロットは『裏窓』に極めて近い。教師に暴力を振るい自宅謹慎を命じられた高校生ケイル。家から離れると鳴り警察に連絡がいくブザーを足に付けられ、行動を物理的に制限される。彼の楽しみは、近隣の家の様子を窓から覗くこと。隣に引っ越してきた美少女や、近所の悪ガキの様子などが目に入る。ふとした瞬間に隣家の男ターナーが、テレビで報道されている殺人事件の犯人ではないかと疑う（同じ車、不自然な外出時間、消えた客）。親友ロニーと、隣家の少女アシュリーと三人で協力し、ケイルはターナーの監視を続ける。『ディスタービア』が『裏窓』と異なるのは、ビデオカメラで録画し、データをパソコンで処理している点だ。

やがて「普通の」隣人はシリアルキラーであることが判明するのだが、そのきっかけとなったのはロニーがハンディカメラを手に隣家の侵入し撮影してきた映像だ。パソコンを使い動画データを解析してきたケイルは、動画の隅に隣家を訪れたバーの女の死体が映っていることに気がつく。ちょうどその瞬間に家に侵入してきたターナーに襲われるというサスペンスの演出文法の王道に続くのだが、ここで強調すべきは、その画像（映像）である。

映画を停止させ拡大してみても、私たち観客には正直よくわからない。一時期はやった心霊写真のような静止画像。確かに何か写っている。それはわかるのだが、目を凝らした主人公が女性の死体と気がついたのと同じ速さで私たち観客はその画像（映像）を処理できない。『ディスタービア』が『裏窓』と決定的に異なるのはこの瞬間である。

『裏窓』では監視する目と、そこから零れ落ちる「本当の自分」があった。『ディスタービア』では、真相は目に見えることはなくとも、映像として記録される。この映像を撮ったロニーは、殺人鬼の攻撃をケイルより一足先に受け気絶している。彼は映像を撮った時にはこの女性の死体の存在にはまったく気がついていない。偶然にカメラに記録されてしまった。その偶然の産物を、主人公はパソコン上で動画を確認しているときに見つけてしまう。画面には記録されているが、それを認識できていない。内面は、もはや人の視線から隠されたところにあるものではなく、人々の視線にさらされ記録されるものとなっている。ただし内面だと気付かれていない。

ここで風景をアップデートしたものとして「環境」という言葉を使いたい。環境という言葉は、もちろん単なる自然環境を指すのではなく、アーキテクチャ、つまり人々の思考・行動にまで影響を与える社会システムを管理・設計するという思想を意味している。例えば繁華街に防犯／監視カメラが設置されることで、人々は影響を受け、行動に何らかの変化が見られるだろう。カメラの配置を工夫することで人々を、当人たちは誘導されているとは気がつかずに、動きを方向付けることもできるだろう。『ディスタービア』では小型デジタルカメラでの撮影、無線による中継、パソコンを使った映像・画像の処理が、特徴的だ。これらの映像テクノロジーによって、それまで風景から隠されていた内面が、テクノロジーが遍在する環境へと溶け出したのだ。

防犯／監視カメラという環境を理解するために、全編（フェイクの）防犯カメラ映像で成立しているアダム・リフキン監督『LOOK』（二〇〇七年）をとりあげてみよう。防犯カメラ・リアリズムとも形容される本作品では、カメラだけが見ている犯罪現場をいくつも写す。ATMの前で強盗にあい車のトランクに詰め込まれた女性。彼女を乗せたままの車はショッピングセンターの広大な駐車場に置きっぱなしにされる。画面には動かない車がただ写されているだけ。ショッピングセンターでは、母親がわずかに目を離した瞬間に子供が誘拐される。周囲の人間は誰も犯人の様子を見ていない。ただカメラだけが見ている。誘拐犯は、オフィスで同僚からの執拗にいじめられるさえない男だ。その男がいじめられる様子はオフィス内のカメラに収められる。いじめられているさえない男の隠された一面＝誘拐犯がカメラには映し出されているわけだ。

カメラが、いやカメラだけが真実を写すという徹底的な姿勢で組み立てられた『LOOK』は、しかし防犯カメラ運用の観点からしたらおよそリアルではない。防犯カメラの記録映像が蓄積される一方で、その映像を確認する人間主体が全く欠如しているのだ。ショッピングセンターで、誘拐を周囲の人間に気付かれずに行ったとしても、その男が誘拐対象の子供につきまとっている姿は、しつこくカメラに撮られている。その映像を分析すれば男を逮捕することは容易であるはずだ。だが、男が捕まる様子は出てこない。他の犯罪事例も同様だ（唯一、男性教師と女生徒との性行為の記録だけは問題になる）。周囲の人間には気付かれないが防犯カメラだけがとらえているというのは、その犯罪記録を誰も見ていないことの証拠となっている。これは、防犯カメラの趣旨から考えるとおかしな事態だ。「全米で三千万台以上」という文言とともに始まる『LOOK』は、カメラの数が増えようとセキュリティホールがあるのだと、防犯カメラ映像を使いながら逆説的に示している。だが、よく考えるとこの主張には無理がある。セキュリティホールは、『LOOK』では意図的に描かれなかった監視主体の不在によって引き起こされているからだ。防犯カメラを批判するために、ただ映像記録「だけ」を蓄積したのでは、不十分だし一方的な主張にしかならない。テレビドラマ版『LOOK』でもショッピングモールでの迷子が描かれるが、こちらは防犯カメラの映像を精査し、セキュリティたちがすぐさま駆けつける。防犯カメラのおかげだ。これが普通の姿だろう。

『LOOK』がその運用上の矛盾を含めて私たちに提示しているのは、カメラが環境へと完全に溶け込んだ事態だ。環境に溶け込んだカメラが断片的に映した記録をつなげることで登場人物たちがどのような人間か分かるように作られている。一台のカメラが被写体を追いかける必要はない。遍在したカメラが収集したデータを、ネットワーク上でタグ付けすれば事足りる。

『LOOK』ではカメラの背後にいるはずの監視主体は徹底的に排除され、他方で膨大な被写体の映像だけが蓄積されていく。恐らく監視主体を空位にしたのは、スクリーンのこちら側に座っている私たち観客をそこに置きたいからだろう。しかし当の観客が特権的な立場に立てるのは、映画を見ているほんの短い間だけだ。私たち観客も、ひとたび外へ出れば遍在しているカメラによって断片化され、必要に応じて関連データとつなぎ合わされる環境におかれる。私たちは監視カメラの映像を見ることで、意識的にしろ無意識的にしろ、自身の振る舞いを再帰的に検討している。この仕掛けにより『LOOK』は、全ての監視カメラ映像を統御する視点など、登場人物はおろか監督や観客ですら持ち得ないことを示している。

◎構築される過去／現在／未来

環境に溶け込んだ防犯／監視カメラの特徴は、データのネットワーク化にある。カメラの目的が防犯なのか監視なのかを、対象の映像を記録するというカメラの機能から弁別することはできない。対象とその対象の前後情報（文脈）を組み合わせて初めて、防犯／監視に分けることができる（江下雅之『監視カメラ社会』）。被写体が何かの害を被る「（潜在的な）被害者」であれば防犯カメラになるし、被写体が何らかの害を及ぼす「（潜在的な）加害者」であれば監視カメラになる。冒頭の例で言えば、銀行のフロアで従業員に向けられたカメラは、従業員を潜在的横領犯であると考えれば監視カメラになるし、他方、銀行強盗が強襲したときのフロアの人質の様子を分析するものとして使えば防犯カメラになる。

カメラ映像を文脈に結びつけるのが、ネットワーク化されたデータだ。遍在するカメラで撮られた映像と、蓄積された膨大なデータをコンピューター上でマッチングさせる。被写体の「スーパーで包丁を買う」という行為が、食事の準備なのかテロ計画の一部なのかを判断するためには、とにかくその映像以外の文脈と結びつけることが必要である。それさえ上手くいけば被写体の内面は容易に理解される。

ここから論じていく作品は、いずれも監視環境が自己の内面（意志、動機、感情など）を構築する。トニー・スコット監督『エネミー・オブ・アメリカ』（一九九八年）は国家が監視テクノロジーを使って国民を抑圧するといういわゆる左派系論者が監視カメラを語るときの切り口を極限まで突き進める。作中では、一時期「地球上のあらゆる通信を傍受できる」とすら噂されたアメリカの「エシュロン」ネットワークを連想させる監視テクノロジーが、収拾した個人の情報的断片をタグ付け、集約し、対象を追跡する。国家の安全のために国民のプライバシーを監視する法案を通そうと反対派議員を殺害した大物議員。しかしその一部始終が野鳥カメラに偶然に収められてしまう。映像記録を託された弁護士ディーンに、執拗に迫るNSA（アメリカ国家安全保障局）のエージェントたち。建物の外に出れば衛星通信で動きをトレースされ、建物内部であれば防犯カメラ映像を吸い上げて追いかける。防犯カメラが設置されていない空間、例えばディーンの自宅のような場所へは、盗撮用の機器を設置する。さらにディーンの服や靴、身のまわりの物にもカメラやマイクを仕込む徹底的な追跡体制。

衛星通信を使ったリアルタイム追跡は精度の問題はあれ、現在のテクノロジーの延長上にある。『エネミー・オブ・アメリカ』が、それ以前の監視テクノロジー映画と決定的に異なるのは、断片的なデータから見えていない部分を復元するその手際だ。NSAはディーンが受け取ったとされる記録媒体を血眼になって探す。ディーンが手にしていた紙袋が怪しいと考え、その映像を店内の防犯カメラから抽出。コンピューターを使い3Dでモデリングをする。カメラの死角に入っている箇所は他のデータから類推して再現。そうすると、ある瞬間に紙袋の大きさが変化していることがわかり、袋に記録媒体が隠されているとNSAは結論付ける。十分なデータの蓄積と、類推するテクノロジーがあわさって、見えていないものが見えるようになっている。

真相がカメラから隠されていた『裏窓』。カメラに映りこんでいたがそうとは気がつかなかった『ディスタービア』。遍在するカメラによって構築される『エネミー・オブ・アメリカ』。野鳥の観察という自然の風景の一部として、決定的な犯罪現場はたまたま画面に収まり、記録媒体の所在は監視ネットワークによって構築される。風景の一部として切り取られた真実は、ネットワーク環境によって凝固する。かくしてカメラが遍在する環境を整備し、断片的に収集されたデータをネットワーク上で再結合すれば真実が手に入る。『エネミー・オブ・アメリカ』は風景から環境への移行をはっきりと描いている。

構築されるのは今現在進行中の事象だけではない。フィリップ・K・ディック原作（一九五六年）、スティーブン・スピルバーグ監督『マイノリティ・リポート』（二〇〇二年）では、自分の意思が未来のヴィジョンとして示され、犯罪を意図したものは罪を犯す前に拘束される。未来を予知するのは三人のプリコグという超能力者たち。彼らのヴィジョンは、すでに起こってしまった犯罪を記録したものでありながら、それが未来のことであるため犯罪を未然に防ぐ防犯効果がある。さしずめ「未来の防犯カメラ」だ。

予知どおりに犯罪を防ぐ。ただそれだけであれば問題はない。ところが、プレコグの予言を最初に目にする犯罪予防局の刑事アンダートンが、未来の犯罪者として告発された場合どうなるであろうか。アンダートンはその予言が何らかの間違いであると信じ、犯罪予防局の追跡を逃れようとする。『LOOK』では意図的に空位にされていた監視主体の座。『マイノリティ・リポート』では、監視対象と監視主体が重ねられ、対象の監視（予知）データが監視主体の行動に影響を与えるフィードバック・ループが形成される。その人間の行動やアイデンティティが、自分がどう見られているのかというデータによって構築されている。

未来予知とは別に『マイノリティ・リポート』には「フィルターバブル」（イーライ・パリサー『閉

じこもるインターネット』）がビジュアル的に表象されている。街中に張り巡らされたポップアップ広告。街頭にあるスキャナーが、そこにいる人間が誰かを光彩認証（eye-dentify）によって特定したうえで、パーソナライズされた広告を表示する。データベースにはタグ付けされた上で個人の情報が登録され、様々な行動が蓄積されていく。こういった個人の行動履歴がデータベース管理される制度は、ディックの原作にはなく映画オリジナルのものだ。未来の犯罪予知にはプリコグというある意味で人知を超えた超越的存在に依存しているが、この行動履歴からのレコメンドシステムは洗練させていけば、未来の行動予測にも十分に適応可能だ。ここでは詳しくは論じないが、まさにそのような作品が日本のアニメーション作品『PSYCHO-PASS』（二〇一二年〜）である。

D・J・カルーソー監督『イーグルアイ』（二〇〇八年）には、アメリカ国防総省の巨大人工知能アリア（ARIA）が登場する。アリアは膨大な監視データから適切な解をはじき出し、役人と軍人に提供する。中東での作戦行動中、アリアの提示した数字を聞き入れず、大統領は爆撃を決断。国民の利益を守らない政府だと判断したアリアは、一転、大統領と閣僚を一挙に抹殺する計画を立案。その計画の遂行者として選ばれたのが、ジェリーとレイチェルだ。二人は事情も分からぬまま、アリアが下す携帯電話の指示に従って行動することを強いられる。国防総省がもつイーグルアイ・システムは、プレコグがいない『マイノリティ・リポート』の犯罪予防局のシステムに近い。またコンピューター自体が（特定の）人間の排除を考えるというのはSF映画で古くからあるテーマであり、代表的なものにジェームズ・キャメロン監督『ターミネーター』（一九八四年、以降シリーズ）のスカイネットがある。データを収集、分析、結論を出す過程を全て非人間＝コンピューターがやっていて、ここは『エネミー・オブ・アメリカ』とは異なる。ただし、出した結論を実行する能力は、少なくとも今のところコンピューターにはない。だから、アリアはエージェントとしてジェリーとレイチェルを使ったし、大統領の指揮権には物理的に介入できない。コンピューターの出した結論を社会全体で執行できるシステムの構築まではたどり着いていない。

各地の監視システムが吸い上げたデータが点で表示され、コンピューター上の地図で複数の点が線で結び付けられる。視覚的にデータが処理されている。断片が一つの大きなプロットを作り出す様子が示されている。

『エネミー・オブ・アメリカ』は現在進行形の事態、『マイノリティ・リポート』と『イーグルアイ』は未来に起こるだろう事態。いずれも、遍在するカメラによる監視システムが吸い上げたデータを、ネットワーク上で再構成した結果、得られたものだ。被写体が何を考え、何を感じ、何をしたいのかという内面の問題は、もはやカメラの死角に潜むものではなくなった。そもそも環境と一体化したカメラに死角はない。万が一、死角があったとしても構築すればよいのだ。

◎未来のヴィジョン

なぜ私たちはカメラに撮られることに感情的な反発を覚えるのだろうか。防犯／監視カメラが出てくる映像作品を追って見えてきたのは、次の四点だ。

①自分の身体が監視されているという不安
人は誰にも見られたくないものはある。例えば私的・性的な事柄はカメラの存在自体が問題になる。

法的に問題はなくても、あえて人前でやることははばかられることはいくつもある。この場合、カメラは物理的身体（他人の目）の代替物として機能している。ただし、厄介なのは、物理的身体と異なり、カメラは小型・高性能のものもあり、被写体がカメラの存在に気がつかない場合も十分に考えられる。

②自分の内面があらわになっているのではという不安

監視システムはフーコー／ベンサム的パノプティコンを用いた管理を目指すが、ローテク／ハイコストであれば視線が及ばない私的空間＝内面がどうしても生じてしまう。内面とは誰からも見られない場所と定義され、この定義のために内面が露わにされることは不快であり不安なのだ。誰からも見られない場所でありながら、それ以外の全てが監視対象であると、ひょっとしたら内面も見透かされているのではないか、という不安に駆られることは理解できる。

③自分の身体が断片的なデータとして収集されているという不安

私たちの身体が備えている基本性能以上の収集能力をテクノロジーが持つとき、原理的に起こりえることだ。例えば声紋、光彩、ＤＮＡといった生体認証（バイオメトリクス）情報が、いつの間にか収集されている可能性は常にある。『エネミー・オブ・アメリカ』や『イーグルアイ』で、追跡対象となったものは指紋をふき取るだけでは不十分だ（指紋だって、目視できないが）。自分ではもはや自分の身体のどの部分がどのように記録されているか把握できない。痕跡を残したと思っていなくても、人間の物理的身体自体が痕跡となる。自動販売機の前に立った人の背格好から年齢と性別が、視線を止めた商品からその人間の嗜好が抜き取られる。ウェブサイトを閲覧したときに、マウスポインタがどこに何秒置かれたかから、ユーザーの関心事が判断される。身体はバラバラにされたのだ。どうバラバラにされたか当人には不明のままで。

④個人データがn次利用され過去／現在／未来が勝手に構築される不安

自分でも知らないうちに、自分についてのデータが吸い上げられ、自分でも知らない過去／現在／未来のイメージが構築・提示される。内面や自由意志を先取されてしまうという恐怖。ソフトなものではアマゾンのレコメンド機能だが、ハードなものでは『マイノリティ・リポート』や『イーグルアイ』の未来予知・予測がある。十分にデータを集めシミュレーションをしたとき「完璧なシミュレーション」という語義矛盾の事態が生じる可能性も想定される。本当の自分があり、その一つのモデルとしてシミュレーションがあるのではなく、シミュレーションから自己像が遡及的に構築されてしまう事態。

以上の四点をまとめると次頁の図になる。

この四点をもって「防犯／監視カメラはプライバシーの侵害だ」というのは容易い。監視カメラによる監視社会は「おぞましい」と言い切ることもできるだろう（阿部潔『監視デフォルト社会――映画テクストで考える』）。権力／臣民、見る／見られる、管理する／管理されるという非対称的で一方的な力関係は現実のものだ。だが防犯／監視カメラを望むのは市井の人々という逆説がある。体感治安の悪化で防犯カメラを導入し、その映像がメディアで流布されることでさらに体感治安が悪くなるのも確かだが、防犯カメラが事件や事故の解決につながった事例は無数にある。

永井良和は「不信を棚上げする」（前掲書）といい、テクノロジーにアウトソースをしないことが市民社会の倫理だと説く。しかし、これもまた現実的でない。デイヴィッド・ライアンは『監視社会』でプライバシー概念が監視とセットになっていると主張している。監視システム批判論者は、こ

図

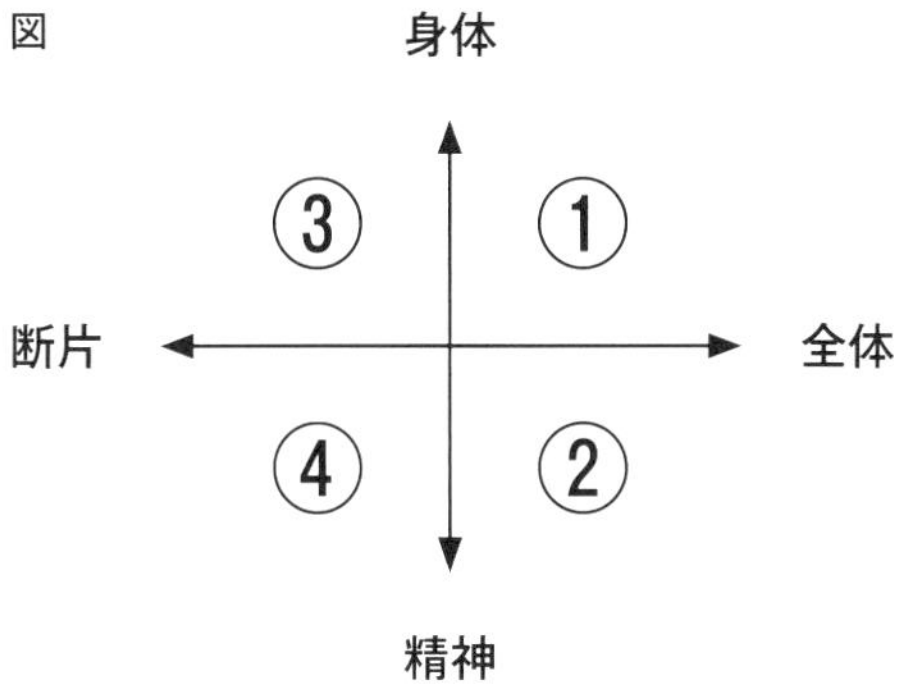

の事実には気がついていないか、あるいは意図的に無視している。ライアンによれば個人に自由を与える社会では、その個人の信用を担保するものが必要となる。信用担保コストを監視システムが肩代わりしているわけだ。自分以外とは自分の情報を共有しない社会、完全なるプライバシー社会では、人はコミュニケーション活動をすることができない。しようとしてもコストが跳ね上がる。相手を信用できないし、自分も信用されないからだ。だからそもそも監視システムはプライバシーの侵害である。監視システムとテクノロジーがあれば楽に生きられる、というのはある意味で正しい。

問題はどこにあるのか。

現代では、監視テクノロジーがデフォルトとして環境に溶け込んでいる。「監視カメラ」をキーワードにAmazon検索すれば、監視社会批判の本は数が少なくその大半が絶版で、防犯／監視カメラの設置マニュアルや、カメラそのものなど実用品がヒットする。環境化した監視システムの一番の問題点はビッグブラザーの不在につきる。コミュニケーションのコストを監視システムにアウトソースしているとして、しかしそこには明確な説明も完全な同意もない。システムとして非人間的・自動的・機械的に行われ、私たちはデータを抜き取られていることにすら気がつかない。自動販売機で飲み物を買うという極めてシンプルな行動すら、カメラによって記録され、性別年齢と購入物がリンクされているのが現状だ。確かに一部アウトソースしたかもしれないが、そこまでアウトソースすることを認めたのか。人、あるいは人の形をした何かに見られているのであれば、コストが高く、かつ人に見られているという本能的な拒否感もあって、反発しやすいだろう。しかし相手はシステムだ。非人間的なシステムには、たとえ怒りや反発を覚えようとも、もっていきようがない。『イーグルアイ』のアリア、『PSYCHO-PASS』のシビュラシステムに、女性の音声が与えられ、主人公たちはシステムを擬似人間として対話の対象化に成功しているが、裏を返せば人間化していないシステムは、私たちの関心の範囲外に置かれる。

これから必要なのは私たちが自己の輪郭を、今一度、引きなおすことだ。見られる自分を見ることで、自己の輪郭を取り戻す。精神分析の理論では、乳児がアイデンティティを獲得するには鏡像段階を経るとされる。鏡像とは文字どおりの鏡に映った自己の像とは限らない。自分の輪郭を定めるために、自己と自己ではない他者がそこにいればよい。しかし、この理論が前提としているのは、あくまで時間的・空間的に連続したもの、自己のすぐそばにある像（イメージ）でしかない。物理的な制約から逃れた鏡像は想定されていない。自分のイメージがバラバラに断片化され、どこか別の時間・空間に蓄積され、必要に応じて呼び出されては再構築されるという監視システム環境における自己イメージ像、アイデンティティの様相とは、だいぶ異なっている。

ジョゼ・パジャーリ監督によるリメイク／リブート『ロボコップ』（二〇一四年）を、自己像の再確定のためのヒントとして最後に紹介したい。瀕死の重傷を負いロボットとして復活したロボコップ

＝マーフィー。彼はロボットとしての正確性を求められ、脳が操作され、感情は抑制される。そんなマーフィーが人間としての感情を取り戻すきっかけとなったのは、自宅駐車場で、自分が爆弾に吹っ飛ばされた瞬間を記録した防犯／監視カメラの映像だった。人間的記憶を失い、監視システムと結合し治安維持活動をするだけのマシーンだったマーフィーは、そのシステムを逆手にとり、失われる前の自分の記憶／身体のイメージを防犯カメラ映像データベースから構築する。カメラ・ネットワークから構成される監視システムに自己イメージが流出するも、今度はそこから本来の自己を取り戻す。

マーフィーのこの姿は、象徴的な意味で私たちがこれからすべき行動を暗示している。デイヴィッド・ライアンは、チップを埋め込まれ監視社会と完璧に連動し、自己すらシミュレートされうる主体を「意志なきサイボーグ」と呼んだ。治安維持マシーンとしてのマーフィーはまさに意志なきサイボーグである。人工知能が搭載されたロボットではない。監視社会のデータベースと接続したヒューマン／マシーンである。しかし、すでに見たとおり意志なきサイボーグ・マーフィーは、自らの意志を取り戻す。再構築することに成功する。

私たちがするべきこと。監視システムを盲目的に肯定するのでもなく、徹底的に否定するのでもなく、私たちの自己イメージ、アイデンティティの輪郭を再確定するにはどうしたらよいか考えること。プライバシーを監視の対概念に提示するだけでは不十分だ。「プライバシーの侵害」と声高に叫んだだけでは、監視のもつ生産的な側面、監視対象の能動的なかかわりが捨象されてしまう。監視がデフォルトに埋め込まれた環境では、私たちはある意味で共犯者として振る舞うほかない。どうやって自己を監視のデータベース／ネットワーク上で再現前（リプレゼンテーション）していくのか模索していく必要がある。

映画のカメラは風景を撮ってきた。その一方で、カメラに映らないものに人間の大事なもの＝内面があると信じられてもきた。だから映画は、画面に映らないものにオブセッシブであり続けた。現在、防犯／監視カメラが遍在し、カメラが環境の主要な要素となっている。環境に死角はなく、私たちの姿はカメラによってバラバラに断片化される。しかしすぐにネットワーク上で再構築される。いままで何をしたか／いま何をしているか／これから何をするのかが、私たちに私たち自身が感じるよりも強い確信をもって提示される。こうして示された自己イメージに戸惑うかもしれない。あるいは全面的に賛成するかもしれない。反応は様々だろう。重要なことは、揺らぐ鏡像／イメージと対話をすることだ。『マイノリティ・リポート』のアンダートンは未来の自分の姿を最初は否定し、やがて受け入れた。『ロボコップ』のマーフィーは、自己イメージを積極的に取り込み現在の自分に欠けている部分を補塡した。

自己と自己イメージの対話。カメラには必ず存在する被写体と撮影者の対話と相似形であるこの対話が、カメラ・ネットワークがデフォルトの環境となった現代に生きる私たちのアイデンティティを作っていくのだ。

【参考文献】

阿部潔『監視デフォルト社会　映画テクストで考える』青弓社、二〇一四年。
江上雅之『監視カメラ社会　もうプライバシーは存在しない』講談社、二〇〇四年。
永井良和『スパイ・爆撃・監視カメラ——人が人を信じないということ』河出書房新社、二〇一一年。
イーライ・パリサー『閉じこもるインターネット　グーグル・パーソナライズ・民主主義』井口耕二訳、早川書房、二〇一二年。
デイヴィッド・ライアン『監視社会』河村一郎訳、青土社、二〇〇二年。

共同討議2

映像と社会

■ポリティカル・コレクトネスと映画

飯田　さて、ここでは「映像と社会」という切り口で議論していきたいと思います。

佐々木　今回の論集に濱口竜介論が入っていることは、個人的にとてもしっくりきたんです。先ほどお話ししたように、街でカメラを回すことすら困難な監視・管理社会的な状況下でいかにして実写映画を撮るかという難問に対して、「ワークショップ」や「地域映画」という枠組みを利用して活路を見出したのが濱口監督だと思うからです。つまり、一方で社会はカメラを向けられることを拒絶しているけれど、他方では――地域の記憶を残したい、コミュニティを活性化したいというかたちで――撮られることを強く欲してもいる。

渡邉　社会の要請と密着した映像や芸術作品が作られていくことはトレンドとしてあると思いますが――藤田さんが最近、積極的にコミットしている地域アートの問題や、これも最近活況を呈する行政補助による演劇イベントなども典型的だけど――、社会に密着していけばいくほどＰＣ（ポリティカル・コレクトネス）が要請されて表現の幅が狭まるという側面もある。「売れる」という意味での最大公約数にウケることは求められないかわりに、政治的に正しいことしか表現できないという別の窮屈さもありますよね。

藤田　地域住民や地方自治体が色々言ってくるし、協力を取り付けなければ、身も蓋もなく、撮れない。だから、プロパガンダや宣伝を作らされがちになるんだけど、だからこそ作家の巧妙さ、戦略が必要となってくる。「ネゴシエーション」が作家の芸術性・卓越性として評価の軸になってくる所以のひとつです。

佐々木　その戦略が非常にうまくいっているのが濱口監督ですね。偶然ではなく、この論集で提起されている諸問題に自覚的に取り組んでいる作家だと思います。

藤田　そういう、政治や権力や金や交渉がめんどくさいとかクソくらえと思うひとたちが、竹本君が論じた「淫夢」動画みたいに、権威もカネも無視した自由とおもしろさを追求していると言えるのかもしれない。

竹本　淫夢がＰＣ、あるいはその裏に隠れている欺瞞に対するアンチテーゼとして機能している面は確かにあると思います。淫夢厨以外には一見して淫夢だとわからないネタを拡散するタイプの釣り行為が淫夢には多いですが、これもＰＣを知らず知らずのうちに侵犯させる、２ちゃんねるでいう「オマエモナー」と似たちゃぶ台返し精神の現れだと思います。

冨塚　濱口監督は酒井監督と共同で震災以降の東北の連作ドキュメンタリー（『東北記録映画三部作』）を撮っていますが、これらの作品では作り手側がPCを意識しすぎることなく、かつ依頼側であるせんだいメディアテークからの支援を受けてその需要にも応える、幸福な関係性が実現しているように見えます。またマネタイズの話を補足すると、濱口監督は新作の撮影過程でクラウドファンディングも行っています。作り手が自由にものづくりできない状況下で、ひとり一八〇〇円払って映画を観にきてもらうのではなく、それ以上のお金を払える濃いファンに支えてもらう方向性も出てきている。三浦哲哉氏が『映画とは何か』でフランスの文脈に引きつけて書かれていましたが、ハリウッドでも自主制作でもない中ぐらいの予算規模の作品、ややインディーでありながらも少し資本が入っている「中間映画」がかつてのアメリカにはあった。同様に昔は日本映画界でも、川島雄三ら社員監督の例に顕著なように、会社側からの縛りを受けつつもあるていど自由な作家性を発揮できるプログラムピクチャー的な領域があったと思います。それをかたちを変えて再興できるといいのですが。

■映像と社会／政治

飯田　より直接的に「映像と社会」について二〇一五年現在のホットトピックといえばＩＳＩＬ（イスラーム国）による一連の映像戦略ですが、論点になりそうなタームを出していきましょうか。

佐々木　最近気になっているのは「ハリウッド的」という言葉の意味合いの変化です。しばしば「まるでハリウッド映画のようだ」と安易に言われるわけですが、実作者としては、現在の「ハリウッド的」な映像に見られる特質は、個人やインディーズでは模倣不可能なところに行ってしまったという実感を持っています。

藤田　9・11やＩＳＩＬの映像が「ハリウッド映画みたいだ」と言われていることに対してですよね。政治学者の山口二郎があれを「ハリウッド的」と言っていますが、手ブレ映像とかを駆使した疑似ドキュメンタリーっぽいハリウッド映画ではなくて、もっと古いハリウッドを想定しているんじゃないかな。最近のハリウッド映画をロクに観ていない感じがするというのは、同意です。

飯田　あの人質が燃やされる動画の演出については――もちろん事件の痛ましさは大前提とした上で、純粋に演出手法に関して言えば――ダサい。むしろバキッとしたHDの画質で、フィックスでオレンジ服の人間が座らされている映像のほうが衝撃だったんじゃないか。編集したにしてはもっさりしているし、映像表現としての底が見えた感じがする。

海老原　底が浅くてよかった気もします。スナッフムービーが本当にハリウッドと同じ文法で撮られていたら怖い。スナッフムービーの本質は、何が映っているかであって、どう映っているかは本質とはすこしずれていると思います。

佐々木　私もＩＳＩＬの動画に過度の意味付けをするべきではないと思います。しかし、だからこそ、何が映っているかだけでなくどう映っているかも共に重視したい。あの動画にハリウッド映画との関連性を見出す人びとが一定数存在することは事実ですし、「ハリウッド的」な想像力が何らかのかたちで世界中に浸透していることも間違いないだろうという状況だからこそ、では両者はどう違うのか、どう似ていないかということをきちんと見ていく作業が必要ではないかと思うんです。

まず、ハリウッド映画ほど画面上の死が現実の死ではなくフィクションであることが保証された映像もなかなかない。もちろん事故死や過労死が起こる可能性はどんな制作現場にだってありますが、そうした現実の死をそのまま作中に映し出すことはまずありえない。内部からも外部からも膨大なチェックに晒され、むしろ社会的な配慮から徹底して死を隠蔽しようとする姿勢のほうが問題視されることもあるのがハリウッド映画です。そうした映像と、たとえフェイクであったとしても「現実の人間を殺害する」という声明と共に公開される映像を一緒くたにしていいのか。

また画面に映るものに注目するにしても、ＩＳＩＬとハリウッドを特別に結びつける有効性をあまり感じません。この両者がつながるほど言葉の定義を広げるなら、世界中すべての映画が「ハリウッド的」ということにもなりかねない。現在のハリウッド映画の特徴を挙げるなら、ひとつにはシームレスに動き続けるカメラワークではないでしょうか。フィックスでいいはずのショットでも多動的にカメラを動かしたり、バストショットから引いて遠景へ、そこからさらに宇宙空間まで飛んでいくといったように、ＶＦＸを利用して本来カットを割るしかないショットをひとつなぎの長回しで見せていく。矢継ぎ早なカッティングや手ブレ映像は個人でも真似ることができましたが、こうした長回しは真似ようとして真似られるものではありません。

飯田　少し整理すると、個人制作／インディーズ的なローバジェットな映像としての「手ブレカメラ型揺動メディア」が蔓延する一方で、ブロックバスター的な大予算でしか実現しえない「VFX型揺動メディア」が他方にあって、両者は質的に違うということですね。

藤田　ISILの映像は「ハリウッド映画的」ではないという話でしたけど、『マッドマックス』や『北斗の拳』みたいに見えませんか？

飯田　それは背景が荒野っていうだけでしょ（笑）。

藤田　他にも、街とか服、旗や変な改造車のセンスとかあの「ウヒャー」っていう感じ。アメリカのゲームでは核戦争後の世界でモヒカン族みたいなのがはびこるジャンクな世界のものがあるけど、ああいうのとすごく似ている。街が本当にわざとらしい。それが『北斗の拳』や『マッドマックス』の普遍性なのか、あいつらが西洋のサブカルチャーの影響を受けちゃってるのかがちょっと分からない。

渡邉　どっちもでしょう。

藤田　彼らの映像を観てイライラしたのは、純粋イスラム国的な映像文法を発明していないことです。なんで西洋のものを輸入して使うのか。インターネットだってそう。ソ連でエイゼンシュテインが映画の技法を開発したように、イスラム国のイデオロギーを反映した映画理論家と作家が登場しなければいけないと思う。そこまで徹底してないくせに、純粋イスラム原理主義ぶって、外国のスポーツとか排斥するのが、なんか矛盾している感じがする。

渡邉　いや、でも別に彼らは映像作家じゃないから（笑）。

海老原　テロリストですからね。一説によれば、欧米メディアで働いたことがある人間、もっといえば映像技術の訓練を受けた人間が、国を捨ててISILに行っている。全世界的にみても、マスメディアを取り仕切っているのはほぼ欧米系という状態で、メディアをハッキングしようとするならば、欧米風の加工・演出を加えたコンテンツを流通させるのは、やはり効果的なんでしょう。

飯田　藤田君の発言は非常に不快なものとして受けとる人もいるでしょうが、言わんとすることもわかりますよ。未来派しかりジガ・ヴェルトフ集団しかり足立正生しかり、政治思想と芸術表現が渾然一体となって先鋭的なものが生まれた例は歴史を見ればいくつもある。しかしISILは今のところはそうではない──というより二一世紀が「もはやそういう時代ではない」のかもしれないけれど。

佐々木　プロパガンダはそもそも「プロパガンダだ」と気付かれたら効力が激減するものだと思っていて、そういう意味ではISILの演出された映像は意図が透けすぎているように見えます。むしろ同時期に少し話題になった「ハーデス君」問題のほうがイメージ戦略のあり方として恐ろしかった。ＩＳＩＬの自爆要員ハーデス君が Twitter にアカウントを作って、日本語翻訳ソフトを使ってがんばって日本人とコミュニケーションしています、みたいな話がまとめサイトで感動物語的に紹介されたんですね。そのアカウントが拙い日本語でツイートするのに対して、日本人たちが上から目線で「ハーデス君、きみのやっていることはね……」みたいな感じで話しかけていたんだけど、どうやらハーデス君は架空の人物で、ＩＳＩＬのイメージアップのためのプロパガンダだったらしい。もしそれを指摘する人がいなかったら、見事にプロパガンダの成功例になっていたかもしれません。ウェブ上のアイコン画像やテキストを通して見る「視覚文化」、ビジュアル・コミュニケーションの一環として興味深くも恐ろしい事例でした。映画的な演出への警戒心は多くの人が持っているけれど、こういったまだジャンル化されていない、先例の少ない視覚表現にはいとも簡単に引っかかってしまう。

宮本　日本人人質殺害事件に関しては、あれはプロパガンダというより、日本に恐怖を与えるための映像戦略だと思いますので、成功云々はおかしいと思います。それに実際イスラーム国はプロパガンダに成功しているから、こうも勢力を増しているんだと思いますけれど。というより、普通に考えれば人が殺されている吐き気のするような出来事なのに、こうやって他の映像群と比較して議論し、相手の側の視点に立って「こうすればもっと効果的になるのに」と考えていること自体が、相手の思う壺です。もちろん相手の立場を考えることは必要だとは思いますが、テロリストに利するような示唆を言ってしまうのはおかしい。あの映像は作品ではなく、地続きでない離れた土地の人間をコントロールする心理兵器なのだから、それを論じるということは兵器を扱うような意識を持たないといけません。先例の少ない視覚表現といえば、ＩＳＩＬの人質映像をどうでもいいものとコラージュした画像を日本の Twitter ユーザーがアップロードしまくった「クソコラグランプリ」も、良くない武器の一種だと思います。ツイッター民としては、自分たちはＩＳＩＬの映像の与える恐怖に屈していないという意思表示のつもりでやっているのかもしれませんが、あれはＩＳＩＬの映像を勝手に自分のストーリーに当てはめる行為なわけです。レベルは全然違いますが、相手から主体性を奪った画像を世界に発信して辱めるという意味ではＩＳＩＬが日本人人質にやっていることと同じですし、シャルリー・エブドが勝手にムハンマドを使ったのもある意味同じこと。ＩＳＩＬは圧倒的に悪ですが、だからといって同じようなことをこちらがやるのもどうかと思いました。

飯田　しかしそれは少しナイーヴにすぎる見方だと思う。映像を使って何を達成するかというwhatについてはＩＳＩＬのやろうとしていることは近代市民社会では否定されるべきだけれど、いかに達成しようとしているかというhowの問題を吟味しなければ映像に対するリテラシーは高まらない。どんな技術を使っているのかを無視しつづけることは、将来、高度な演出テクニックをもった集団に一方的に騙されることになりかねない。

藤田　クソコラを使って「日本人にはお前らに同朋意識なんかない」と理解させる、意味不明感を与えて困惑させる現象が起こったのは、なんとなくだけど淫夢と似ているように僕には見えた。海外メディアからはPhotoshop Warと言われたけど、悪ノリのエネルギーが政治的有効性すら持ってきてしまうような状況なのかもしれない。フランスではクソコラに対して「イスラームの偶像崇拝禁止を茶化して一二人死んだシャルリー・エブドと同じことを日本人はやっている」と言われていて、言論の自由を守るための戦いだと思われている。当人たちは、そんな意識あるのやら、ないのやら。なかったとしても、集合的な無意識が生み出した「効果」は、そう解釈できるものだった。

海老原　東日本大震災の直後、ＡＣの「ぽぽぽぽ～ん」ＣＭが大量に流れましたよね。ネットでは「スーパーありがとウサギ」とか作って遊んでいたじゃないですか。ショックを受けたからこそ、深刻なムードだからこそ、あれをやったのかなという気がする。今回も似た心性が働いているのではないでしょうか。アメリカ人もクソコラやっていたようですし。

藤田　茶化すことで非現実化させるということですよね。

渡邉　ただ、僕はポリティカル・コレクトネスも関係なくすべての画像をネタ的なコミュニケーションに使うというアイロニカルな態度は、日本特有なものだと思う。フランスやアメリカであれが驚かれている記事を見ると、フランス人が「Je suis Charlieと同じだ」と言っているのが典型で、政治的なニュアンスを読み取っている。だけど日本でクソコラを作っている人は単にネタとしてやっているだけでしょう。

海老原　アメリカは戦争中ですからね。イラク、アフガニスタンからの帰還兵がまわりにたくさんいて、『アメリカン・スナイパー』よろしく自殺者やトラウマを抱えているひと、足や腕を失ったひとたちが街中にいる。武装集団に拉致された人もいるはずです。そういうなかでのクソコラはそれなりの覚悟を持ってやると思う。

藤田　イスラム国クソコラグランプリや淫夢のやっていることは、本来のサブカルチャー、アンダーグラウンドカルチャーのやばい部分を結集した何かという感じがします。くだらなくて、バカバカしくて、無意味で。フラッシュ文化、MAD文化の、貴重な生き残り。

飯田　言われてみれば六〇年代のフーテンやヒッピーにあったような汚さといかがわしさがある気がする。PCとコンプライアンスに配慮し続けた結果、お行儀がいいもの、道徳的に問題ないもの以外は表通りに出にくい世の中になっているからね。ああいう「無意味なものをおもしろがる」「やばいものをおもしろがる」感性は、テレビや雑誌のようなメディアからはいつの間にかなくなってきていた気はする。

藤田　淫夢にはその失われた匂いが残っているんです。あんなことをやっても誰も儲かったりしていない。せいぜいウケておしまい。つまりロクに現世的利益を得ていないのに続いている、すごい純粋な文化だと思う。あんなに下品なのに、作り続ける欲望だけは純粋。しかも淫夢発祥だと知らずにみんなネットで「微レ存」とか「あっ（察し）」とか使うようにまでしてしまった。あれは柳田國男が民俗学の研究対象にしたような、常民が口承の連鎖で少しずつかたちを変えながら伝播させてきた物語みたいなもの、現代日本のネットが生み出した無意識的な『遠野物語』が淫夢なんじゃないか。

竹本　淫夢には「遠野」というキャラがいて、実は『遠野物語』も風評被害を受けていたりするんですが（笑）、それはともかく淫夢のひとつの傾向として、アングラでありながら拡散を指向するという点があって、無意味だったり、くだらないものであるがゆえにもっと広まるべきだという、いわば「無価値の共有」という価値観があるんじゃないかという。現世的利益に関しては、いわゆる嫌儲のような（特にCGMへの）タダ乗りを許さない感覚もあるとはおもいますが。

■ISILの「編集」志向と、日本の政治放送の「無編集」志向

飯田　もう少し海外と日本の違いを深掘りしてみたい。ISILの映像は編集されていることが多い、という話でし

たが、日本では政治と映像に関して二〇〇〇年代後半以降、何が起こったか。ニコ生で橋下徹や小沢一郎などが、とにかく記者会見や政見放送をノーカットで流すようになった。彼らの言い分は「既成のマスメディアは自分たちにとって都合よく編集して報じるけれど、われわれは全部流す。隠しだてしないし、これで誤解の生じようもない」という方法論を取ってきた。つまり「リアリティは無編集に宿る」というのが、日本の政治家たちが主張してきたことで、それとISIL的な編集による操作は逆の方向にある。人質になった後藤健二さんが殺されたのはファクトだけど、いつどうやって死んだかは情報が編集されているからわからない。

藤田　日本のネット民はマスコミに対して不信感があって、ネトウヨが典型だけど、在特会の動画もデモの映像を無編集で流し続けている。あの無編集なのっぺり感によるリアリティの担保は、ネット右翼の心情や感性に影響しているのは、間違いない。

渡邉　批評家の村上裕一さんも『ネトウヨ化する日本』で書いていましたね。今のネトウヨは思想や言葉よりも映像を見てビンビン反応して情緒的に政治にコミットしている、と。カール・シュミットの「民衆の喝采」を思い起こさせますが、ISILも手法は違えど情動政治であることは同じです。ちなみに、編集志向と垂れ流し志向の二極化の話は現代の映画でも見られる現象ですね。例えば、近年、急速に台頭しているアジア圏の映画でも、ホン・サンスみたいに、時間軸をバラバラにして複雑な構成を作る映画もあれば、一方で、ワン・ビンやラヴ・ディアスのようにデジタルカメラの長回しを駆使して十時間くらいの映画を撮る作家もいる。この対比は、昨今のネット動画の傾向と完全にリンクしていると思います。

藤井　日本のメディアリテラシー教育では「マスコミは信じちゃいけない。編集されているから、そこには何かしらの意図があるんだよ」と学校でも教えることになっているので「生放送垂れ流しが真実だ」というスタンスは方向的には説得力を持ちやすいのかなとは思います。

飯田　そのわりには「マスメディアの情報を信頼している」という調査では日本は先進国ではトップで「信じている」割合が多いんだけどね。それはさておき、じゃあISILの宣伝手法になぜリアリティを感じるかというと「人が死んだ」という刺激が強い情報によって担保されている。

海老原　「首がポン」とか「燃えて、熱い」というのが現前したことによる衝撃ですよね。首を斬るシーンを無編集で流されても、やはり暴れたり血が出たり、言葉を選ばない言い方をすれば「見苦しい」というか文字通り「見るに堪えない」というか、ショックすぎる。だからこそ流通しやすいものをパッケージにしたんだと思う。

飯田　たしか池内恵が『イスラーム国の衝撃』で言っていたと思うけど、ＩＳＩＬは首を切り落とすような決定的なシーンはわざとはしょっていて、ニュースで編集しやすいように「流せるレベルの過激さにしている」と。ウェブ上でもシェアしたり転載しても垢ＢＡＮされないていどの過激さを狙っているとは思う。だけどそれにしたって三分や一五秒に編集したバージョンと無編集バージョンの二パターンを用意してもいいと思うのに、編集されているバージョンしか流さない。あれは「情報操作しました」「こちらにはまだ切ってないカードがあるぞ」感を演出するためのもので、「無編集だから裏はない。実直でオープンです」というスタンスと表裏だよね。

藤田　僕らの前の本は『ポストヒューマニティーズ　伊藤計劃以後のＳＦ』というタイトルでしたが、伊藤計劃は生前、映像関係の会社のWEBの部門で仕事をしていたんですよ。先進国と後進国というか、遠い国でひとが死にまくっている戦争の映像がWEBから目に飛び込んでくるいっぽうで、日本では過剰に生命を配慮しあうのっぺりとした空気がある。そのギャップに悩んで『虐殺器官』と『ハーモニー』を書いたという側面があるのではないか。ＩＳＩＬの映像を見て、伊藤計劃の観ていたものを、現代日本の多くの人が観て、考えなくてはいけないような状況になったな、と思いました。彼の問題意識が、まだ有効であり続けているメディア環境に、僕らが生きている。編集で言えば、アルジャジーラが、内戦が起きているところで長回しでずっと延々ネットで流していて、あっちのほうがＩＳＩＬの編集された映像よりも僕はリアリティを感じた。

海老原　浅間山荘事件や９・11、３・11直後の防犯カメラの映像や自衛隊の空撮の映像に感じるリアリティはそういうものですよね。あるいは全然ジャンルは違うけどＴＶのバラエティ番組『お試しかっ！』内の企画『帰れま10』も、「今、深夜何時で撮影から何時間」とか、ボーッとした風景とかをひたすら流し続けることで「しんどさ」みたいなナマのリアリティを見せようとしている。もちろん実際には編集して1時間とか2時間のパッケージにしているんだけど、ひたすら長時間化することが目的になっている。あまりにも様式化されて飽きられたから『お試しかっ！』も終わっちゃうんですけど。

■親がネットに写真をアップしまくる時代のアイデンティティはどうなるか

海老原　別の切り口から「映像と社会」の関係を議論したいのですが、最近では生まれた時から自分の写真がフェイスブックにあがっている子がいる。そういう子たちはアイデンティティをどう認識するのか。われわれは勝手に写真を撮ってアップされることに対して監視カメラに似た恐怖を感じるけど、生まれたときから親が自分の写真を「一般公開」し続けられたひとたちが、物心ついたころにネットにアーカイブされた自分の写真を見たらどうなるのか。それは実家に小さい頃のアルバムが置いてあるだけのわれわれとは違う感覚をもつ気がしている。

渡邉　これも最近、よく言われることですが、昔は若いときに何か失敗しても忘れられたし、田舎から都会に出て来たりすれば過去は消せた。今はもうネットに上がった情報は基本的にずっとログが残っている。つまり何十年前の自分の振る舞いが今の自分に影響を与えることが普通になってくる。このメディアの変化はでかくいえば、人類の人生観とか世界認識そのものを大きく変えていくでしょう。だからこそフランスとかでは「忘れられる権利」が言われているわけです。

海老原　何十年か後にログを漁られたらイヤだから控えめな発言をしたり、とんがったことが言えなくなる。そういえば昔、写真機能付きの携帯電話が出たばかりのＣＭでは、街中を歩いているイケメンを撮って「イケメン見っけ」というものがあったらしい。今は完全にアウトですよね。

佐々木　中島興さんが立ち上げたグループ「ビデオアース東京」の作品に『橋の下から』というものがあります。川べりに暮らす路上生活者のところへカメラを持って突撃取材するのですが、その人物は最初、見知らぬ奴らがやってきたことに怒ってどなり散らすんです。ところがビデオに撮られているうちにだんだん両者は親しくなっていく。きっと今だったら即座に「カメラを向けるな」と言われて終わりですよね。「イケメン見っけ」のＣＭと同じく、かつてはこのようなコミュニケーション・ツールとしてのビデオ利用がありえたのだなと。

藤田　この間、ナインティナインの岡村隆史と東野幸治の『旅猿』をたまたま見たんだけど、貧乏な国の子どもたちはカメラが来ると超喜んで集まってきていた。みなさんは映りたいですか？　映りたくないですか？　僕は映りたいほう（笑）。

海老原　場所にもよるでしょ（笑）。

藤田　コンビニでバイトしてる大学生がアイスケースの中に入った写真をTwitterにアップした「バカッター」が一時期話題になりましたよね。バカな犯罪めいた写真を自慢気にやっちゃうのは、後進国的な映りたい根性と通じていますよね。「有名になりたい」みたいな自己顕示欲にまみれた映像の使い方。

渡邉　いや、あれは単にネットリテラシーが低いだけです（笑）。僕だって小学生のときはバカッター的感性を持っていたと思いますよ。誰しも目立ちたがる時代はある。だけど今までは別に残らなかった。今はログを取られる場所ではとんがったことはできないから、表現も穏当になっていく。

藤田　分人主義的に、「昔ノ私ハ、今ノ私ト違ウ人」みたいな新しい価値観を作るしかないんでしょうか（笑）。

海老原　なんでカタカナ語なの（笑）。

飯田　今回の海老原論文の論点でもありますが、「アーカイブになる」ということがパノプティコン下の囚人みたいに内面化された規範として機能しているわけですよね。実際アップされて害を被っているということ以上に「撮られる」「ネットにあげられる」という潜在的な恐怖が個々人に内面化して行動を抑制している。

藤井　そして子供に関してはまだそれが内面化されていないから、危険性がわからない。

飯田　中川淳一郎が言っていたけど、ネットで好き放題すべてオープンにさらして大丈夫なのは「あとがないひと」、失うものがないひとだけだと。積極的に自分をさらしまくってるYouTuberなんて、だいたい退路がない状態でやっていることが多い。そう考えると親に勝手に情報を垂れ流されている子供は、絶対に将来の選択肢が狭められている。

佐々木　一方で、あまりに情報が増えすぎると個々の情報の価値低下も加速する気がします。ネット上の情報を真に受けるのはナンセンスという空気は確実に以前より強まっている。

冨塚　佐々木さんの話を受けて作品受容について議論を戻しますが、記録としての情報量が肥大化してひとつひとつの情報の価値が低下してくると、ある作品を長い期間残していくためには記録より記憶にどれだけ残ったかという視点で測ることが重要になるように思います。論考で取り上げた佐藤雄一氏やカヴェルの議論と関連しますが、記憶に残る情報に意義や価値があるという軸で、売上や再生数とは別のかたちで作品を評価できるのではないか。さまざまなコンテンツが消費され飽きられるスピードが加速する中で、ある作品が五年、十年たってもどこかで誰かの記憶に強く刻みつけられているような強度を持ち得るか、そして、他の誰かの新たな制作のなんらかのきっかけになり得るか。その意味で、『東北記録映画三部』を「3・11の経験を百年先まで残そうとする試みである」と語る濱口・酒井両監督の姿勢に個人的には強く共感します。

飯田　ＰＣとの向き合い方、編集／無編集、記録と記憶といった論点が出ましたが、これまたテクノロジーの進歩に伴って映像流通のありようが変化したことを前提としている点も、忘れずにいたいところです。

第四章▼ニューメディア／ポストメディウムのその先へ

拡張する「アニメ」――３ＤＣＧアニメ論

藤井義允

●はじめに／問題設定　～映画はアニメになる～

現在非常に盛り上がっているコンテンツである「アニメ」。

二〇一四年に出されたアニメ産業レポートでも二〇一三年のアニメ産業市場（ユーザー市場）の売り上げは一兆四九一三億円と、二〇〇七年からの統計を見ても過去最高の数字を叩き出している。アニメは現在、一大産業として注目されているものとなっている。

そんな「アニメ」は過去を振り返ってみると、デジタル化が進むことによってさらに表現の幅や生産性が増した。日本セルシス社が一九九三年に発売した〝RETAS! PRO〟によって、アニメ制作はコンピュータ化し、よりコストをかけず省力的なアニメ制作を可能にした。

レフ・マノヴィッチの『ニューメディアの言語』やトーマス・ラマール『アニメ・マシーン』でも述べられているように、デジタル技術により映像編集を手軽に行うことが出来るようになった今日、ライブアクション（＝実写）とアニメーション（＝動画）の間の境界が乗り越えられはじめ、「すべての映画はアニメになる」（押井守）という現実が我々の目の前に現れていると言えるだろう。

そして、映像のデジタル化が進む中、組み込まれるようになった技術が3DCGだ。3DCGとはコンピュータ上で三次元空間を作り出し、奥行き〝感〟のある〝画像〟を作り出す手法だ。それは単純なグリッド上の奥行きだけなく、シェーディングによる陰影の形成といった形で遠近感を生み出し、より写実的な描写を画面上で構成することが出来る。今日のVFXを使った映画をイメージしてもらえばいい。例えば、二〇一三年に話題になった劇場版『永遠の0』（監督・山崎貴）は模型や実物を組み合わせて、戦時中にあったゼロ戦や戦艦を表現しており、リアリティを帯びたものになっている。

そして現在、日本の「アニメ」も3DCGを使い、あたらしい表現を手に入れようとしている。「ポリゴン・ピクチュアズ」をはじめ、「グラフィニカ」、「サンジゲン」といった3DCGアニメを中心に扱う会社も近年、国内で多数創設され始めた。そして、多くの3DCGアニメ作品が創作され始めている。また、3DCGアニメを特集した雑誌やネットの記事も増えてきており、今、活況している表現だと言えるだろう。

さて、この論では日本の3DCGアニメを中心に論じていくが、現在様々に出てきているその諸作品を特権化し、これを称揚したいというわけではない。3DCG表現が日本のアニメに及ぼした奇妙な事態を記述したいのである。

奇妙な事態とは何か。それは結論から言うと、「アニメの拡張」だ。

「アニメの拡張」とは何か、一体どのように拡張しているのか。それが本論の扱う内容であるが、まずはいったん、3DCGの歴史からこれを〝奇妙な事態〟と断ずる根拠を提示していきたい。

筆者は文学という文字媒体（メディア）を主に評論をしているが、そこには文学や他メディアにも看過することの出来ない問題が横たわっているのではないかとも思える。その一端を垣間みるための現象を本論で考えていきたいのである。

●3DCGアニメの歴史　～3DCGはどのように使われてきたか～

まず、はじめに日本で3DCGがアニメにどのように使われたか、簡単な歴史を概観していく。

日本で最初にCGをアニメで使った事例としては出﨑統監督『ゴルゴ13』（一九八三年）といわれている。ただ、確かにCGが使われているのだが、キャラクターがCGで描かれているのではなく、「ゴルゴ13」というタイトルや、拳銃、建物、ヘリコプター、またキャラクターとほとんど関係のない骸骨がCG技術を使われて制作されている。（なお、主人公のゴルゴ13は手書きで描かれている。）故に初期CG技術は私たちがイメージするように構造的な物質（道具や建物）といったものを描くだけだった。翌年にも『SF新世紀レンズマン』（一九八四年）でCGが使われているが、これも同様に主として構造物がCGで描かれている(1)。

また、いわゆる「アニメ」以外で一九九〇年代にテレビCM（＝CF）でもCGを使ったアニメー

（1）『SF新世紀レンズマン』は、映像ジャーナリストの大口孝之が述べるように、もともとは後述するセルシェーディングで作ろうとした作品だった。しかし、テスト段階でNGが出たため公式の記録は残っていないと述べている。（「日本にフルCGアニメは根付くのか？ 二〇一一年五月号」http://www.toei-anim.co.jp/sp/ee_cgmovie/article/008/all.html）

ションが現れている。例えば、チョコレートブランド「M&M's」の「スポークスキャンディ」、清涼飲料水「ペプシコーラ」の「ペプシマン」といったイメージキャラクターたちのアニメーションがこの頃に出てきている。これらはそれぞれ、M&M'sのチョコレート、ペプシコーラの缶の色合いや光沢感を模したキャラクターである。

劇場公開での『ファイナルファンタジー』（二〇〇一年）は全編3DCGが使われているが、キャラクターの表現としては海外のゲームのような、本物の人間を模したような作りで制作された。また、押井守監督『イノセンス』（二〇〇四年）では、3Dと2Dを融合させ、カンヌ国際映画祭のコンペティション部門で上映されるなど海外からも高い評価をデジタル技術を駆使したアニメ表現で成し遂げた。

また、OVA作品の『青の6号』（一九九八年）は全編にデジタル作画が使用された、「グラフィニカ」の前身となる映像制作集団「GONZO」のデビュー作だ。ここでは3Dと2Dが混在された表現がなされており、構造物、異生物や水の映像表現などに3Dが使われた。

デジタル化がアニメに及ぼした影響は彩色の効率化や原画などのデータ化・ネットワーク化など様々挙げられる(2)。だが、3DCGに関しては——もちろん、今でもそうなのだが——未だ手探り状態が続いていた。『ファイナルファンタジー』のリアル路線や、『青の6号』のように3DCGは異質なものとしてハイブリットに取り込むなど表現を模索している状況にあった。しかし、現在はある程度日本の3DCGアニメが進む方向性が明確になってきている。次項ではそれを現在の3DCGアニメをもとに見ていきたい。

●2Dに近づく3D——〝より現実的に〟という幻想

近年の日本アニメは3DCG技術を多くの作品が取り入れ始めている。では近年の日本の3DCGアニメはどのような特徴を持っているのだろうか。

3DCG技術に関しては何かしらのもの（主要登場人物以外の人間、構造物など）には3DCGを使っていることが多いので、ここでは期間と条件を限定して、二〇一〇年から二〇一四年にかけて放映された「フル3DCGアニメ」を見ていきたい。

3DCGを使ったアニメーションは、リアルな構造物や現実の人間に似せたキャラクターを描くのではなく、もともと存在するまんが・アニメ的なキャラクターを3DCGにするのが基本である。例えば、「CG WORLD」で掲載されていた、アニメ『キングダム』のスタッフの言葉を見てみても、「よりアニメ表現に近づけるようにした」と述べていることもあり、本来なら人間や構造物といった

（2）「COMZINE 世界をリードする日本のアニメ業界のIT化」参照。この記事では日本アニメがデジタル化によって何をもたらされたかが記述されている。
（3）ロボット工学上の概念。ロボットが見た目や動作が人間に近づくにつれて、好感を持つようになるが、ある時点で突然強い嫌悪を覚え、「不気味さ」を感じることを言う。3DCGで作られた顔も、この現象が起きることがある。しかし、近年では不気味の谷現象が起きないほど精巧に人間を模した3DCG映像が作られるほどになっている。例えば、オーストラリア人CGアーティストChris Jones（クリス・ジョーンズ）が作った「Ed」という作品は「不気味の谷を越えた」とも言われている。

TV アニメ				劇場版	
2010	極上!!めちゃモテ委員長セカンドコレクション	2013	団地ともお	2011	ノラゲキ！
2010	ペンギンの問題DX？	2013	蒼き鋼のアルペジオ　アルス・ノヴァ	2011	ワンピース　麦わらチェイス
2010	SDガンダム三国伝 BraveBattleWarriors	2013	うっかりペネロペ3rdシーズン	2011	豆腐小僧
2010	カルルとふしぎな塔	2013	てさぐれ！部活もの	2011	アップルシードXIII
2010	デュエル・マスターズ　クロスショック	2013	デュエル・マスターズ　ビクトリーＶ３	2011	鉄拳　ブラッド・ベンジェンス
2010	ケシカスくん	2013	爆TECH!爆丸　ガチ	2011	friends -もののけ島のナキ-
2011	はっぴ～カッピ	2013	LINE OFFLINE サラリーマン	2012	ドットハック　セカイの向こうに
2011	デュエル・マスターズ　ビクトリー	2014	４７都道府犬	2012	ベルセルク　黄金時代篇Ⅰ 覇王の卵
2011	ファイアボール　チャーミング	2014	にゃーめん	2012	ドラゴンエイジ
2011	Suzy's Zoo	2014	てさぐれ！部活もの　あんこーる（第二期）	2012	ベルセルク　黄金時代篇Ⅱ ドルドレイ攻略
2011	gdgd妖精s	2014	カリーノコニ	2012	スターシップ・トゥルーパーズ　インベイジョン
2011	ひめチェン！おとぎちっくアイドルリルぷりっのりのりのり♪のりスタ！版	2014	パックワールド	2012	放課後ミッドナイターズ
2012	ズモモとヌペペ	2014	シドニアの騎士	2012	009　RE:CYBORG
2012	ブラック★ロックシューター（一部パート３DCGアニメーション）	2014	信長協奏曲	2012	バイオハザード　ダムネーション
2012	ペンギンの問題POW	2014	山賊娘のローニャ	2012	アシュラ
2012	超ロボット生命体トランスフォーマー　プライム			2012	ベルセルク　黄金時代篇Ⅲ 降臨
2012	しまじろうのわお			2013	九十九
2012	うーさーのその日暮らし			2013	Space Pirate Captain Harlock
2012	デュエル・マスターズ　ビクトリーＶ			2013	劇場版　しまじろうのわお！しまじろうとフフのだいぼうけん～すくえ！七色の花～
2012	爆TECH!爆丸			2014	聖闘士星矢 Legend of Sanctuary
2012	とっとこハム太郎第５期			2014	STAND BY ME ドラえもん
2012	キングダム			2014	楽園追放 -Expelled from Paradise-
2013	gdgd妖精's（第二期）			2014	劇場版　しまじろうのわお！しまじろうとくじらのうた
2013	直球表題ロボットアニメ				
2013	トロン：ライジング				

(4)

リアルなものをトレースする技術が進むのかと思いきや、２Ｄのアニメやまんが的表現を３Ｄで表現するという奇妙な倒錯が起こっている。『STAND BY ME ドラえもん』や『聖闘士星矢』といったリバイバル作品もその流れの一つだと言える。

また、３ＤＣＧでリアルな人間を描く場合起こってくる問題が「不気味の谷」(3)の問題である。だが、本来なら起こるはずの「不気味の谷」の問題も２Ｄ表現をベースにしたものだとあまり起こりにくい。これも３ＤＣＧが２Ｄ表現に向かう一つの理由だろう。

そして注目すべきはただ３ＤＣＧで２Ｄキャラクターを模倣するのではなく、２Ｄの「手書きキャラクター」に似せる「セルルック」が多いことだ。そこでは３ＤＣＧでは本来消しても奥行きが分かるはずの輪郭線を消さなかったり、トゥーンシェーディング（＝セルシェーディング）と呼ばれる映像処理をしたりと、いわゆるまんが・アニメ的な「手書きキャラクター」を作り出している。例えば吉岡忍監督『ブラック★ロックシューター』（二〇一二年）、瀬下寛之監督『シドニアの騎士』（二〇一四年）、岸誠二監督『蒼き鋼のアルペジオ』（二〇一三年）、水島精二監督『楽園追放 -Expelled from Paradise-』（二〇一四年）、また劇場アニメでは神山健治監督『009 RE:CYBORG』（二〇一二年）がセルルックを用いたアニメとして挙げられるだろう。

日本の現在のフル３ＤＣＧアニメはほとんどがセルルック調であり、いわゆる２Ｄ表現（まんが・アニメ的表現）を３ＤＣＧで行うというものだ。そして、製作陣もどのようにすれば３ＤＣＧをセルルックに見せることが出来るかということを意識してキャラメイクをしている。

（4）「日本にフル３ＤＣＧアニメは根付くのか？二〇一二年五月号」、「同二〇一二年七・八月号」、「CG WORLD」を参照。

●現前化する日本性——なぜ、3DCGアニメはセルルックが多いのか

そもそも、2D表現で行えることを3Dで行うというのは矛盾があるようにも感じるかもしれない。しかし、先にも述べたように、事実としてセルルックを志向するアニメは増えている。ではなぜ、日本の3DCGアニメはセルルック表現をメインにしたものが多いのか。明確な解答を出すことは出来ないだろうが、いくつかの例からそれを推測していきたい。

例えば、アニメ評論家の氷川竜介は私たちが接する映像の好みは、体験と記憶に左右されると述べ、次のように続ける。

ただ、日本のアニメ表現が特殊なのは、**とにかく漫画が根底にあることに尽きる**と思います。ここまで漫画的なフラットな絵柄が定着しているのは、毎週ものすごい量の紙の漫画が消費されている日本だけではないでしょうか。冒頭で、「表現の好みは過去の記憶との比較」と言いましたが、仮にすべての雑誌に載っている漫画が、ある日を境にフォトリアルな3DCGに置き換わったとしたら、何年かして日本人の映像感覚が根底から変わってくる可能性はありますよね（笑）（強調引用者、以下同様）(5)

現在日本ではまんがのようなフラットな絵が定着しているが故に、3DCGのアニメーションにも違和感を感じてしまう。そのため、3DCGにもセルルック調（まんが的・アニメ的）な表現を取り

入れることによって違和感なく受け入れることが出来ると氷川は述べる。このことから日本では、まんが的なものを好む土壌が根底的にあると言えるだろう。
またアニメーション監督の高畑勲は『十二世紀のアニメーション』で、画面に世界を閉じ込める西洋絵画に対し、十二世紀に作られた日本の絵巻物は現実世界をカメラのように「切り取った」ものだと述べ、そこには遠近法や明暗、写実性といった表現以外の別種のリアリティがあると述べ、次にようにも書いている。

日本では、複雑な線や陰影で「実体」感を与えられたアメリカンコミックスは好まれなかったし、おなじくらい表情に乏しいのなら、「実体」的な人形アニメよりも、**線描きのセルアニメの方に、より感情移入する人が多い**のである。

そもそも、西洋の遠近法を用いた写実主義が必ずしもリアリティを持つとは限らない。私たちが感情移入し、感動を覚えるのは現実にあるものだけではなく、まんがやアニメやゲームなどのフィクショナルなものも同じである。つまり、日本では根底的な文化性として連綿と平面的な手書きセルルックを好む傾向があると考えられる。平面的なセルルックアニメには写実性とは別のリアリティがあるわけだ。
さて、ここでは現在の3DCGを見ていき、3DCGは独自の表現ではなく、まんが・アニメ的な

(5)「日本にフルCGアニメは根付くのか？」二〇一二年三月号」(二〇一五年現在) 参照。

文脈を踏まえたセルルック調のものとして表現されていることが分かった。それは、デジタル技術（3DCG技術）が輸入されることによって現前化された日本の文化性だと言える。

●セルルックを取り入れるゲーム

加えて、次の論へ進めていく上で、先ほど述べたまんが・アニメ的表現やセルルックの技法がゲームにも使われ始めていることが特筆すべきことだ。例えば、まんが『NARUTO』の格闘ゲーム『ナルティメットストーム』シリーズでは、キャラクターはもちろん、技を使用した時に出てくるエフェクトも2Dの手書き的な表現を3DCGで描いている。

さらに格闘ゲームの『GUILTY GEAR』シリーズは、初期はそもそも二次元ドットを動かして対戦する2Dゲームであった。だが、二〇一四年に発売された『GUILTY GEAR Xrd -SIGN-』では、UNREAL ENGINE3という、奥行きなどが重要なFPSなどのゲームを制作する際によく使われるゲームエンジンが使われている。だが、システムとしては以前と変わらない2D格闘ゲームの体裁をとっているのだ。そして、これは『GUILTY GEAR』制作スタッフの間でもそれを意識的に行われたことだ。ゲーム情報サイト「4Gamer.net」で掲載されているライター西川善司の記事には、「GUILTY GEAR Xrd -SIGN-」のスタッフにインタビューが掲載され、次のように書かれている。

（GUILTY GEAR Xrd -SIGN- の）ライティングシステムにおける見どころは、ズバリ，**物理的な正確性がまったくない**ところである。

頭の上に大きな疑問符が浮かんだ人も多いと思うが，これは，GUILTY GEAR Xrd -SIGN- で目指す「**ビジュアルの最終ゴール」がセルアニメであること**と関係している。開発チームは，「物理的に正しいというより，絵描き的に正しいものを目指した」そうで，そちらに向けてさまざまに凝らされた工夫の数々が，技術的観点からするとユニークで面白いのだ。

現実空間のシェードをもとにするならば本来ならおかしいはずのキャラクターの陰影付けを、「絵描き的に正し」くするために、スタッフたちはキャラクターそれぞれに独自の陰影をつけたと述べている。

本来なら操作性の高いゲームにおいては3DCG表現を使用する土壌が出来ているが、日本ではアニメと同様に、そこに「手書き的表現」（＝セルルック）を取り入れている。

●3DCGアニメのあたらしいかたち1　～身体的快楽～

そして以上のことから、いわゆる日本の「アニメ」もゲームに似た機能を帯び始めていると考えられる。そのことにより「アニメ」がフィクション＝物語としてのコンテンツとしてだけではなく、ゲーム的な身体とリンクしたコンテンツになり始めているのではないか。

その仮説を検証するためにまず見ていきたいのは、フル3DCGではないが、あるパートだけフル3DCGが使われるアニメだ。それは『アイカツ！』シリーズ（二〇一二年）や『プリティーリズム』シリーズ（二〇一一年）、また『プリキュア』シリーズ（二〇〇四年）(6)のエンディングや『ラブライブ！』などといったダンスシーンに3DCGを用いている作品である(7)。

各話の通常パートでは基本的に2Dの手書きアニメが用いられる。いわゆる一般的な日本の「アニメ」だ。しかし、ダンスパートに入ると一転してフル3DCGが使われる。

なぜ、このような演出が使われているのか。もちろん、3DCGで作られたキャラクターを用いることの強みは自由自在なカメラワークや、手書き表現よりも低コストで滑らかな動きをすることが挙げられるため、ダンスシーンを3DCGにすることは表現・生産性において合理的なものだと言える。だが、表現・生産合理性と実際に視聴者がその表現を受け入れるかどうかは別の問題だ。しかし、現在の多くのアニメでは多くのダンスパートでは3DCGが使われている。これはなぜか。

『アイカツ！』や『プリティーリズム』に関してはやはりゲームの影響が大きい。そもそも女児向けアーケードゲームのメディアミックスとしてこの二作品は放映されている。『アイカツ！』は、毎回プレイごとに出てくるカードのデータを使い、リズムよく筐体にあるボタンを押していくゲームだ。リズムよくボタンを押すことによって、画面上のキャラクターがアクションを起こしてくれる。そしてそこで表示されるプレイキャラクターは全員3DCGで構成されている。これはプレイヤーのアクション次第で自在に動きを変化させるためには必然的なことだ。そして、同様に『プリティーリズム』も基本的に同じようなシステムだと言ってもいい。これらは、カードを集めるという楽しみもあるが、基本的にメインはリズムゲームのパートである。ゲーム的な文脈がこれらのアニメ群にはあり、それがダンスパートである。

もちろん、これらのダンスパートはストーリーとの連続性やつながりはあり、物語の延長線上にあるが、そこだけは別物としても楽しまれている節がある。動画投稿サイトでは、そのダンスパートのみが映像として切り取られて配信されているのが、良い例だろう。また、MMD（MikuMikuDance）同様、「踊ってみた動画」も多数挙げられている。『プリキュア』や『ラブライブ！』に関してはもとになるゲームはないが、同様にダンスパートが3DCGで描かれ、「踊ってみた動画」は多い。

そして、『アイカツ！』や『プリティーリズム』シリーズは各話ごとにダンスパートが設けられているが徐々にトゥーンレンダリングが向上していくのがうかがえる。要するに、次の話、次のシリーズに進む度に手書き風アニメに近くなっていく。ここでもやはり先ほど言った3DCGの「手書きアニメ」への接近がされているわけだ。

現在の日本のアニメは3DCGを取り込みセルルック調にし、ゲーム的身体の延長としてキャラクターを楽しむのに適した表現になってきている。

●3DCGアニメのあたらしいかたち2　～対話的快楽～

3DCGがゲーム的な身体を模したコンテンツになっているという仮説の検証として、先ほどは一部のダンスパートに3DCGが使われているアニメ群を見ていった。それらは物語の受容だけではな

（6）『プリキュア』シリーズのエンディングで3DCGが使われるようになったのは、第六作目『フレッシュプリキュア！』（二〇〇九年）からになる。

（7）他にも、『きらりんレボリューション』（二〇〇六年）、『ひめチェン！おとぎちっくアイドル リルぷりっ』（二〇一〇年）、『AKB0048』（二〇一二年）などがダンスシーンで3DCGが使われている。

く、ダンスパートでは身体性の延長として表現を受容しており、その背景には先に挙げたゲームがあるということを述べていった。

さて、もう一つ3DCGが流入することによって、起きた変化がある。それが「対話性」の獲得だ。もちろん、実際に一対一での「対話」が出来るわけではないが、私たちの現実空間と地続きになっているかのような錯覚を起こすものとして「対話」という言葉を用いたい。それはキャラクター同士、またはキャラクターと視聴者のコミュニケーションを楽しむものだ。では、今度はフル3DCGアニメを見ていきたい。

ここでまず取り上げるのは監督：菅原そうた、シリーズ構成・脚本：石ダテコー太郎で製作された『gdgd妖精s（ぐだぐだフェアリーズ）』（二〇一一年）というフル3DCGアニメだ。本作は第二期シリーズ『gdgd妖精s（ぐだぐだフェアリーズ）』（二〇一三年）が、また劇場アニメとして『劇場版gdgd妖精sっていう映画はどうかな…？』（二〇一四年）が制作された。全編フル3DCGで制作されている。

内容としては基本的に三人のデフォルメされた妖精が取り留めもないトークをする構成で、様々なパートごとに妖精たちが話したり遊んだりする。もちろん、あらかじめ用意された物語に沿って進んでいく。だが、『gdgd妖精s』のある一部のパートでは、プレスコアリング（＝台詞を先行して収録する方法）で撮影されているパートがある。それは「アフレ湖」というパートで、湖に映る様々な3DCGの映像にキャラクターたちが大喜利的に声をあてていく。そして、ここではそれぞれのキャラクターに声をあてている声優たちのアドリブを、プレスコしてアニメーションが作られている。

ここで繰り広げられるのは、ラジオのようなトークであり、フィクション＝物語として表現されていない。ここでは声優陣たちが予測不可能な解答を次々としていき、「何が起こるか分からない」といった、非予定調和的なものを提供している。また、声優の一人がアドリブで言ったことが次回以降の内容にも反映されていたり(8)、声優の父親が出演したりするなど、やはり、これはフィクションとしてだけでなく、声優たちが起こす予測不可能な即興的対話を楽しむ構造が出来ている。

また、同じ菅原そうた監督が制作した、『てさぐれ！部活もの』（二〇一三年）、『てさぐれ！部活もの あんこーる』（二〇一四年）も同様の手法がとられているが、こちらの方は先に挙げた手書き二次元的なキャラクターを使用している。

これらの作品は、キャラクターがほとんど声優と等式で結ばれており、物語性が薄く、キャラクター＝声優たちのトークやハプニングといった即興劇を楽しむ「対話型アニメ」である。

そして「対話型アニメ」というあたらしいかたちはさらに加速度を増して現れてきていると言える。それが『gdgd妖精s』と同じシリーズ構成・脚本家が担当したアニメが『みならいディーバ』（二〇一四年）という作品だ。この作品は二人の声優にモーションキャプチャーを使って、その場で二人の動きをアニメーションへと変換し放送された。そのため本作は「生アニメ」と命名されている。

このアニメでは、番組の最初にメロディを流し、それにつける歌詞を視聴者から番組放送中に募集し、その歌詞をもとに、キャストの声優二人がその場で歌うという構成で進められる。その歌詞はTwitter上で募集し、番組の大半はその投稿を見ながら、二人のトークで番組の大半が成り立ってい

(8)『gdgd妖精s』のアフレ湖でたまたま出された女性キャラクターに対して、声優陣がその場で「持田房子」という名前をつけ、アドリブで命名されたキャラクターなのにもかかわらず、その名前で次のシリーズでも継続して登場した。

る。

本作の一話では「ごぼうちゃんの裏番組を見ながら話そう」というコーナーが行われ、その名の通り、「ごぼうちゃん」というキャラクター（これもその場でアナウンサーが声をあてている）とともに、生放送時に放映されている番組を見てコメントしていった。また、この第一話ではキャラクターの一人がシステムトラブルで動かなくなってしまっている。しかし、そのようなハプニングを視聴者は楽しんでいる。ネット上でもTwitter上での書き込みでその様子がうかがえる。

このようにリアルタイム性を重視したアニメが本作であるが、言ってしまえばほとんどがラジオ的、またバラエティのトーク番組のようなものであり、それをアニメーションにしたものだ。やはりこの作品の受容の仕方として、物語性を享受するのではなく、リアルタイムで起きていることに対する参加感・即興性を楽しむものだと言える。

「対話型」というのは、言ってしまえば、本来ならテレビのバラエティやトーク番組、またラジオ番組がとっていた手法だと言っていい。そこで起きることは、予定調和的ではなく（もちろん、トークテーマなどは決まっているだろうが）、どのような展開（＝話）になるのかは予測不可能である。『gdgd妖精s』や『みならいディーバ』はそんな手法を3DCGを使用することによってアニメで表現されている。そもそも、制作の石ダテコー太郎はかつて「HEY! HEY!HEY! MUSIC CHAMP」といった音楽トーク番組、「人志松本のすべらない話」などのトーク系お笑い番組を手がけた放送作家でもあることは注目すべきことかもしれない。そもそも、彼は対話型の表現に慣れ親しんだ人物なのであり、そのような人物がアニメを制作している。

つまり、日本のアニメは3DCGによって、物語性だけではない対話性という拡張をし始めている。

●おわりに――拡張する「アニメ」

そもそもアニメはフィクション性が強かったコンテンツのはずだ。しかし、先に挙げたゲーム的身体の延長上としてのキャラクター、『gdgd妖精s』や『みならいディーバ』が行った表現は本来のアニメの枠を超え、フィクション＝物語としてだけでないコンテンツとしての色を強く見せた。３ＤＣＧ技術はゲーム的な要素や対話的な性質をアニメに推し進めるためのものとして現在は使われているわけだ。

もちろん、ここにあげた3ＤＣＧを使ったアニメの特徴は、過去にも存在しただろう。例えば、少し前なら『トランスフォーマー』、また『THE WORLD OF GOLDEN EGGS』、さらに時代を戻れば『ウゴウゴルーガ』というバラエティ番組もアニメではないが3ＤＣＧの手法を使いアドリブをしていくという形式もとられていた。

しかし、現在は状況が変わり、キャラクターをコントロールするということが、誰でも簡単に出来るようになった。ゲームのコントローラを始め、スマートフォンの普及、そして、最近ではマイクロソフト社から「kinect」という自宅でモーションキャプチャーが行える装置まで発売されている。このことにより、誰でも簡単にキャラクターを操作することが出来、自分自身の身体と画面上のキャラをマッチングさせやすくなるだろう。

また、３ＤＣＧではないが、『けいおん！』（二〇〇九年）や『らき☆すた』（二〇〇七年）などの作品といった物語性の希薄な近年の「日常系」の流行、そしてアニメのロケ現場に実際に足に運ぶ聖地巡礼も、一つの「対話型アニメ」のかたちと言えるかもしれない。3DCGは「あたらしいアニメのかたち」を推し進めてはいるが、3DCG技術自体がそれを生み出したわけではない。となると、そのようなアニメを生み出している土壌があるはずだ。それはおそらく、めまぐるしく情報が飛び交い人と人のコミュニケーションを過剰化させた現代のネット文化の存在があるだろう。しかしここでは特には言及しない。だが、時代全体の要請として対話型表現が流入してきており、またそれは物語志向が強かったアニメにまで入っていてきている。現在の3DCGアニメを見ただけでも分かることだろう。

アニメは拡張している。物語性よりもゲーム的身体や対話性を表現（＝設計）するという「奇妙な事態」が起きている。果たして、それがアニメの制作者や受容者にとって喜ばしいことなのか、そうでないのかは分からない。

現在はデジタルデバイス、およびネット文化の普及により、物語性よりも対話性が強くなった時代である。だが、このことは逆説的に「コンテンツが描く『物語』の意味とは一体何か」ということを考えねばならなくなっているのではないか。アニメに関しても、この盛り上がりというのは、単純にストーリーのみによってではなく、そこに付随するキャラクター関連のグッズやイベントといった消費によって起きている。これは先ほど挙げたアニメ産業レポートを参照してもわかることだ。つまり、単純に作品自体の「ストーリー」のみがユーザーに影響力を持っているというわけではない。

今回、本論では作品論を行わず、形式に共通性のある様々な作品（＝3DCGアニメ）を見ていき考察をしていったが、その背景としては今、述べたことがある。すなわち、物語＝内容の空疎化によって、作品の「内容について語る」ということも現在意味をなさなくなっているのではないか、ということである。「ビジュアル・コミュニケーション」の時代で、私たちの文化全体はまるで他人とおしゃべりでもするような身近で手軽なものになってきているわけだ。決して文化の盛り上がりは内容の思想的価値が評価されてのことではないだろう。

アニメはもちろん、ゲームも映画も音楽も、そして文学も変わらなくてはいけなくなっているという事実は受け止めなくてはならない。

【参考文献】

トーマス・ラマール『アニメ・マシーン――グローバル・メディアとしての日本アニメーション』名古屋大学出版会、二〇一三年

レフ・マノヴィッチ『ニューメディアの言語――デジタル時代のアート、デザイン、映画』みすず書房、二〇一三年

石岡良治『視覚文化「超」講義』フィルムアート社、二〇一四年

津堅信之『アニメーション学入門』平凡社、二〇〇五年

東浩紀『ゲーム的リアリズムの誕生――動物化するポストモダン2』講談社、二〇〇七年

渡邉大輔『イメージの進行形――ソーシャル時代の映画と映像文化』人文書院、二〇一二年

日本記号学会編『ゲーム化する世界――コンピュータ・ゲームの記号論』新曜社、二〇一三年

表象文化論学会編『表象07　アニメーションのマルチ・ユニヴァース』月曜社、二〇一三年

高畑勲『十二世紀のアニメーション　国宝絵巻物に見る映画的・アニメ的なるもの』徳間書店、一九九九年

三輪健太郎『マンガと映画』NTT出版、二〇一四年

ピクセル・ガーデンで、お散歩を――インディー・ゲームの美学

藤田直哉

インディー・ゲームを何故語るのか

本論は、インディー・ゲームについて論じるものである。

なぜインディー・ゲームを論じるのか？　それは、ニューメディアの代表格とも言える「ゲーム」の中で、最先端のエッジの一つと言える興味深い現象が起こっている領域だからである。それはマイナーかもしれないが、未来において全面化するかもしれない動きの萌芽が眠っている領域なのだ。

最初に論点を提示しよう。コンピュータやインターネットという、あらゆる過去のメディアなどを仮想的に並列化してしまう装置のもたらしているポスト・メディウム状況における仮想的なメディウム・スペシフィシティとでも呼ぶべきものが、ゲームにおいて生じている。そして二つの道が開かれている。

一つは、新しいメディウムの中で、過去のメディウムを蘇らせるレトロ・リバイバルとでも呼ぶ現

象。この現象を、美術におけるロザリンド・クラウスの論考「メディウムの再発明」と並行させて論じる。

もう一つは、レフ・マノヴィッチが『ニューメディアの言語』の中で「空間がメディア・タイプとなるのは、初めてのことなのだ」と述べている、人類が手にした新しい体験である「自由に動かせる3D空間」の可能性についてである。そこでは、もはや、ゲームは、ゲームのように見えなくなっている。

本論では、前者を「ゲームのようなゲーム――ピクセル・アートとリバイバル」として、後者を「ゲームのようではないゲーム――哲学・文学・詩・芸術への志向」として論じる。そして、これらが、ニューメディアでありメタメディアでもある、コンピュータの性質（メディウム）から随伴的に生み出されている平行した現象であるという観点から、ささやかなる考察を行う。

本論を書こうと思ったきっかけは、数年前にゲームをWEBで配信するクライアントであるsteamを始めたところ、「インディー・ゲーム」なるものが流行しており、そこで話題になっていたゲームや、バンドルと呼ばれるまとめ売りで偶然入手したゲームたちをプレイしていったことである。そこには従来のゲーム観を更新するような、新しい美学的パラダイムの変化の兆しのようなものがあった。本論は、そこにあった「徴候」を捕まえて言語化し、結晶化することを目論むものである。感性的なものは、前・政治的な意味で、政治的なものである。たかが小さな美学的変化と言えども、それは大きな変化に繋がる可能性がある。「感性・認識」と、「政治」の繋がりについては、笠井潔との対談『文化亡国論』（響文社、二〇一五年）の中で体系的に論じたので、興味のある方はそちらを参照していただきたい。

さらに、本論は、筆者が長年構想している〈虚構内存在の存在論〉の一環となる論考である。本論は筆者の理論的な立脚点である著書『虚構内存在』の問題をさらに展開しようと試みたものである。インディー・ゲームについての盛り上がりの証拠は、あちこちに見ることができる。たとえば二〇一三年には日本においてもインディー・ゲームの祭典「Bit Summit」が開催され、活況を呈した。インディー・ゲームの定義を厳密に行うのは困難である。BitSummit実行委員会であるQ-Gamesの開発マネージャー富永彰一に倣い、インディー精神があって、エッジで面白いことをしていて魅力があれば、インディーと見做すという、ある程度自由な定義を、ぼくも採用しようと思う。

さて、インディー・ゲームは今、どのようなポテンシャルを持つものと見做されているのか。インディー・ゲームについて論考を発表し続けているEAbase887氏の記事「『Kero blaster』リリース記念・『洞窟物語』によって俯瞰されるインディーズゲーム史10年の変貌のメモ（修正版2）」から、重要だと思われる箇所を引用する（強調、引用者。半角を全角に変えるなどの変更を加えている）。

> 「洞窟物語」の特性として作り手の過去2Dで8ビット16ビットのゲーム体験やゲーム構成を現在のハードの能力の高い環境によって再現するという部分が大きいです。それは二〇〇五年以後のインディーズのみならず、任天堂はじめプロの商業デベロッパーさえ含めて**2Dの8ビット・16ビットを含めた「現在から過去をリバイバルする」**ということを先行したひとつであり、そして大きく成功した形であると見ています。
>
> **特にインディーズ界隈ではそうした過去の体験・過去アーカイブからのリバイバル・再構築の意識は強いです。**（中略）現在では「Hot line Miami」や「Anodyne」などなど過去のビデオゲーム

体験を元に現代のアートやデザインによる、一段高いレイヤーから8ビット16ビット時代の記憶の手触りや、「Braid」や「Limbo」、それから「Fez」のような2Dプラットフォーマーのアクション構造の脱構築、**魔術的・精神の内面的・情緒的な方向などやそれに伴う新たな物語性の創出**へとシフトさせています。(http://game-scope-size.cocolog-nifty.com/blog/2014/05/kero-blaster-30.html)

本論が重視したいのは、「過去のリバイバル」のブームと、「魔術的、精神的、内面的、情緒的、物語的」な新しい性質を持ったゲームたちのカンブリア爆発的な流行である。この二つは単に同時代であるだけで関係ないようにも思えるが、筆者はこの両者には深い関係があるという仮説を立ててみたい。それは、ゲームが歴史を蓄積した結果、「ゲームのゲーム性とは何か」という問いの段階に入ったことの表れであり、そのことの答えが様々な形で出てきていると考えられる。「リバイバル」の場合は過去のゲームの中にあったその要素を復活させ、強調しようとし、「魔術的～」な方では、ゲームでしか可能ではない別種の「何か」を味わわせようとするのだ。

ある意味では、これらはゲームがメディウム・スペシフィシティを探究する段階に入ったのだと捉えられる。言い方を平たくするならば、ゲームが浸透と拡散を経て、従来のような「ゲームとは何か」についての自明性を失った現代において、「ゲームとは何なのか」を改めて探究しなければいけない段階に入ったものだと考えられる。そのような状況の中で様々な模索が行われているのが、インディー・ゲームの世界なのである。

本論で論じるインディー・ゲームを簡単に分類すると、以下のようになる(煩雑になるので、個別の作品をどう分類するのか当て嵌めた表は論考の末尾に掲載している)。

Ⅰ、レトロゲーム調
・ファミコン・スーパーファミコン風
・ローポリゴン
・「死に覚え」ゲー

Ⅱ、アート調
・アブストラクト
・白黒
・ピクセル・アート
・サイケデリック

Ⅲ、ゲームっぽくないゲーム
・散歩ゲー
・文学、詩
・哲学、芸術
・精神世界系
・リラックス、禅

Ⅳ、ゲームらしさのエッジを追及するゲーム
・体験性
・レベル・ジャンキー性
・造園系
・シミュレーター系
・音楽系
・バカゲー

この他にもパズル系など様々なインディー・ゲームが創られており、とても網羅し切れるものではないが、本論が注目する範囲におけるインディー・ゲームのエッジの部分に該当するものとしては、まずは上記の分類を仮の足場とする。

1　ゲームのようなゲーム――ピクセル・アートとリバイバル

ピクセルと走査線――液晶とブラウン管の違い

まず、インディー・ゲームにおいて最も目立つ特徴である「リバイバル」の側面から検討する。そのようなリバイバル的な作品を、本論では「ゲームのようなゲーム」と呼ぶ。それは、後半で論じる「ゲームのようではないゲーム」との対比されるものであり、インディー・ゲームの中で同時に進行している、一見相反しているはいるが同じ状況の中にある二つの流れのことを指す。

「ゲームのようなゲーム」の画面や内容は、ファミコンのような一九八〇年代に懐古的であることが多い。その大きな理由として、製作費と、ノスタルジイとが、最も安易ではあるが確実な一つの理由として挙げられる。

たとえば『Hotline Miami』は、当時のゲームの画面や音楽を模倣しながら、ドラッギーでサイケデリックな感覚を味わわせる一つの典型例である。簡単に主人公が死に、すぐに復活するため、輪廻転生のループの中を生きているような錯覚になってくる。どぎついサイケ色の画面と、八〇年代風のテクノの音楽に合わせてリズミカルにゲームをしていると、ユーザーの思考もだんだんと変性意識に近づいてゆき、時間と空間の感覚、生きているということそのものの別種の在り方にすら誘われる。ゲームプレイが引き起こすこのような意識（一般的には、「没入」と言われる）を、ドラッグの感覚を重ね合わせることで、意図的な時間錯誤を起こす企みを持った作品である。

このような、意図的にファミコンの頃のような画面を再現しようとする作品を、ここではピクセルアート系と括る。ピクセルアートとは、いわゆるドット絵のことである。このピクセルアート系の作品は、必ずしも二次元的な画面の作品を意味しない。どういうわけか、ファミコンの模倣のような画面のピクセル感を３Ｄに生かそうとする作品群も目につくからだ。それらの作品こそが、本論を書こうと思った基本動機の一つである。なぜ、このような作品が作られたのか？『Proteus』のように、３Ｄなのにピクセルアート風で、ゲームっぽい体験もなく、単に疑似的な自然の中を散歩して四季を楽しむような作品が、高評価なのか？

典型例として、他に大ヒットした『マインクラフト』が挙げられる。これは、『スーパーマリオブラザーズ』の世界を立体にしたようなブロック的３Ｄ世界において、鉱山を掘ってそこに家を作ったりするゲームである。３Ｄピクセル世界自体における「構築」それ自体の快楽がゲーム化されているのだ。山を削って金属を掘り出して加工し、幾何学的な造形物にしてしまうという工業における現実の人間の営為が、自然をピクセル化して表現する欲望と非常に近しく感じられる。

画面における四角いドットを意味する「ピクセル」という言葉は、俄かに流行語になりつつあるように思われる。ピクセルと名の付くゲームは、枚挙に暇がない。二〇〇七年から作られ続け賞を受賞し続けている『PixelJunk』シリーズ、ゾンビと戦う『Dead Pixels』、海賊になる『Pixel Piracy』など、ピクセルだらけである。富永も「確かにインディー・ゲームの主なビジュアルスタイルにドット絵がありますす」と述べている。まずはここから考察を始めるのが、妥当であろう。

他にも、典型的なリバイバルの例を挙げよう。『Super meat boy』もまた過去のゲームへのレスペクトやオマージュに満ちた作品である。この作品の場合、「死にながら覚えて進んでいく」タイプのアクションゲームの感覚（初期のゲーマーたちが味わっていた、歯応えのあるゲームプレイの感覚）を、現在のユーザーにも体験してもらおうとしている作品である。

しかし、これらの作品はよく言われているような、単純なリバイバルではない。一見よく似ているが、そこには確実に差異が存在しているのだ。

かつてはコンピュータの性能に限界があったが故のチープな画面や操作性や色味を再現するという意味では、当時のメディウム（ゲーム機）にスペシフィックなものを復活させている。しかしながら、現在のメディウムは、当時と同じではない。相当に性能のよいパソコンなりタブレットの中で再現されている。ある意味で、物理的支持体そのものがソフトウェアによるエミュレートに置き換えられの復活であるという違いがまず第一にある。

第二に、具体的な視覚的な図像としても、当時の図像が再現されているとは言いにくいという問題がある。

ピクセルとは、日本語で言うと画素のことを指す。picture の cell、すなわち絵の細胞ということである。モニタなどの液晶の画面に写るデジタルの画像は、すごく近寄って見ると、基本的には四角いグリッドで分けられた画素の集合である。この画素にそれぞれの色がつき、集まった時に遠くから見ることで、滑らかな曲線や色の階調が生まれる。画像編集や作成を行う際に、多くの人間がこの画素の存在は意識させられるだろう。このような「四角」の「細胞」の集まりによって、モニタに表示される画像も文字も動画も、基本的には構成されている。視覚的なインターフェイスにおける原子あるいは分子のようなものに相当するのが、ピクセルである。

しばしば、このようなピクセル感覚が反映された作品は、リバイバルと呼ばれる。が、ピクセルの感覚が、ファミコン時代のユーザーに感性・認識として伝わっていたことには疑問が残る。というのも、当時のユーザーの使っていたモニタの多くはブラウン管であった筈であり、現在の液晶とは表示方法が異なっているからである。

ブラウン管は平面ではない。丸みを帯びている。ブラウン管とは真空のガラス管のことで、そこに電子線を当てて出てくる三原色を組み合わせることで像を得る。それに対し、液晶では、液晶の分子構造を変えることにより光を通すか通さないかを変化させ、像が見える仕組みになっている。

画素という単位が重要になってくるのは液晶である。液晶では、縦横に何万という単位の画素を整然と配置することが可能になった。それに対し、ブラウン管の時代は、走査線という単位が重要になっていた。電子銃と呼ばれる部品が、ブラウン管に電子ビームを撃ち、それが縦横にすごい速さで動くことで連続した像が生まれていた。ブラウン管自体は色の滲みなども多いので、今のような整然とした四角く静止している単位としてのピクセル感よりは、揺らぎやブレの感覚が強かった。ブラウン管に磁石を使づけたりすると画面は歪んだりして面白かったし、当時のメディアアートは、ナム・ジュン・パイクの一連の作品のように、ブラウン管の歪みを利用したような作品が多かった。

それに対し、ピクセルは、もっとノイズがなく、クリアである。それは、液晶というメディウムの上に、ブラウン管で観ていた当時のゲームのようなものを改めて表示させるようになってから露骨に認識されるようになった感覚だというべきである。作り手たちの一部は認識していたにしろ、ファミコン時代のユーザーにとって、ピクセル的な感覚は当たり前ではなかった。

ピクセルの流行は一見リバイバルであるが、実は表示方式が異なる液晶というメディウムの上に再現されることで、メディウムの差異を突きつけるような効果もまた持ってしまっているのである。

（「You Have to WIN the Game」などは、ブラウン管の丸み、歪みまで再現するようになっている）

レトロゲーと、「メディウムの再発明」

レトロゲーの復活と、それに留まらない3Dへの進出や、現実空間への侵食（ナノブロックなど）が起こっている現状について、ロザリンド・クラウスの論考「メディウムの再発明」を参照することは意義のあることかもしれない。

「メディウムの再発明」は複雑な論理展開の文章であり、ベンヤミン由来の「復活」を主軸に据えて語られているために、ユダヤ教などの宗教的バックグラウンドを共有していない読者にとっては非常に理解しがたい部分を含んでいる。が、端的に要約するならば、〈時代遅れのもの〉が「技術的支持体そのものの内部に救済の可能性を発見すること」をこそ、クラウスは「メディウムの再発明」として肯定的に論じている。さて、これをレトロゲー調のゲーム群に当てはめることができるのか。

この論考の結末部分で、クラウスはコールマンの作品をその例としながら、ベンヤミンの論を引き、このような結論を出している。「これこそ、以上に述べてきたような〈メディウム〉という観念が必要であると主張するためのもうひとつの道なのであり、その目的とは、すでに意義を削がれた一般的なものによる包囲から、固有なものを取り戻すことなのである」。

〈メディウム〉とは、ここでは作品を支えている物理的媒体のことと単純化して考えることにする。「固有なもの＝スペシフィック」というのは、そのメディウムに特有の表現を行うことこそがモダニズムの絵画であると述べた、クレメント・グリーンバーグの批評を意識している言葉であると考えられる。

グリーンバーグは、抽象絵画を、絵画というメディウムを極限まで突き詰めるという性質故に評価した。クラウスは、その影響を受けながらも反発する一群の美術批評家の一人である。

このクラウスの主張は、「メディウム・スペシフィック」すなわち、そのメディアでよりよく表現できることをこそ追及するべきだというグリーンバーグの価値判断を、屈折した形で取り戻そうとしているかのようである。

これを参考に、レトロゲーム風味のテイストの作品が再流行していることを考えてみたらどうなるだろうか。レトロゲーム風味のゲームで起きていることは、物理的だったメディウムの特性を、デジタル上に再現するということである。物理的存在だったメディウムが、パソコンの上で疑似的に再現される。

時代遅れになったメディウムを、使い手の技術や、組み合わせ方や、技術や、物の見方などで現代に「生きるものにしよう」という意志が強い「メディウムの再発明」の議論と比較するならば、こちらで起きているのは、「メディウムの仮想的再現」とでも呼ぶべき事態である。ゲームセンターの筐体などのメディウムの限界を、わざと高スペックのコンピュータの中で再現するというのは、従来はハードが行っていた部分をソフトが担うようになるということである。物質的な意味でのメディウムそれ自体が、仮想化され、情報化されて再現されてしまうのだ。それこそが、ニューメディアの性質である。

レトロゲーム調のゲームの復活はメディウムという概念を必要とするというよりは、すべてが「デジタルの上で、等価のように見做されていく」という意味でのポストメディウム状況において考えるべき問題である。メディウムが再発明されたというよりは「意匠」だけが、その感性と一緒に、蘇っているのだ。

だが逆説的に、それはパソコンやインターネットの持つ、メタ・メディウム性、すなわち、「歴史を同じ平面に並べる」というメディウム・スペシフィックな特性に由来している。すなわち、エミュレートとして再現できてしまうということ自体が、コンピュータというものの固有の特性であり、歴史軸が喪失し同一平面の上にあらゆる時代の産物が等価のように並んでいくという性質そのものが、インターネットの特性なのである。

ポスト・メディウム、あるいはメタ・メディウム性こそが、コンピュータの、メディウムとしての特質である。このような循環して屈折した意味で、レトロ風味のゲームもまたメディウム・スペシフィックな作品なのである。

ピクセル的感覚の「現実」への侵入

ピクセル的感覚は現実にも浸透してきている。メディアを超える運動としての「ピクセル感覚」というべきものが存在する。

この衝動は、労働や運動などをゲーム化することを主張するジェイン・マクゴニガルらの「ゲーミフィケーション」とも共通するものでもあり、実際にこの社会をすら変えてしまおうとする一つの思想・理念とすらなりかけている。ピクセル的アートワークの実体化には、そのような時代の思想・理念・感性が背景にある。この「ゲーミフィケーション」の感性は、筆者が「虚構内存在」という概念で捉えようとしている生の感覚に、隣接したものである（とはいうものの、筆者の考える「虚構内存在」は、常に更新し続け、様々なものとの摩擦そのものにより生起し、生命を得る存在であるので、この要素に関しては、単純な「ゲーミフィケーション」と共有している部分は少ない）。

実際、それらのピクセル感覚が現実に侵入してくる感覚を表した作品がある。二〇一〇年に公開された、短編映画『ピクセルズ』である。ゲームの中から出てきた、ピクセルのキャラクターが現実に侵略し、地下鉄やニューヨークの都市をピクセルに変えてしまい、最後には地球もピクセルにされてしまうという内容である（長編版は、クリス・コロンバス監督によって、一五年に公開）。

この作品は、ピクセル感覚に浸食されていく現実感覚というものをよく表している。実際、マクゴニガルは、現実は「壊れている」から、「ゲーム」に合わせるべきだと主張しているのだ。そのように思うゲーマーたちは、決して少なくないだろう。

実際に、都市の中でピクセルを目にする機会も増えた。

銀座エルメスのショーウインドウに展示されたスガイトシユキ「境界線の中の解像度」もピクセル感覚の浸透を語る上で重要な作品である（二〇一四年九月）。ＩＣＣ、ＹＣＡＭ、ポンピドゥーなどで展示をしてきたこの作家のこの作品は、パリのエルメス一号店をピクセルアートにして、布とＬＥＤで描いたものである。ＬＥＤの方は、風景がドットに溶けていき馬のように駆けるシーンまである。今や、高級服飾ブランドであるエルメスまでピクセルアートを取り入れるようになっているのだ。

ほかには、ナノブロックなどで、ピクセルアートの物質界への侵略も着々と進んでいる。ピクセルアートは現実におけるインテリアの感性などにまで既に影響を及ぼしている。

このようなピクセルの美学をどのように考えるべきだろうか。それは、グリッド（デカルト的遠近法）ともサイバースペースとも違う。純然たる座標空間であるグリッドとは、世界を三次元的で幾何学的に認識するという点で似ているが、グリッドは本来色がないものである。だが、ピクセルはむしろ色に満ちている。サイバースペースはサイケな色彩に満ちているが、サイバースペースにあるようなサイケ感や宗教的熱狂のようなものよりは、「ピクセル」はオフビートである。

ただ、それは世界の複雑さに対する抵抗という点で、グリッドと共有している側面もある。曲線などを排除し、ブロックの組み合わせとして身体と世界を認識し、それで埋め尽くしたいという欲望の中には、現実の複雑さや身体や自然の思い通りにならなさに対する不快の念が滲んでいる。それは、元々ゲームというものが疑似現実、疑似身体、疑似自然を与えることで快感を与える装置であることに備わっていたものである。

つまり、ピクセルという感覚が、新しく誕生したのだ。それは「原色を中心としたカラフルな色使い」で「平面的なブロックを組み合わせた」もので世界が構築されていると見做すような美学である。あるメディウムがある時期に生み出した感性と意匠が他のメディアと衝突することで様々な面白みが生まれている状態である。

『ピクセルズ』はその典型であり、この生活世界そのものが「ピクセル化」されることを想像させることで、ピクセルと生身の身体や人間そのものの存在論的な差異に震撼されることこそが、あの短編映画の蠱惑的でありながら恐怖を誘う魅力の源泉になっている。

2　ゲームのようではないゲーム――哲学・文学・詩・芸術

ここまでは、レトロゲーム風味のゲームの復活と、ピクセル感覚の浸透という現象を概観してきた。ここからは、それと同時に進行している「ゲームのゲーム性の核心」への探究を行っていくゲームの新しい展開を紹介・検討していくことにしたい。それは一見、「ゲームのようではないゲーム」である。だが、その場合の「ゲームらしさ」とはバトルや競争などの意味である。これらの「ゲームらしい」ところを削ぎ落とすことにより、逆説的に、ゲームのゲーム性の（それぞれの）核を追及していったものと見做すことができる。

ここからは、それらの「ゲームのようではないゲーム」が「ゲームのゲーム性の核心」にどのようにアプローチしているのかを論じる。

「ゲーム性」という言葉は、現在では開発現場ではあまり用いられないと聞く。立命館大学映像学部渡辺修二・中村彰憲『なぜ人はゲームにハマるのか――開発現場から得た「ゲーム性」の本質』に拠れば、「現場では『ゲーム性』という言葉を使わせない」（p17）と書かれている。その理由として、「ゲーム性」というものが定義困難であることが挙げられている。井上明人の研究などによると、クリエイターらが「ゲーム性」という言葉によって指す言葉は非常に多義的である。

本論における「ゲーム性」という用語法は、「ゲーム性」の本質を確定しようとするものではない。むしろ、「（デジタル）ゲームによってのみ可能になる新しい質の何か」を指し、ここでは「ゲーム性」と呼ぶ。言い換えるなら、ゲームの「メディウム・スペシフィック」な要素について「ゲーム性」と呼ぶということである。

「お散歩ゲー」の隆盛

「お散歩ゲー」「雰囲気ゲー」と呼ばれるゲームがある。その多くは、ゲーム性が高くなく、3Dで出来た世界の中を歩き回ることを主眼としているゲームである。まずはこの3D空間を体験すること自体を重視する作品群に注目してみたい。

というのも、冒頭で述べたように、レフ・マノヴィッチは『ニューメディアの言語』の中で「空間がメディア・タイプとなるのは、初めてのことなのだ」と述べているように、それは人類が新しく手にした表現方法であり、その中でこそ模索され、表現されている新しいものが大量に表れているからだ。

たとえば、『Dream』という作品がある。これは夢の世界を歩き回るものである。ベッドの脇にはファミコンらしきものが置いてあり、それがどうも夢に影響しているらしい。黒と白のキューブで構成された3Dピクセルの世界から、比較的リアリスティックな砂漠や雪景色の世界へと描写のスタイルが変わる。
ゲーム性が低く、探索や風景を楽しむ散歩ゲーにおいては、現実空間の探索では味わえない体験をすることが重要である。弐瓶勉の漫画『ＢＬＡＭＥ！』（講談社、一九九八年〜）の構造体のような世界や、ピクセルの世界、次々と移り変わる世界、それから古典的ではあるが、宇宙、未来、魔界などは実際にはなかなか散歩することのできない世界である。その世界を散歩することで、散歩ゲーは現実の散歩に優越している。とはいえ、一人称なので、身体を動かして散歩しているようで本当は動いていないという、視覚と身体の妙な錯覚の感覚もまた魅力の一つであろう。脳が誤認識し、誤作動するその奇妙な味わいこそが散歩ゲーの魅力の核心の一つだと言ってもよい。
これらの呼称は、揶揄的な要素を多く含んでいる。何しろ、ゲームなのに歩くだけであったり、戦いもレベルアップもないとなると、一般的なゲームファンにとっては求めている快楽がないという戸惑いの声が出ても仕方がない。しかし、そのようなゲームが創られていることは事実である。ここではそのようなゲームの内容に注視し、分析してみたい。

〈虚構内存在の身体論〉

これらが散歩と似ているのに違うのは、まずは身体を動かさないという点である。ゲームで散歩しないで、実際の空間で身体を使って散歩をすればいいのに、とは、もっともな指摘である。ゲーマーの持っている特異な身体感覚や存在感覚の核心が、この「散歩ゲー」にはありそうに感じる。身体と、画面の中（計算により生成された３Ｄ空間）とを繋ぐ特異な没入と、存在の感覚がここに生まれているのではないかと思われる。

すなわち、ここでは、コンピュータと共同作業を行い、プレイヤーは3D世界の虚構内存在となっているのだ。人間が用いる道具やテクノロジーと「サイボーグ」のようになっているということは、既に様々なサイボーグ論などで論じられてきた。浅見克彦が、メルロ＝ポンティを参照し、物質としての身体だけではなく、インターネットやゲームの中にまで身体を拡張するために「キネーシスとしての身体」という概念を提示しているのが、その一つの例である（浅見克彦『SF映画とヒューマニティ――サイボーグの腑』）。実際の物質としての身体すら、自明に自己ではない。同時に、身体の外にあるからと言って、自分でないわけではない。人間の持つこの複雑な「身体」の認識の感覚が、3Dのゲームを経験することによって新たな位相に入っているのではないか。

具体的には、プレイヤーは、椅子に座って、キーボードやマウスを動かし、モニタを見ている。しかし、モニタが一つの「別世界の窓」になり、没入しているプレイヤーはモニタの向こうの世界に「いる」ように感じる。物質としての身体は、視線としての身体や、アバターとしての身体と、「感情移入」などと呼ばれる未解明の通路を通じて混濁する。このような〈虚構内存在の身体論〉とでも呼ぶべき現象がゲームのプレイで、起こる。

従来、自己は、身体の中に「住んで」おり、その身体は世界の中に「住んで」おり、この世界との親密な関係を構築していた。たとえば、ハイデッガーの「世界内存在」という概念はそのような人間存在の在り方を指していた。だが、筒井康隆がハイデッガーを受けて構想し、筆者がさらに展開しようとしている「虚構内存在」は、身体の中に「住んで」おらず、むしろバーチャル空間の中に仮想的に住んだり生活したりする存在である。「世界」に投企されているのではなく、「虚構（計算機）」の中の仮想世界に向けて自己を自ら没入させる。そのような作業によって構成されるのが「虚構内存在」である。ぼくたちは、ゲーム体験の中で、「世界内存在」と「虚構内存在」の往還、もしくは分離それ自体を快感として（あるいは、未知の経験として）味わい、楽しむのだ。

何故それが、楽しみになり、快なのか？　それは、わからない。人間の脳が飽きやすく、未知の刺激を常に求める性質を持っているのか、あるいは、「超越」を繰り返すことで自己の中に新しい要素を次々と取り込んで自分を更新しようとする現存在の性質故なのか。それもある。だが、新しいメディアの経験により、別種の存在の在り方の可能性が拓けることを潜在的に感じているからであるという説を提示したい。

造園系と、「世界内存在の変容」

これらのゲームは、３Ｄ空間、すなわち疑似的な「世界」をその都度その都度生起させること自体に喜びが伴う。特に、マップの自動生成を伴うゲームはそうであるし、『マインクラフト』のように、その虚構世界に介入して建築したり生活することを主眼としたゲームにおいては、この「世界」の存在論的な位相そのものが、快感の中心になっているのではないかと考えられる。

後にで論じる、『Dear Esthter』は大ヒット作『ハーフライフ2』のＭＯＤであり、『NaissanceE』は『ファークライ』のＭＯＤであったことも見逃してはならない。ステージをユーザーが自由に作ることを許す文化が存在している。その土壌において、インディー・ゲームは花開いた。

つまりユーザーが作った「３Ｄ造園」としてこれらのゲームがまず存在しているということは重要なことである。『マインクラフト』は、そのような造園そのものの快楽を手軽に味わえるようにしたゲームだと考えられる。では、何故そのような３Ｄ空間それ自体が、一つの楽しみになるのだろうか。

木村敏の『分裂病と他者』を読んでいて、以下のような記述に出遭った。これは、３Ｄ空間そのもの、それ自体が何故主観にとって快楽的な体験となるのかを説明しうる手掛かりになるのではないだろうか。少し長く、複雑な記述だが、引用する。

《「現存在が超越する」ということは、現存在がその存在の本質のなかで世界を形成しつつ、しかも、それは世界を生起させるという意味をも含めて「形成」しつつ、世界とともにひとつの根源的な光景（形象）を与えるということである。この光景は、それとしてはとらえられないけれども、そのつどの現存在自身をも含めたすべての歴然たる存在にとって、ほかならぬ「前形象」としてはたらいている》というハイデッガーの言表は、ビンスヴァンガーが躁鬱病や分裂病の諸症例について、それぞれの患者の、そのつどの現存在様式における、それぞれ特徴的な「世界内存在の変容」について語ることを正当化するものであった。（『分裂病と他者』p160）

つまり、現存在（ほぼ、人間のことを指すと解釈してよい）は、外部にある客観的な世界を自身の中に「生起させている」ということであり、世界そのもののデータを解釈して光景を作りだしているということである。木村敏は現象学的精神病理学、あるいは臨床哲学の立場からこれを述べているが、この言葉は躁鬱病や分裂病などに限定しない広がりを持っていると思われる。ビンスワンガー用語における「世界内存在の変容」こそがそれらの病気を引き起こすと木村は考えているが、ぼくらは「世界内存在の変容」が既に起きていて、なおかつ病気ではないような生を営んでいる。言うまでもなく、それは「虚構内存在」という生の在り方のことを指している。

「現存在」は「世界を生起させる」のだが、ゲームにおいては、その「世界を生起させる」作業は、コンピュータとソフトウェアが担っている。「世界」とはいえ、それはコンピュータ内の仮想現実空間に生成される、疑似物理空間に過ぎないわけではあるが、それは現存在がこの世界そのものを「生成」させる体験と類似的な体験である。いわば、機械の力を借りて、「虚構を生起させる」のが、ゲームの世界だと言ってもよい。特に、ここで造園系と呼ぶような、マップがその都度自動生成されたり、その世界を改変して居住する（『マインクラフト』『テラリア』）ことを主目的にするゲームにおいては、虚構空間を生成し、そこに「住む」という経験そのものに快楽の質が宿っていると考えなくてはならない。

成功したとは言えないが仮想空間に第二の生活を営もうとする『セカンドライフ』のプロジェクトも、「住む」ことを重視していた。『グランド・セフト・オート』などの大ヒット作も、自由に動かせる3D空間の中に作られた都市に住まうということを、一つの重要な要素としている。

それは、現存在、すなわち世界内存在たるぼくらが、同時にコンピュータの助けを借りて、世界ならぬ虚構を生起させ、そこに住むことによって、同時に虚構内存在ともなるという複雑な経験である。

造園系、すなわち、3D世界を改変して、生活することを主とするゲームの大流行は、この「世界内存在」と「虚構内存在」の摩擦、あるいは多重化、あるいはモザイク状に入り組むという実存の快楽を抜きにして語ることはできない。もっと言うならば、3D空間や2D空間などに「没入」しているときのぼくらの身体や主体は、このような多層化し輻輳化しった状態になっており、ゲームの快楽ならぬ、享楽があるとすれば、このように身体や主体そのものを「使って」遊ぶという、危険で無謀とも言えるスリリングさに起因しているのではないだろうか。

以前、3Ｄ空間は、無限遠まで続くデカルト的な空間であることによって、「無限」を仮想的に感じさせるので、カントが『判断力批判』で述べた「崇高」に似た経験が生じると「『謎解きゲーム空間』と〈マン＝マシン的推理〉――デジタルゲームにおける本格ミステリの試み」（『21世紀探偵小説』所収）の中で書いたが、この場合の「崇高」とは、主体が自己の有限性に震撼される体験のことである。理性は、「無限」を計算的に理解することができるが、感性や構想力はそれを認識することができない。このギャップの中にこそ、無限の中に広がるような誇大感と、有限であるという身体・個の苦痛とを同時に感じる「崇高」の「快」の根源があるのではないだろうか。

「崇高」とは、理性と構想力のギャップに直面させ、主体を混乱させることによって生じる酩酊の感覚である。ゲームに「没入」する際に生じる、「世界内存在」と「虚構内存在」を組み替えて遊ぶ「享楽」とは、「崇高」と似た質を持つ、より複雑な電子計算機を使ったバージョンの快楽なのである。

世界に被投されているぼくらは、ゲームの中に虚構的な別の世界を作り、そこに没入＝感情移入することにより、「この世界に被投されている」のではなく、「別種の世界に、自ら飛び込む」。現存在の宿命を変え得る可能性に一瞬触れる感覚が、ここにはある。世界内存在のように、「死に先駆する」ことで本来的になるのではなく、「死の存在しない虚構空間に没入する」ことで住まうことで別種の主体を構成しようとする試みがここにはある。

中沢新一が「ゲームフリークはバグと戯れる」（一九八四年）という評論を書いたのは有名であるが、それに倣って言うならば、この状態は「ゲームフリークは解離で戯れる」とでも呼ぶことができるのかもしれない。自身の主体やら実存やら身体やらを多重に解離させて、比喩的に言えば、立体的かつ動的にバグらせることをして戯れているのが、現代のゲーマーたちである。

筆者が「虚構内存在」という概念によって捉えたいのは、ニューメディアといわばサイボーグ的な状態になりながら模索されている、大衆文化の中にある新しい生き方の可能性である。その新しい生の在り方は、それ自体が従来の哲学への抵抗、あるいは乗り越えとして捉えられる側面がある。あるいは、旧来の概念装置では捉えられない現実が生じているので、概念系をアップデートしなければならない、というのが正しい言い方だろうか。

「虚構内存在」の提唱者、筒井康隆は『歌と饒舌の戦記』（新潮社、一九九〇年）や『朝のガスパール』（新潮社、一九九五年）などで、シミュレーションやゲームにおける、「虚構内存在」の存在論を展開しようとした。本論は、その試みを引き継ぐものである。

記号化された自然と、禅ガーデン

『Proteus』『Shelter』は、レトロゲーム感覚のアートワークを、３Ｄ化しながらも、かつてのようなゲーム性を重視しているわけではない作品である。ここには、インディーゲームの世界で起こっている新しい「何か」のエッジが存在している。

『Proteus』は、折り紙で出来た３Ｄ空間のような場所の中を歩きながら四季を楽しむだけのようなゲームである。あまりゲーム性が高くなく、３Ｄで作られた作品世界を鑑賞することそのものを主眼としているかのようであり、抽象化された世界そのものを味わうことを目的としているかのようである。このゲームは、metacriticというサイトで、八〇点という高評価を得ている。これは何故なのだろうか。

『Proteus』や『Shelter』は、抽象化された自然、抽象化された四季のようなものを体験させることが主眼である。このような作品の音楽は割とアンビエント系が多く、これを仮に「禅ガーデン系」と名づける。

「禅ガーデン」とは、『Plants vs Zombies』というゲームで、植物が育つのを眺めているだけのモードに付けられていた名前である。同じ会社の『BEJEWELED3』のモード名にも「ZEN」が登場し、そのゲームモードの説明には「エンドレスなゲームで、身体と精神をリラックスさせてください」と書かれている。何かリラックスしてゲームをすることが「ZEN」と等しく感じられているようである。

ここで言う「ZEN」とは、西洋流に解釈された「禅」のことである。アメリカにおけるZENは、鈴木大拙が導入し、ゲーリー・スナイダーやビートニクの作家たちによって受け入れられ、ヒッピームーブメントなどを経て大衆化していったと言われている。影響は主に西海岸で強く、そのために、コンピュータ業界にも大きな影響を及ぼしている。

その例として有名なのは、スティーブ・ジョブズである。結婚式の仲人を禅僧に頼みすらしたジョブズは、このように書いている。「禅は、知性による物事の理解に対し、経験に重きを置いていた。（中略）ぼくは、たいして意味のないことに沈思黙考するひとをずいぶん見ていた。そして知性による抽象的な理解よりも、もっと意味のあることを発見した人に、とても興味を抱いた。直観とか無意味な自然発想を、意識の高等な形とみるようになったんだ。それは禅の基本的な要素と通じていて、すばらしい考えだと思った」（『スティーブ・ジョブズ』上、雑誌『Spectator』ZEN特集を参照）と述べている。

「禅」と「ZEN」は厳密に言えば異なっているだろう。だが、忙しい動きを要求されるゲームの中で、敢えてぼんやりと環境に浸る傾向を指し、「ZEN」という呼び方を（非・日本人の）クリエイターたちが行ったことには注目せざるを得ない。

おそらく、禅画のような「単純化・記号化」した絵画と、抽象的な自然という描写にも、なんらかの類似性を彼らは認識しているのだろうと推測できる。記号化された自然とは、たとえば龍安寺の石庭などを想像してもらえばい。抽象的なものを自然に見立てる。そのような美学と、ピクセル的な自然表現が、おそらくは似たもののように認識されている。

そのような意味で、「抽象化された自然などを、ぼんやりと楽しむ」タイプのゲームを、「禅ガーデン系」と仮に名づける。

大橋治三・斎藤忠一編『日本庭園鑑賞事典』、重森三玲『枯山水』などを参照に、散歩ゲーと日本庭園の類似性を列記すると

一、象徴性
二、バーチャル性
三、小さなものの中に大きなものを見る
四、体験的価値、散策的価値
五、言語的な知性による認識ではない価値

が挙げられる。

一の「象徴性」とは、石などを海や島に「見立てる」という抽象的な見立てのことであり、ピクセ

ルの集まりをブロックや壁などに見立てる、（リアリスティックではない）ゲームの画面の「決まり」に類似している。二は、枯山水などが元は「仮山水」とも呼ばれていたように、それ自体が世界や自然のバーチャルな模造品であったということを指す。ゲームもまた同じ側面を持っている。三は一と二の言い換えに近いが、大きな自然を小さな庭園に押し込めたと同様、ゲームもまた巨大な世界を、物質としてはほんのちっぽけなデータの中に押し込めて疑似的に体験させようとする装置である。四としては、庭が動きながら、歩きながら体験する芸術であり哲学であるという側面が、ゲームという、自身（視点、キャラクター）が移動したり動いたりすることによる体験的な価値を有するメディアとの類似性を持っているということである。五については、日本庭園そのものというよりは、そのバックグラウンドの一部を成している禅思想に近いだろう。

これらの「禅ガーデン系」のゲームは、ハイスピードで反射神経を要するゲームではなく、かつてのファミコン時代のような記号的自然の中で、アンビエント音楽に浸りながら、（ゲーム内における）生死や競争を離脱したゆったりした時間を過ごすものである。それは、マクゴニガルがゲームの定義として「不必要な労働を自発的に行うこと」を挙げるような時代に、ゲームが本来、遊んだり休んだりするためのものであるということを思い起こさせてくれる作品なのだ。逆に言えば、現在におけるゲームは、「遊び」や「休み」であることをわざわざ思い起こさなければならないものになっているということをも、このようなゲーム群は示唆している。

ゲームによる哲学──『NaissanceE』

『NaissanceE』は「哲学的なトリップとアーティスティックな経験をするゲームです」と商品説明に

書かれている（NaissanceE is a game, a philosophical trip and an artistic experience.）。この作品紹介こそ、インディーゲームが現在独自に切り拓こうとしている「哲学」や「アート」との関係を典型的に表している。

具体的に見ていこう。

黒と白を基調とした、陰影による騙し絵のような3D空間を歩き回る。突然、異様な建築物のような空間の中に投げ出され、ほとんど説明がないままプレイヤーはサイバーアーキテクチャの中を探索する。

そしてクライマックスでは、黒と白で作られた架空空間の造型による視覚的マジックとも言うべき幻惑的なプレイ体験が訪れる。いわば、3D白黒空間における可能性を組みつくそうとするかのような乱舞的な画面がそこに現れる。そこにあるのは3Dで作られたデカルト的座標空間が、白と黒の二次元へと相互転換される動的経験のハルシネーションである。

『NaissancE』が「哲学的トリップ」や「芸術的経験」と名乗られていることは重要である。ゲーム体験そのものがもつトリップ感や、ゲームプレイという体験が、哲学であり、芸術であると主張されているのだ。それを言語化することはとても困難である。

「禅」や「庭園」を論者が持ち出すのも、このゲームプレイの体験そのものの持つ「哲学」や「芸術」を評論のような「言語」で説明しようとする際の困難故である。歩きながら散策し、体験する空間それ自体が哲学であり芸術であるという日本庭園の性質に類比させる形でゲームクリエイターたちが語ろうとしていることを、なんとか追跡して言語化しようというのが、この論の試みである。

新しいゲームにおける、あるいはゲームとしての芸術＝哲学は、その自身の在り方を説明するためにこそ「禅ガーデン」を参照している。知性や言語ではなく、直観的体験として伝わる思想や哲学、という共通性において。

様々な発言を読んでいると、「禅」の感覚と、何かに集中してのめり込んでいるときの「フロー」の感覚に類似性を感じ取っている人々も多い。おそらく、ゲームに没入し、集中しているときの体感の感覚もまた「フロー」的なものであり、そのような体験や経験そのものを「哲学」「思想」として語ろうとしているのが『NaissanceE』なのだ。本作は「ゲームプレイ」そのものの哲学性や芸術性を摑もうと努力しており、そここそがゲームの核心部分だと考えているようである（他の手段によって伝達が困難である、という点において）。

ゲームにおける詩・文学――『Dear Esthter』『Gone home』

『Dear Esthter』及び『Gone home』は、「3D空間内を歩き回る」ことによって可能になる特殊なナラティヴを実現させようとしたインディーゲームとして、特記に値する。単なる3D空間そのものではなく、3D空間そのものを用いて「語る」ことを志す段階の実験として。

『Dear Esthter』はDaniel Pinchbeckがポーツマス大学における「実験的なゲームプレイとストーリーテリング」についての研究の一部として作られ、数多くの賞を受賞した作品である。ダッシュやジャンプなどの動作もできず、戦う、競争するなどの行為もなく、ロマン派の絵画のような島の中をゆっくりと歩きまわることを主軸にしたゲームである。

島を歩く一人称にプレイヤーはなり、主人公のつぶやきや、島の荒涼感や、壁などに書いている謎の化学式などの断片の中を歩いていく。そのうち、この「世界」全体が交通事故における夢のなかであり、昏睡状態の中で外から働きかけられている様々な事柄が詩的な象徴のように現れ出ていたことにプレイヤーは気づく。たとえば、崖に書いてあった化学式は投与されている薬であり、水晶の煌めく洞窟の中を歩いて登るのは、意識が回復のステージにある、というように。

手紙を書きつけられては紙飛行機のようになり、次々とそれらが墜落している海は、回復して意識を取り戻してメッセージを伝達しようとしては失敗し、ゲームという「無意識」の中に閉じ込められた主人公の意識＝プレイヤーのいるこのデータの世界のことのようでもある……。

ゲームにおける語りは、探索の中で断片を拾い、それを集めることで全貌が見えてくる、というような形で、映画や小説とは異なる発展を遂げてきた。この技法は『バイオハザード』や『Amnesia:The dark decent』において用いられている。全体が分からない不安にあるプレイヤーが全体を知ろうとして断片をつなぎ合わせて真相を知り、解決し、ゲームをクリアしようとするのだ。特に、後者や『Dear Esthter』の場合は、３Ｄ空間自体を語りの内容と有機的に結びつける試みを行った点が、興味深いことである。

これを小説と比較するならば、小説における「信頼できない語り手」が語る三人称的な世界が信用できないのと似た意味で、主人公である一人称のカメラが見ている世界が「信頼できない」３Ｄ空間になっているのだ。だから、主観の歪みなどが、観ている世界をも歪ませてしまい、主観の色が強く投影される（だから、ロマン主義の絵画を視覚的なリソースとして参照しているのだろう）。

『Gone home』は、ゲームにおけるナラティヴを追及した一つの達成である。旅行から家に帰ると誰もいないところから物語は始まる。主人公はもぬけの殻になった不気味な家を探索するうちに、真相を知っていく。冷蔵庫にある張り紙、留守電の記録、本、録音などなどを探っているうちに、意図的に、ホラー的な演出がされていたこの作品の印象は鮮やかに裏切られていく。むろん、この手のナラティヴは、ホラーに多いというプレイヤーの経験に基づく先入観を利用しているのである。

　プレイしていくうちに、この家に家族が誰もいないのは、単に両親は仕事に行っているだけであり、レズビアンの妹が恋人と一緒になるために駆け落ちしたということが判明する。おどろおどろしい犯罪者の男の子の部屋に見えたものは、「男性的」である妹の趣味（パンク、ゴシック的な音楽）に由来し、その趣味を介して恋人と出会っていたことが判明する。プレイヤーも、チープな週刊誌の視線のような先入観で事態を把握させられていたことを痛切に反省させられる場面である。

　一見ホラーゲームに見せかけながら、逆転してホームドラマを描き、同時にプレイヤーを欺き、プレイ体験などから先入観や推測を誘導しながらひっくり返すこの構造に、ぼくは驚いた。その「わからせかた」の巧みさ（実際に画面に登場する人物が主人公しかいない！）や、作品の内容への先入観の逆転、そしてゲームにおいて非常に真面目でヒューマンな内容を成立させたということに衝撃を受けた。その評価はぼくだけではないようで、本作はインディーゲームにしてGame of the year にも輝いている。

　これらはゲームにおける詩・文学と言いうるのかもしれない。ゲームというメディア、特にこの場合は、一人称視点による３Ｄ空間を用いることでしか可能ではないナラティヴを追及しているという点において、特筆すべき作品である。

　そしてさらに驚くべきは、『The Stanley Parable』である。これもまた一人称ではあるが、いわば「メタゲーム」とも呼ばれるものとなっている。視点人物＝プレイヤーは、ナレーターの指示に従ってもいいし、従わなくてもいい。「自由度」や「インタラクティヴィティ」や「選択」という、ゲームの特性として人々がよく指摘するものこそが、ここでは茶化され、意識化される。ナレーターや、ゲームシステムの誘導に抗うプレイヤーは、それらと掛け合い漫才をするような状況になる。進むべき道に巨大な矢印が出てくるなど、「ゲームデザインにおけるプレイヤーの誘導」などを誇張して、プレイヤーに皮肉な笑いを起こさせる。

そもそも、プレイヤーが選択肢を分岐させる度に変わる、無数に存在しているエンディング群の中で一番基本となるエンディングは、「スタンリーが実は管理されて操作されていた」という、監視・管理社会モノのゲームによくありがちなものを茶化している（あきれるほどあっという間にエンディングに辿り着く）。スタンリーは作中の人物であり、それを操作しているのはプレイヤーであり、その体験をさせるためのレールを敷いたのは製作者である。少なくとも、「作中人物」「カメラ」「ゲーム内部の設計」「制作者」「プレイヤー」の五段階の乖離そのものを見つめさせる効果が、この最も基本となるエンディングに既に宿っている。

具体的な作品の中身を見ていくと、押すべきボタンが露骨に大きく書いてあったり、プレイヤーが移動すべきと想定される道筋を本当に矢印で露骨に書いてしまったり、指示に従わなかった場合ナレーターがスタンリーを叱ったり議論になったりし、キャラクターとプレイヤーの二重化をネタにしたりする。しばらく動かさないと、「キーボードの前で人が死んでいる」とナレーターが判断して、通報してくださいとスピーカーを通じて近所の人間に大声で叫ぶところすらある。

これは文学技法におけるメタフィクション、すなわち、フィクションであることを自己言及し、その技術や手法そのものを楽しませるという段階にまでゲームが入ったことを証左するものである。実際、レビューには、筒井康隆的なゲームであるという評価がある。ゲームの「ゲーム性」自体を茶化すこの手つきは、ゲームにおけるメタフィクションの一つの達成である。システムやデザインやプレイ体験、それから一人称で3D空間を動かすという経験そのものの性質を逆手に取り、文字や絵などではなく「ゲーム」としてそれらをパロディ化したところが、評価されるべき特異な新しさである。

メタ化の手つきそれ自体は、基本的には文学などで開発されてきた技法であるのだが、実際のゲームのシステムを対象に、それを用いて行ったという点が重要である。ゲームでありながら、ゲームから突き放される。そして、ゲームという体験の中にある、何重もの皮肉な乖離そのものを突きつけられる自虐的な面白さが、本作にはある。ゲームに没入することで「世界内存在」と「虚構内存在」のあいだを行き来するぼくらのゲーム体験、すなわちモザイク状に入り組みながら多層化した主体＝身体と化していることそのものを、『The Stanley Parable』は突きつけているのである。

指示された通りにボタンを押し続けるだけの仕事をしているスタンリー。オープニングの場面は、彼の眼の前にあるパソコンの中にその画面があり、その中の画面にもスタンリーがいてパソコンがあり……と永遠に続く入れ子である。むろん、その手前には、モニタを眺め、椅子に座ってマウスとキーボードを操作してボタンを押しているプレイヤーがいる。この入れ子状のハルシネーションの中で、プレイヤーは時にスタンリーとなり、時にスタンリーではないことを思い知らされる。同一化と突き放しの二重化が――すなわち、キャラクターへの感情移入における「崇高」に似た現象がここで起きている。そしてそれこそが、『The Stanley Parable』の狙い撃とうとする存在論的かつ美学的な現象である。

欠陥があるとすれば、本作があまりに「構造的」に静的すぎて、ハルシネーションが画面レベルには反映されていないという点だろうか。

ゲームのミニマリズム

このような「ゲーム的なもの」の浸透と拡散と同時に、ゲームのゲーム性のコアへの探究が行われていく。ゲームのメディウム・スペシフィックへの追及もまた、インディー・ゲームの中で起こっている見逃してはいけない点である。

インディー・ゲームの中には、グリーンバーグが評価したような抽象絵画やミニマリズムを明らかに意識した画面構成の作品が多い。たとえばその一つが『Antichamber』である。

『Antichamber』は、抽象絵画に似た見た目の三次元空間を探索するパズルゲームである。美術への参照は、作中に「バーチャル美術館」のようなものを作っていることからもうかがい知れる。

本作が、ゲームのメディア・スペシフィックを追及している作品であると言えるのは、ゲームの中における疑似的な立体空間にのみ可能な「空間の錯覚」とでも言うべき体験をさせるという点である。いわばエッシャーの騙し絵のようなものを、一人称で見る３Ｄ空間の中で達成しようとも言うべき野心に満ちたこのゲームは、様々な視覚的・空間的驚きに満ちた仕掛けをプレイヤーが解いていくパズルゲームなのだ。

仮想の三次元空間でのみ体験できる経験に特化するという点と、抽象絵画やミニマリズムへのオマージュを捧げているという点で、『Antichamber』はゲームにおいてグリーンバーグ的な「メディウム・スペシフィック」の考えを発展させようとした作品と見做すことができるだろう。

さらにミニマリズムを突っ走った作品として『Thomas was alone』がある。一時間でベースが作られたというこのゲームは、抽象的な「四角」で構成された世界の中、大きさの違う複数の「四角」たちを操作してアクションし、ゴールに向かうというものである。色が違い、大きさが違う故に性質の違う「四角」たちに名前がつくことで、キャラクターとして機能する。また、単純な要素の組み合わせなのに、アクション・パズルとしての最小限度の機能も同時に果たしている。「最低限」なのに、キャラクター性や物語性まで自動的に生成されるかのような錯覚が生じる。四角の形の違いが、性格の違いのように感じられ、それらを動かしてパズルを解く行為は、まるで彼らが助け合っているかのように見えるのだ。これもまたゲームのミニマリズムへのチャレンジのような作品である。

とはいえ、決してそれは真のミニマリズムではない。アタリの『ポン』のような、点を跳ね返しあう白黒のテニスゲームじみたミニマリズム作品は、技術的条件により、もうずっと前に作られている。これらの作品は、いわばリッチな環境の中で行われる疑似ミニマリズムと言うべきかもしれない。それについて、「時代遅れの抽象」などと評価するのはたやすいが、画面構成における「抽象」への志向は、おそらく、ゲームというメディウムの特異性を追求していこうというこれらのゲームの目指す目標への意識が、視覚的に参照先を示しているのである。

ゲームにおけるミニマリズムとは、おそらく、『Thomas was alone』のような視覚的なミニマリズムに留まるわけではない。ゲームに求める特別なものの、究極のポイントは何なのかをそれぞれが考え、競うように尖った作品を作っている。たとえば、グリーやモバゲーなどが世に送り出している日本のソーシャルゲームもまたそのような作品に数えることができる。

マイクロソフトは心理学・脳科学のラボを持ち、ゲームがどのように脳内報酬系への刺激を生み出すかを研究している。それに対し、比較的低い予算で脳内報酬を生み出すことに特化していったのが、日本のソーシャルゲームである。

キャラクターやカードゲームの要素があるこれらソーシャルゲームはミニマリズムには見えないか

もしれない。しかし究極で言うならば、これは「レベルが上がる」「成長する」というゲームの快楽に特化したゲームであると見做しうる。骨組みだけを取り出せば、そこにあるのは、パチンコを思われる派手な視覚的エフェクトなどの快楽と、レベルアップの快楽のみである。

それらは、一見チープなコンテンツであり、派手でリッチなゲームとは異なっている。しかしながら、脳内報酬系への刺激という点から評価すれば、これらは大作ゲームよりも遥かに効率がよく、洗練されているという側面も否定できない。ソーシャルゲームは社会的な問題になっているし、人間の思考に与える影響も必ずしも肯定的なものではないかもしれないが、一面ではゲームのゲーム性の核心部分を高度化し、洗練させているものと見做すことは可能である。それらは、ゲームのミニマリズム、メディウム・スペシフィックを追求する世界的な流れと並走したものであると見做しうるだろう。

結論――インタラクティヴ・メディアの哲学

その他にも、注目するべきインディー・ゲームは多い。『Audiosurf』のように、音楽に合わせてリズムを取り画面が変化していくゲームなどは、音と映像とをシンクロさせる「VJ」を手軽に体験させるような新しい質の経験を生み出しているし、ヤギになる体験ができる『ヤギシミュレーター』などのいわゆる「バカゲー」は、ゲームの中でしか可能ではない（現実でやると逮捕されたり社会的地位を失う）行為を行うということで、ゲームのゲーム性のコアの快楽を生み出そうとしている。

本論は批評的・思想的に重要だと筆者が思った点にのみ論述を絞ったので、そのようなインディー・ゲームの流れすべてを叙述しきることはできなかった。

インディー・ゲームが創られてくる背景には、ゲーム作りの予算が肥大化し、大手会社が作る「映画のようなゲーム」が市場を席巻していることが挙げられる。たとえば『メタルギアソリッド』『ファイナルファンタジー』『バットマン：アーカム・アサイラム』などは、映画のようなゲームの嚆矢であろう。

そのような映画のようなゲームの全盛期に、ここで論じてきたような、詩のようなゲーム、文学のようなゲーム、アートのようなゲーム、哲学のようなゲームが作られるようになった。それは、ゲームという市場と文化が成熟したからこそ生まれたものである。『Super meat boy』などのレトロ調ゲームは、「ゲームのようなゲーム」である。かつてのゲームを模したゲームが出てきたのだ。

それと同時に「ゲームのようではないゲーム」が出てきている現状を本論はスケッチしてきた。『Proteus』のような、一見、ピクセル風で、かつてのファミコンなどのゲームを思わせるが、プレイ体験としては全くゲームとは思えないものたちが現れている。インディー・ゲームは「ゲームのようではないゲーム」の可能性の宝庫であり、カンブリア爆発のような様相を呈している。本論は、現在急速に進化しているニューメディアの最先端で起こっている美学的な問題と、そこにある諸可能性をざっと概観した。

本論の結論として言いうるのは、これらはゲームの中の空間という存在論的な位相の違う世界に出遭った人類が生み出しつつある、新しいスタイルの体験であるということだ。そのことにより、「主体」や「存在」の在り方すらも変化している——「世界内存在」と「虚構内存在」の間を意図的に往復し、境界を攪乱し混乱させるという、不必要に自分の主体を解体と破壊の危険に晒す、バーチャルな峠族とも言うべき「享楽」が、おそらくはそこにある。そのように変化した「主体」「身体」「存在」の哲学をこそ、ぼくらは構想しなくてはならない。なぜなら、この新しい主体は、もう既に同じ世界の中に生きており、この感性は、社会や政治にも必ずや影響するからだ。その探究こそが、〈虚構内存在の存在論〉に課せられた課題であろう。

二〇世紀は映画の世紀であった。それが様々な思想や哲学、あるいは人間観の滋養となったように、インタラクティヴ・メディアの時代として始まった二一世紀にふさわしい思想や哲学もまた生まれてくるだろう。本論はそのための、一歩である。

インディー・ゲーム分類表

Ⅰ、レトロゲーム調

・ファミコン・スーパーファミコン風　『Super meat boy』『Hotline Miami』『8bit Boy』『Electric Super Joy』『The Binding of Isaac』『La-Mulana』『Papers,Please』『To the Moon』『ゆめにっき』『勇者30』

・ローポリゴン『Proteus』『Shelter』『Guncraft』『Lovely Planet』『Paranautical Activity』

・「死に覚え」ゲー　『洞窟物語』『Super meat boy』『Hotline Miami』『The Binding of Isaac』『La-Mulana』『Super Hexagon』

Ⅱ、アート調

・アブストラクト　『Antichamber』『NaissanceE』『PixelJunk Eden』『Super Hexagon』『LYNE』『Mini Metro』『Thomas was alone』

・白黒『Limbo』『NaissanceE』
・ピクセル・アート『Proteus』『Hotline Miami』『Pxiel Piracy』『Fez』『スキタイの娘』『To the Moon』
・サイケデリック『Super Hexagon』『Hotline Miami』『Audiosurf』

Ⅲ、ゲームっぽくないゲーム

・散歩ゲー『NaissanceE』『Dream』『Proteus』『Dear Esthter』『The Void』
・文学、詩『Dear Esthter』『Gone home』『Amnesia:The dark descent』『To the Moon』『The Stanley Parable』
・哲学、芸術『NaissanceE』『Zen Bound2』『The Stanley Parable』
・精神世界系『ゆめにっき』『NaissanceE』『Dream』『Dear Esthter』『Amnesia:The Dark Descent』『The Binding of Isaac』
・リラックス、禅『BEJUWELED3』（一部）『Plants vs Zombies』（一部）『LYNE』『Proteus』『Zen Bound2』『Borearis』

Ⅳ、ゲームらしさのエッジを追及するゲーム

・体験性『NaissanceE』『Dream』『Dear Esthter』
・レベル・ジャンキー性『Nation Red』『Pixel Piracy』『Torchlight』『『Torchlight2』『勇者30』
・造園系『マインクラフト』『テラリア』『Garry's Mod』
・シミュレーター系『Euro Truck Simulator』『Farming Simulator』『Surgeon Simulator』『Goat Simulator』『Probably Archery』『Mini Metro』

・音楽系　『Electric Super Joy』『Audiosurf』『Universe Sandbox』『PixelJunk Eden』『Super Hexagon』『スキタイの娘』『LYNE』

・バカゲー　『Surgeon Simulator』『Goat Simulator』『Probably Archery』『Postal 2』『Zen Bound2』

【主要参考文献】

EAbase887『GAME・SCOPE・SIZE』http://game-scope-size.cocolog-nifty.com/

レフ・マノヴィッチ『ニューメディアの言語　デジタル時代のアート、デザイン、映画』みすず書房、二〇一三年

ジェイン・マクゴニガル『幸せな未来は「ゲーム」が創る』早川書房、二〇一一年

井上明人『ゲーミフィケーション――〈ゲーム〉がビジネスを変える』ＮＨＫ出版、二〇一二年

日本記号学会編『ゲーム化する世界――コンピューターゲームの記号論』新曜社、二〇一三年

立命館大学映像学部　渡辺修司・中村彰憲『なぜ人はゲームにハマるのか――開発現場から得た「ゲーム性」の本質』ＳＢクリエイティブ、二〇一四年

浅見克彦『ＳＦ映画とヒューマニティ――サイボーグの腑』青弓社、二〇〇九年

木村敏『分裂病と他者』筑摩書房、二〇〇七年

飯田一史「セカイ系とシリコンバレー精神」『社会は存在しない』南雲堂、二〇〇九年

藤田直哉『虚構内存在　筒井康隆と〈新しい《生》の次元〉』作品社、二〇一三年

藤田直哉「『謎解きゲーム空間』と〈マン＝マシン的推理〉――デジタルゲームにおける本格ミステリの試み」『21

世紀探偵小説』南雲堂、二〇一二年
クレメント・グリーンバーグ『グリーンバーグ批評選集』勁草書房、二〇〇五年
ハル・フォスター編『視覚論』平凡社、二〇〇七年
表象文化論学会『表象08』月曜社、二〇一四年
大橋治三・斎藤忠一編『日本庭園鑑賞事典』東京堂出版、一九九八年
重森三玲『枯山水』中央公論新社、二〇〇八年
『Spectator』31号「ZENとサブカルチャー」、幻冬舎、二〇一四年
gnck「画像の問題系　演算性の美学」『美術手帖』10月号、美術出版社、二〇一四年

他、本論は、特に「造園系」について、竹本竜都との研究会などにおける示唆や議論を参考にしている。また、ぼくがインディー・ゲームに興味を持っていると知り、ゲームや『Indie Game: The Movie』などを送ってくださり、様々な示唆をくださった高橋けんじさんとArkbladeさんに感謝を示します。

第五章▼科学とテクノロジーの地平

実験室化する世界——映像利用研究が導く社会システムの近未来

宮本道人

序節　潜在空間の誕生

映像文化の近未来について、少々大胆な予測をしてみよう。

カメラがカメラを撮り、リアルタイムで撮影データが解析されるとき、世界は映像から再構成される。そこに現れるのは現実の第二層で、眼には見えないメタデータの塊だ。ウェアラブルデバイスやドローン、監視カメラの数が一定数を超え、収集されるビッグデータを解析できる人工知能が十分に発達を遂げた段階で、現実の第二層は我々の内面を取り込み始める。我々がどのようなメカニズムに従って動くのか、心理レベルから身体レベルまであらゆる側面を反映したデータが、現実の第二層に蓄積される。このデータの海を、本論では「潜在空間」と便宜的に名付けよう。

「潜在空間」は映像から作り出され、あなたとあなたの周囲に影響を受けながら常に変化し、自律的に映像を創出する。現在の我々がウェブに頼って生きているように、潜在空間は未来の我々を束縛し、作り変える。人間関係を円滑にするため、医療のため、安全のため、娯楽のため——様々な理由で我々は潜在空間を利用し、拡張する。

「文化が違う外国の人の行動が全然理解できない。飼っている動物が何をどう考えているか見当もつかない。コンピュータの意図なんて到底読み取れない。そもそも自分のことさえよく分からない。一体、あらゆるものはどういう原理に基づいて行動しているのだろうか」。潜在空間は、我々が何気なく思う「理解したい、つながりたい」という欲望を吸って、日常の領域まで膨れ上がり世界を覆う。我々は眼で世界そのものを見ていると錯覚してしまうが、実際は世界のごく一部だけを適当に変換したイメージを認知しているに過ぎない。しかしカメラで撮影された映像は、我々の認知するイメージから抜け落ちている部分までをも記録し、潜在空間はその映像から我々の内面に潜むパターンをデコードする。

本論では、この潜在空間がどのように到来するかを予言する。このようなシステムは様々なＳＦに夢想されてきたが、それらはシステムに操られる人間の姿を描いたものばかりで、システムを誰がどのように製作・操作するかを検討した作品は多くない。そこで本論では、第一節でシステムを拡張する方法論について考察し、第二節でそれを拡張する業界について考察し、第三節で社会の変化について考察する。

科学を扱うというだけで「難しい」と敬遠する読者もいると思うが、終節まで読めば、科学業界がいずれ誰もが参入できるものになってゆくということが分かり、科学をもっと身近なものに感じて頂けることと思う。ぜひ、「映像アーカイブ」を「ニコニコ動画」と同じ感覚で、「研究」を「踊ってみた」と同じ感覚で捉えて読み進んで頂けると有り難い。それでは、潜在空間を始めよう。

第一節　潜在空間は如何なる方法論で構築されるか

グーグル・グラスのようなウェアラブルカメラが普及した近未来においては、映像を撮影する条件は常に記録される。一つのカメラが他のカメラの撮影環境を撮影し、ウェブ上でそれらがリンクすれば、映像に映ったあらゆるパターンはその映像の外側で同期しているパターンと結びつけることができる。撮影環境とカメラ(1)、撮影者とその内面(2)が紐付けられるのである。

我々が映像を見るとき、さらには映像を撮るとき、潜在空間は無意識のうちに表出される人間の特徴を余さず捉えてゆく。同じ条件で取られた様々な映像から共通するパターンが読み出され、違う条件で撮られた様々な映像から差異が抽出され、分析された背後のメカニズムは次なるシミュレーショ

（1）様々な角度で撮影した映像からカメラの位置を推定する技術 Simultaneous Localization and Mapping を用いると、二次元の映像群から撮影空間を立体的に再構成することができる。

（2）世界は今、空前の自撮りブームである。Oxford Dictionaries Online の *Oxford Words blog* における二〇一三年十一月十八日のポストによると、Selfie（自撮り）という言葉の使用頻度は二〇一二年に一七〇〇〇％も上昇したという。自撮り写真は主にソーシャル・ネットワーキング・サービス（SNS）にアップロードされるが、その際にはデフォルトの質問「今どんな気持ち？」等の誘導に答える形、あるいは感情を表すスタンプを用いる形で投稿が行われることが多い。それには友人のコメントも加わって、一つのコンテンツを形成する。本論が想定しているのは、そのような状況の映像版である。映像はまだ写真ほどの気軽さではウェブにアップロードされていないが、全方位カメラやリモート撮影を用いて自分自身を映像で撮影することが容易になれば、状況はすぐに変化すると思われる。

ンと映像の提示に利用される。外部化された各々の内宇宙は人工知能によって統合され、人々に再分配される。内面をもとにして予測される未来はあなたに最適な指示を与え、シミュレーションと現実の重ねあわせはコミュニケーションの有り様を一変させる。

このようなシステムは如何なる科学により構築されるか、本節では現在の科学技術の進展を参照しながら、潜在空間の詳細を予測してゆく。

■潜在空間は映像の解析により構築される

潜在空間は一粒の動画の中に世界を見る。潜在空間はそこから得られるデータと他の映像とを比較することであなたの行動を解析し、あなたの遺伝子や神経活動と対応付け、あなたと周囲に最適な次の行動を提示する。

現在の神経科学の研究においては、動物の運動を映像で録画して正確に分析することが行われている。例えば動物の通常時の動きと、特定の遺伝子をノックダウンした場合や、神経活動を人為的にオン／オフした場合の動きを比較することで、行動に関わる遺伝子や神経回路メカニズムを調べることができるのである。潜在空間はこのような形式に似たビデオ行動解析システムとなるだろう。映像から「あなた」は常に検出され、運動量や速度、さらに行動パターンのパラメータが計算される。もちろん人間相手には遺伝子操作・神経活動操作は自由に行えないが、おそらくあなたは病気にかかった際に全ゲノムシークエンスや脳スキャン検査を受けることになり、潜在空間はそのようなデータをあなたの行動の映像と結びつけ、人間の行動予測の精度を徐々に上げてゆく。

潜在空間は映像から、あなたの病気や感情までをも抽出する。かつてカールトン・ガジュセックはパプアニューギニアの人々の日常生活を撮影し長期記録することで、体内に潜伏するスローウィルスの存在を明らかにしてノーベル賞を受賞し、ポール・エクマンはその十年分のフィルムを見て、顔による一部の感情表現が文化依存的ではなくて人類普遍的なものであることを明らかにした(3)。潜在空間はこのように映像を用いて、時間的・文化的な広がりを持った解析を行うだろう。かつ、映像は我々の肉眼を超え、顔を顔としてではなく、その内面の記号として潜在空間に記録する。エクマンの考案した顔動作記述システムを用いれば、既に表情から感情を分析することは困難ではなく、映像を解析すれば顔の短時間の動きから嘘を見抜くことまで可能になっている。

あなたと周囲の関係性も解析される。映像からコミュニケーションを解析した研究はグレゴリー・ベイトソンとマーガレット・ミードのバリ島人の分析(4)に遡るが、潜在空間は彼らに倣って人間関係を相互作用から成るシステムとして解析し、その性質を抽出する。それは言うなれば、自動化された高度化されたケヴィン・ベーコン・ゲームだ。このゲームは任意の俳優をできるだけ少ない共演数で有名俳優ケヴィン・ベーコンにつなげるという他愛ないものであるが、ダンカン・ワッツとスティーブン・ストロガッツはこれを映画出演者データベースによって自動化し、人間関係ネットワークの特性を調べることに用いた(5)。潜在空間はこの手法を発展させ、映像から一般人のソーシャルネットワークを自動解析するようになるだろう。

(3)ポール・エクマン『顔は口ほどに嘘をつく』(菅靖彦訳、河出書房新社、二〇〇六年)。
(4)グレゴリー・ベイトソン、マーガレット・ミード『バリ島人の性格——写真による分析』(外山昇訳、国文社、二〇〇一年)。
なお、映像フィルムが公開されたのは後年であり、書籍には映像は使われていない。

小型カメラが普及した現在では、文化人類学や宗教学等の様々な領域でカメラを用いた研究が行われており(6)、例えば音楽や演説が構造・話し手の動き・聞き手の動き等の要素から解析されている。あるいは日常空間に持ち込まれたカメラからは、社会的地位・生活・地域といった文化的要素の相関が読み取られている。将来的に国や企業は潜在空間を利用しようと画策するだろうが、その社会構造さえも潜在空間に解析され、黒いリンクの中心には神性を剝奪された一つのノードしか残らないだろう。潜在空間の前では、誰もが平等に一つのノードと化すのだ。

■潜在空間は映像に対する反応の分析により構築される

あなたが潜在空間を覗くとき、潜在空間もまたあなたを覗いている。潜在空間はあなたに様々な映像を提示するが、あなたは引き換えに自分の「反応」を潜在空間に差し出さなくてはならない。

増田貴彦とリチャード・ニスベットによる研究(7)では、水槽に魚が泳いでいるアニメーションを日本人とアメリカ人に見せ、後でその特徴を両者に聞くと、アメリカ人は泳いでいる魚にフォーカスして魚の特徴を説明するのに対し、日本人は水槽全体を説明する傾向があるという。三浦健一郎らの研究(8)では、映像を見たときの眼球の動きで、統合失調症をある程度判別することができるという。石井敬子らの研究(9)では、モデルの顔画像から徐々に笑顔を消していったとき、笑顔が消えたと感じたタイミングが日本人は欧米人に比べて早く、特にセロトニントランスポーター遺伝子のSS型グループにその傾向が強いという。これらの研究が指し示しているのは、映像の「見方」は一通りではなく、国籍・疾病・遺伝子などによって大きく変化するという事実である。もちろん、画面のどこを見るか、どう判断するか、何を記憶するかといったことは、個人の性格にも多分に左右される。映像に対するそのような反応は、潜在空間の把握する様々なファクターと結びつけて解析され、次なる映像の製作に利用される。

そこではあなたは、気付かぬうちに常に被験体となる。あなたはあくまで自発的に行動パターンの情報を潜在空間に渡し、潜在空間はあなたのシミュレーションを仮想空間に作り上げる。それは現在の神経科学における、動物に仮想現実を見せて行う実験の延長とも言える。昆虫からマウスにまで広く取り入れられているその方法は、主に頭部を固定した動物の周囲をコンピュータディスプレイで囲み、検知した動物の動きに合わせて画面を変化させ、動物に自分が動いているかのように錯覚させる

(5) ダンカン・ワッツ『スモールワールド——ネットワークの構造とダイナミクス』(栗原聡、福田健介、佐藤進也訳、東京電機大学出版局、二〇〇六年)参照。ネットワーク科学においては、人間や組織の関係はリンク(辺)とノード(点)で置き換えられ、その集合で構成されるグラフの一般的性質について研究が為される。

(6) 新井一寛、岩谷彩子、葛西賢太編『映像にやどる宗教、宗教をうつす映像』(せりか書房、二〇一一年)を読むと、映像を用いた宗教研究の具体的な事例に多角的に触れることができる。

(7) T. Masuda & R. E. Nisbett, Attending holistically versus analytically: Comparing the context sensitivity of Japanese and Americans, *Journal of Personality and Social Psychology* **81**, 922-934 (2001). 文化的背景による認識の違いについては、リチャード・E・ニスベット『木を見る西洋人　森を見る東洋人——思考の違いはいかにして生まれるか』(村本由紀子訳、ダイヤモンド社、二〇〇四年)に様々な研究事例が紹介されている。

(8) K. Miura et al., An integrated eye movement score as a neurophysiological marker of schizophrenia, *Schizophrenia Research* **160**, 228-229 (2014).

(9) K. Ishii et al., When your smile fades away: Cultural differences in sensitivity to the disappearance of smiles, *Social Psychological and Personality Science* **2**, 516-522 (2011).

というものである[10]。このような方法を用いて研究者は、速度・大きさ等画面上に示すもののパラメータを様々に変えたときの動物の反応を定量し、同時に神経活動を測定する。

「自分は動物と違って論理的に思考できるから、仮想空間で実験されていることに気付かないわけがない」。あなたはそう考えるかもしれないが、それは間違っている。藤井直敬らの開発したＳＲシステム[11]は、被験者にそれと気付かれずに仮想空間を見せることに成功している。まず被験者はヘッドフォンおよびヘッドマウントディスプレイを装着し、カメラを通して周囲を見渡す。このとき被験者が頭の向きを変える瞬間の揺れに合わせて、見えている映像をリアルタイムの現実から既存の同空間の撮影物に切り替えると、被験者は映像が切り替わったことに気付かない。この方法を用いれば、すべての環境変数が制御可能・記録可能・再生可能な同一の環境下で実験を行うことができる。

こうしてあなたは自分が実験動物にされているとは夢にも思わず、潜在空間の提供する仮想現実を堪能する。ヘッドマウントディスプレイ Microsoft HoloLens を用いて現実世界に３Ｄホログラムを重ねて表示する Windows Holographic など、新しいツールの開発も着々と進んでいる。潜在空間があなたの前で透明に佇み、あなたを静かに見つめる日はそう遠くない。

■潜在空間は他者の見ている世界の共有により構築される

あなたは映像を友人に見せることに喜びを感じ、友人の映像を見ることに喜びを感じる。潜在空間はあなたの考え方を学び、あなたが見せたい映像をあなたに代わって製作し、あなたの見たい映像をあなたに提供する。

カメラとデータ記録媒体の小型化・ネットワーク化は、自然状態における動物一個体の行動パターンを捉えることを可能にした。かつてジェラルド・クーイマンは動物行動学の分野において、実験室で動物を強制的に潜水させるだけでは能力や生理反応は正確に把握できないと考え、自由意志による潜水を研究する必要性を説いたが、その方法論は現代になって、自然の中での動物の行動を自動記録するバイオロギングとして花開いたのである(12)。バイオロギングの研究では、動物に様々なセンサーや小型カメラを装着させることで、GPS・地磁気・加速度・速度・撮影画像などのデータから、移動軌跡や生態を探ってゆく。人間でも同様にウェアラブルデバイスを装着させて「ライフログ」を収集する研究が始まっており、企業が社員の能率を上げるために行動パターンのビッグデータ解析を行う事例も増えてきている(13)。

潜在空間はこのようにしてあなたの見ている世界を共有し、あなたの目線に立つことができるようになる。潜在空間にはあなたの行動パターンを再現する分身が生成され、あなたの調整を経て、分身

(10) 例えば神崎亮平『サイボーグ昆虫、フェロモンを追う』(岩波書店、二〇一四年)には、ヴァーチャルリアリティを用いてコオロギの障害物回避を調べる研究が紹介されている。

(11) K. Suzuki et al., Substitutional Reality System: A Novel Experimental Platform for Experiencing Alternative Reality, *Scientific Reports* **2**, 459 (2012). SRはSubstitutional Reality：代替現実の略。藤井直敬『拡張する脳』(新潮社、二〇一三年)において、SRシステムの分かりやすい解説が読める。

(12) 日本バイオロギング研究会『バイオロギング――最新科学で解明する動物生態学』(京都通信社、二〇〇九年)には様々なバイオロギングの研究事例が記されており、映像と他のメタデータを対応付けることで研究が進んでゆくさまが理解できる。

(13) 矢野和男『データの見えざる手――ウエアラブルセンサが明かす人間・組織・社会の法則』(草思社、二〇一四年)が参考になる。

はあなたに先立つ「あなた」として使用される。それは飛浩隆「廃園の天使」シリーズ(14)における情報的似姿のようなもので、あなたは派遣したアバターの体験を、後で自分そのものであるかの如く体験する。あなたはフェイスブックのアカウントを教えるように、初対面の人の前にあなたの情報を公開し、別れ際にアバターを友人の視界に一体残してゆく。

撮影というプロセス自体を通して被写体を研究することが初めて行われたのは一九六三年、ソル・ワースとジョン・アデアによる、ナバホ族に自らの生活の撮影を依頼した研究(15)である。二人はナバホ族とコミュニケーションしながら撮影・編集のプロセスを教え、映像作品を製作してもらうことで、映像でなければ把握できない文化の隠れた部分、彼らの認識方法・心理パターンを抽出して構造化することに成功した。このような映像人類学の中で、映像を活用し、積極的に介入・干渉を行う研究を近年では「応用映像人類学」と呼び、たくさんの民族誌映画が製作されるようになってきている。潜在空間はこれを自動化し、映像を撮影・編集・アップロードする際の傾向から、撮影者の内面を予測するだろう(16)。

最終的に潜在空間は、あなたの眼が見ている現実世界を共有するだけでなく、あなたの内面が見ている世界をも共有する。現在の神経科学では、脳活動を反映したｆＭＲＩの画像データをコンピュータで処理することで、見ている画像や文字を不明瞭ながらある程度再構成できるようになっている(17)。それは「外界」を見ていない場合でも可能であり、例えば神谷之康らは、被験者が夢でどのような映像を見ているのかをｆＭＲＩデータから読み出すことに成功している(18)。動物においても複数の神経活動を一細胞レベルの解像度で観察できるカルシウムイメージングが盛んであり、限定的ではあるが、神経活動の回路レベルのメカニズムが徐々に明らかにされつつある。潜在空間はいつか、神経活動のパターンを外界や行動の時空間データと対応付け、あなたが見ている世界を神経活動ごとシミュレートするだろう。

第二節　潜在空間を育むのは誰か

「何を知りたいか」を定義するだけで、あとは人工知能が広大な映像の海から調査を行ってくれる時代はそう遠くない。マシュー・ゼイラー率いるClarifai社では、動画内の事物を指す言葉で検索をか

(14) 飛浩隆『グラン・ヴァカンス——廃園の天使Ⅰ』（早川書房、二〇〇二年）および『ラギッド・ガール——廃園の天使Ⅱ』（早川書房、二〇〇六年）。仮想空間における人間の感覚について深く考察されたSFである。

(15) S. Worth & J. Adair 企画の映像シリーズ *Navajos Film Themselves*（一九六六年）。*Through Navajo eyes: An exploration in film communication and anthropology* (Indiana University Press, 1972) という本にもなっている。

(16) 予測自体は他人の撮った映像からでも可能であるが、それは文化人類学における参与観察法の延長として行われる必要がある。参与観察法の先駆であるドキュメンタリー映画、ロバート・フラハティ監督『極北のナヌーク』*Nanook of the North*（一九二二年）は、撮影から現像に至るまで撮影対象であるナヌークたちの協力で作られ、現像した映画をナヌークたちに適宜見せながら相互に自分の意図を説明しあうといった工夫が行われている。この配慮がなければ、潜在空間を日常的に用いる人間と用いない人間のデジタル・デバイドは潜在空間の悪用につながる。潜在空間は信頼度や相互評価に依って重み付けされ、本人自身によって潜在空間の人間イメージが制御されるよう調整されなくてはならない。

(17) 川人光男『脳の情報を読み解く——BMIが開く未来』（朝日新聞出版、二〇一〇年）を読めば、fMRIなどによる脳機能イメージングを用いて、外界と脳内の神経活動との対応が付けられてきた最新の研究の進展を知ることができる。

(18) T. Horikawa et al., Neural Decoding of Visual Imagery During Sleep, *Science* **340**, 639-642 (2013).

けると、その事物が映る動画シーンが再生できるシステムを製作している。グーグルXラボでは、ユーチューブからランダムに選ばれた無数の画像から猫という概念を学習する人工知能の製作に成功した(19)。また、グーグルのDeep Q-Networkは、画像のピクセルと得点を入力として受け取るだけで、古典的コンピュータゲームを人間よりハイスコアでクリアすることに成功している(20)。

映像にはそれ自身の持つ意味とは別に、データベースとして時間的・空間的に離れて撮影された映像と比較したときに初めて重要になる科学的意味がある。「科学」とは事物の関係性の数と強さが増すことで発達する知識ネットワークの総体であるため、そのノードとリンクを自動的に発見できる潜在空間は、科学の強力な伴侶となるだろう。では、誰が映像を潜在空間に提供し、アーカイブを拡張するのか。本節ではそれを科学的好奇心・映画産業・商業利用という三つの観点から考察する。

■潜在空間を育むのは科学的好奇心である

潜在空間は第一に、新しい科学の在り方そのものとして育まれる。ワールド・ワイド・ウェブが元々、欧州合同原子核研究機構CERNにおけるデータ共有のために考案され、万人に無償で開放されたように、潜在空間も科学のデータ共有から発展してゆくだろう。

映像は今や、研究者のコミュニケーションツールである。プレゼンで映像を使用し、学会を映像として記録し、講義を映像配信するといったことは別段珍しいことではなく、多くの論文誌が映像添付論文を掲載している。社会学の分野においても、論文にビデオアブストラクトを載せたことでアクセスが増えたという報告があった(21)。研究手法を共有するためのビデオ学術誌*Journal of Visualized Experiments*や、各分野における様々な映像データベースなど、研究のための映像サイトも充実してきている。これらの映像は潜在空間の糧である。また、文系の研究においては過去の映像はそれ自体資料的価値を持つが、一九五二年の科学映像アーカイブ「エンサイクロペディア・シネマトグラフィカ」の設立、一九八〇年のユネスコ総会における「動的映像の保護及び保存に関する勧告」の採択、一九九一年の映像アーキビスト協会の設立などを経て、古いフィルムも多くがアーカイブとして保存されており、いずれウェブ上で古いフィルムを見ることがそれほど難しくない時代が来るだろう。

また、近年では、研究過程で得られたデータを共有して新たな研究に活用しようという考えe-Scienceや、文化研究を情報科学的に進めるという考え「デジタル・ヒューマニティーズ」などが提唱されているが、これらの潮流は映像の解析と親和性が高く、同形式の映像解析手法を分野横断的に統計や特徴抽出に用いる事例も増えてきている。例えばレフ・マノヴィッチの提唱する「カルチュラル・アナリティクス」では、ビデオゲームのプレイ映像や政治家のユーチューブ宣伝映像などがビッグデータとして解析されたり、映画が撮影時期によってどのような特徴を持つかが調べられたりしている。また、極端な例を挙げると、考古学の分野においても近年、研究過程を「映像」として残すことが行われている。それは遺跡を少し掘り進めるごとに3Dスキャン(22)する手法であるが、これはある意味研究の時間スケールと遺跡の年代スケールの二重のタイムラプス撮影である。考古学では

(19) Q. V. Le et al., Building High-level Features Using Large Scale Unsupervised Learning, *Proceedings of the 29th International Conference on Machine Learning* (2012).

(20) V. Mnih et al., Human-level control through deep reinforcement learning, *Nature* **518**, 529-533 (2015).

(21) 社会科学誌 *Family Process* における調査。Wiley のブログ *Exchanges* における、二〇一四年五月二十一日の Victoria Dickerson によるポスト "Using video abstracts to promote readership" を参照。

発掘に伴い観察可能な年代が変化するため、調査過程ごとの変化をこの方法で観察することで、年代による変化が捉えやすくなる。例えば永瀬史人による青森県西目屋村水上（２）遺跡の発掘調査のように、３Ｄスキャンした遺跡から構造物に用いられた石を取り外し、石の形態を正確にスキャンした り重さを測ったりすれば、仮想空間上にメタデータ付きで遺構を再構築することが可能になる(23)。ログを時系列データとして表す手法は、ウィキペディアなどの書き換えの時系列を層状に見せるHistory Flow tool の現実版とも言える。潜在空間はこのようなログから、オブジェクトとオブザーバー双方の時系列変化を分析するだろう。昨年起こったＳＴＡＰ細胞問題では実験データ管理の不備が問われた結果、監視カメラのもとで検証実験が行われ、さらに報道サイドと研究者サイドの感覚のズレも問題を大きくしたが、潜在空間はそれらを許さないように発展するだろう。

このようなオープン・サイエンスの動向は、学問におけるアマチュアとプロの垣根を崩すことにつながってゆく。エイズ治療のカギを握るタンパク質の構造解析を Foldit というゲームにしてウェブ上に公開し、多数の一般人に解いてもらうことで研究を遂行した事例(24)があったことも記憶に新しい。欧米ではモノづくりを市民が行う Do It Yourself が盛んに提唱されており(25)、市民から集まる情報を活用して研究を行うクラウドサイエンス（シチズンサイエンスともいう）の動きも始まっている。日本でもニコニコ動画における「ニコニコ技術部」タグや、「在野の研究者」という言葉でユーザー参加型の研究を推進するニコニコ学会β(26)等の科学コミュニティが存在する。文系でもそのような試みは存在し、例えば東浩紀のプロデュースするゲンロンカフェではニコニコ動画に「ゲンロン完全中継チャンネル」を持ち、アカデミアの外で言論活動のマネタイズを行っている。野尻抱介『南極点のピアピア動画』(27)が描いているように、動画アピールは人々の学問に対する情熱を一つの形にする力を持っているのだ。ジャーナリズムにおいては、市民の撮った映像をプロが検証・キュレーションするYouTube Newswireの取り組みが始まった。アマチュアの撮影した映像をプロが解析し、プロが撮影したデータをアマチュアが解析する未来はすぐそこにある。

あなたが答えを知りたいと思った疑問が、もしこの世にまだ問われたことのないものだったとすれば、潜在空間はそれを知る方法を推論して答えを得、あなたに答えを返しながら知識を記録する。科学は潜在空間によって実験室から解き放たれ、あらゆる対象から自動的に潜在空間の糧となる映像を収集することになるのである。

(22) 考古学における３Ｄスキャン利用については、TEDxKyoto 2012における河江肖剰によるトーク"PYRAMID QUEST"が参考になる。ユーチューブに公式の動画が投稿されている。

(23) 永瀬史人氏御本人から個人的に頂いた情報による（現在研究中であり、未発表）。

(24) F. Khatib et al., Crystal structure of a monomeric retroviral protease solved by protein folding game players, *Nature Structural & Molecular Biology* **18**, 1175-1177 (2011).

(25) クリス・アンダーソン『ＭＡＫＥＲＳ——21世紀の産業革命が始まる』（関美和訳、ＮＨＫ出版、二〇一二年）に詳しい。

(26)「学会βチャンネル」という公式ニコニコチャンネルに動画がアップロードされている。シンポジウムの記録が掲載された、江渡浩一郎編『ニコニコ学会βを研究してみた』（河出書房新社、二〇一二年）を読むと全貌がつかみやすいだろう。

(27) 野尻抱介『南極点のピアピア動画』（早川書房、二〇一二年）。ニコニコ動画のコミュニティが一丸となって科学を進めてゆく姿が描かれるＳＦ。

■潜在空間を育むのは映画産業である

潜在空間は映画産業によっても育まれる。映像という文化の歴史自体、潜在空間の前史と言っても過言ではない。映像は動物や人間の内面を読み出そうという動機から生まれ、その研究によって娯楽化を成し遂げた(28)。

一八七七年、馬がギャロップするとき蹄が四つとも地面から離れる瞬間はあるのか、という当時の論争を受けて、エドワード・マイブリッジが高速度撮影・連続写真を開発して疾走する馬を撮影、蹄が四つとも宙に浮く瞬間を捉えることに成功した。一八八二年にはエティエンヌ＝ジュール・マレーが、連続写真を撮影する写真銃および一枚のガラス乾板の上に運動の各段階を撮影して乗せるクロノフォトグラフィを発明。撮影した動物の歩き方や鳥の翼の動きから変移を図表化・数量化し、人間の肉眼で捉えられない法則性を運動から読み出そうとした(29)。このような、動物に内在する行動メカニズムを捉えようという試みこそが、映像の起源なのである。

さらにマレーは「幾何学的クロノフォトグラフィ」という、現在のモーションキャプチャーにつながる手法を編み出した。白い点・線を描いた黒服を人間に着せ、運動を連続的に撮影して推移を図表化することで、力の働く方向や筋肉の仕事量などの測定を目指したのである。一八九五年(30)にはこの手法で人種間の動きの違いを研究するという目的が立てられ、フェリックス＝ルイ・レニョーがシャルル・コントと共同で西アフリカ人とフランス人の身体運動のパターンを撮影し、これが映像アーカイブの先駆となった(31)。

現代映画の基礎であるモンタージュ理論も、その確立過程には人間の内面の探求行為がある。例えばレフ・クレショフの、映像は前の映像とのつながりの中から意味付けが行われるという「クレショフ効果」の研究は、人間はスープ皿の映像を見た後に男性俳優の顔を見ると空腹の表情を浮かべているように感じるのに、遺体の映像を見た後だと同じ表情を悲しみの表情と感じ、さらに女性の映像を見た後だとそれが欲望の表情に見えることを明らかにしたものである。あるいは、セルゲイ・エイゼンシュテインが説いた映画製作の方法では、人間の認識を条件刺激に対する反応として解釈し、映像を見る際の目の動きまで含めて構図を考えている。現代的な映画の形式は、潜在空間の芽を内包して始まったと言えよう。

これからの映画産業もこれまで同様、科学と結びついて潜在空間を拡張するだろう。ピーター・ジャクソン監督『ロード・オブ・ザ・リング』*The Lord of the Rings* シリーズ（一作目は二〇〇一年）のゴラムのためにモーションキャプチャーが発展し、軍勢ＣＧのために人工知能を搭載した群衆シミュレ

(28) 三浦哲哉『映画とは何か——フランス映画史』（筑摩書房、二〇一四年）では、「自動性の美学」が映画史から読み取られており、本論とは全く異なる切り口ではあるが、参考になる。

(29) マレーに関しては、松浦寿輝『表象と倒錯——エティエンヌ＝ジュール・マレー』（筑摩書房、二〇〇一年）に詳しい。そのほか、映像利用研究の初期事例については、エリック・バーナウ『ドキュメンタリー映画史』（安原和見訳、筑摩書房、二〇一五年）が参考になる。

(30) 同一八九五年にはリュミエール兄弟が大衆に向けたシネマトグラフ上映を行ったが、その映像制作方式も、ただ表層を模倣するという目的だけでなく、物事の背後に在る法則を意識したものであった。撮影に関する側面では、リュミエール兄弟は映画を科学的なものとみなし世界中にカメラマンとして研究者を送り込み、映像の見せ方に関する側面でも、残像効果や仮現運動といった人間の視覚処理研究をふまえて上映装置が作られたのである。

(31) 映像と人類学の関係の歴史については、伊藤俊治、港千尋編『映像人類学の冒険』（せりか書房、一九九九年）が参考になる。

ーション Multiple Agent Simulation System in Virtual Environment が開発されたように、人間の動きは映画に模倣されるために解析される。それは描画対象だけでなく、クリス・バック&ジェニファー・リー監督『アナと雪の女王』*Frozen*（二〇一三年）のアニメーションが人間のカメラワークの手ブレを取り込んだように、撮る側までをも模倣する。スポーツ・舞踏・演劇・伝統芸能などの身体動作を三次元的に記録することが可能になり、バイオメカニクス的および神経科学的な分析が行われるようになってきた現代において、人間性や芸術性といったものが模倣されるのは時間の問題である。

いずれ映画はあらゆる非現実に人間の内面を反映させ、生物と無機物を完全にフラットに扱うことに成功する。映画を観て、「僕にはこの演技が真に迫っているように思えた」などと批評できる時代は終わってしまう。人間の演技は定量化されて評価され、俳優は顔や肉体をコンピュータで自己採点しながら演技の練習に励むかもしれない。「動く物」と動物、アニマルとアニメーションとアニマ、それらの用語は再統合を果たし、演技よりもCGが正確に自然を模倣する中で、「リアリティ」はその定義を反転してゆくに違いない。

■潜在空間を育むのは商業利用である

潜在空間を育む第三の方向性は、「潜在的オーダーメイド」とでも言うべき商業利用の可能性である。

ジェームズ・ギブソンはかつて、動物や人間がモノを見る際に起きていることは、物理的な形状や量の認知ではなく自分がどのように相互作用できるかの認知であると指摘し、その相互作用をアフォーダンスと呼んだ。これを受けドナルド・ノーマンは商品に効果的なアフォーダンスを与えることがデザインの要だと考えたが、潜在空間はデザイナーにとってまさにアフォーダンスの塊だ。あなたの行動は常に誘導され、商品を使いながら商品に使われるという奇妙な共生関係が保たれることとなる。

また、広告は最も潜在空間を必要とする業界である。広告会社は潜在空間を用いて消費者の潜在的なニーズを見つけ出し、ターゲットの欲望を最も引き出すように広告を打つだろう。ポーカーでは癖を見抜くことで相手から金を巻き上げることができるが、映像というプライバシーは蓄積によって行動の傾向を見抜くことにつながり、それは商品を売ることに直結する。近年ではニューロマーケティングの手法が徐々に影響力を持つようになっており(32)、数種類のコマーシャルを見せたときの視聴者の脳活動を測定し、効果的なコマーシャルを調べるといったマーケティングも行われるようになっている(33)。現時点ではこのような実験はまだ一般家庭で行えるものではないが、これらが実験室を必要としなくなったとき、SNSのリアルタイム分析や検索履歴からの商品リコメンドはニューロマーケティングに結びつく。広告は視聴者ごとに性格をカスタマイズされて送り出され、それ自体自律的に作動するキャラクターとして視聴者の心をつかみ、視聴者の望み通りに育つようになる。ウォルト・ディズニー・カンパニーが顔や表情を詳細に分析して、多くの人間が本能的にかわいいと思うキャラクターを製作してきたように、潜在空間を用いた広告はあなたの潜在意識に訴えかける。潜在空

(32) 例えば、萩原一平『脳科学がビジネスを変える——ニューロ・イノベーションへの挑戦』(日本経済新聞出版社、二〇一三年)を読むと、ニューロマーケティングがビジネスに不可欠な流れとなってゆくことが分かるだろう。

(33) 例えばマルコ・イアコボーニ『ミラーニューロンの発見——「物まね細胞」が明かす驚きの脳科学』(塩原通緒訳、早川書房、二〇一一年)に、著者自身による研究例が載っている。この本ではニューロマーケティングだけでなく、人間が相手の行動をシミュレートするときに行う神経活動について論じられており、仮想空間を神経科学的に語るためには必読の本と言えよう。

間は広告に、あなたと似た要素を持っていて、周囲からの信頼度が高い人間がどのように商品を用いているかの実例を幾重にも織り込む。

広告業界と協力して潜在空間の拡張に寄与する最も大きな派閥は、おそらくゲーム業界になるだろう。推論理由は簡単で、ゲームハードは遊ぶ側の行動データを取得するよう作ることが可能であるからだ。家庭用ゲーム機でモーションキャプチャーが簡単にできるKinect、ゲームに付けるアイトラッキングシステムTobii EyeX、ヘッドマウントディスプレイのゲーム機Oculus Rift、筋電と加速度のセンサーを利用して腕や指の動きを検出するMyo、滑りやすい靴を履いて動くと歩行動作を検出するブースVirtuix Omni、直径約三メートルのボールの上に乗って歩く３Ｄコントローラー Virtusphere——我々に映像を見せたときの反応を取得できる実験室のようなゲームツールは、既に一定以上のレベルに達している(34)。

ゲームが神経活動を読み取って操作できるようになり、さらに筋紡錘に振動を与えることで身体感覚を自由に錯覚させられるようになったとき、ゲームと現実は交錯する。ゲーム空間内で商品を仮想体験し、その反応をゲーム実況のように公開し、ジェイムズ・ティプトリー・ジュニアの短編「接続された女」(35)のように自らをキャラクター商品化するモニターは後を絶たなくなる。コリイ・ドクトロウは『マジック・キングダムで落ちぶれて』(36)において、他人からの評価が貨幣になっている社会を描いていたが、評価と広告効果の相関関係は潜在空間を用いることで飛躍的に上がり、まさに評価は貨幣と化すはずだ。そこで広告はアイドルや宗教のように、現実と幻想の狭間で信頼度と人気を競い合うだろう。

第三節　潜在空間はあなたの生活をどう変えるか

多くの人の夢想する未来社会では、国や人工知能が人々を常時監視しており、人々は逆に国や人工知能を監視しようと奮闘する。しかしそのような想像は「映像を見る」という行為のみにフォーカスしており、映像が「映される」あるいは「撮る」側によってその意味を変えることを忘れている。システムを構築し、拡張し、使用する観点から社会を構築しないと、未来は我々の手から離れていってしまう。潜在空間は上から与えられ強制されるものでなく、下からニコニコ動画のコメントのように現実に湧き出して、文化と結びついて進化するものだ。ウェブがあらゆる分野をハイパーリンクで結びつけたように、いつか潜在空間はあらゆる環境を言語ゲーム(37)の劇場としてまるごと取り込んで、科学・技術・芸術・娯楽・商業・政治がダイレクトに結びつく社会を作り上げるだろう。

---

(34) グレッグ・イーガン『ゼンデギ』（山岸真訳、早川書房、二〇一五年）では、このようなゲームが脳機能イメージングと組み合わさる可能性が描かれている。近年のゲームの発展については、徳岡正肇編『ゲームの今――ゲーム業界を見通す18のキーワード』（SBクリエイティブ、二〇一五年）に詳しい。

(35)「接続された女」は、ジェイムズ・ティプトリー・ジュニア『愛はさだめ、さだめは死』（浅倉久志訳、早川書房、一九八七年）所収の短編。一般人が遠隔操作で有名人を演じ、広告そのものと化す未来社会が描かれている。

(36) コリイ・ドクトロウ『マジック・キングダムで落ちぶれて』（川副智子訳、早川書房、二〇〇五年）。原著は二〇〇三年刊で、フェイスブックが作られるのは二〇〇四年。世間が「いいね！」の概念を持っていなかった頃にこの作品は書かれており、作者の先見の明に驚かされる。

本節では、いずれ主体的に潜在空間を使うようになるあなたに向けて、まず潜在空間がコミュニケーションをどう変化させるかについて予測し、次にそれが国家や企業によってどのようにコントロールされるかを予測し、最後にそれを主体的に用いるために必要な手段を予測する。

■潜在空間を通したコミュニケーション

動物種によって世界の感受の仕方は大きく異なる。この概念を提唱したヤーコプ・フォン・ユクスキュルは著書『生物から見た世界』(38)の中で、知覚時間が異なる動物がいることを初めて示した研究としてM・ベニウクによる実験を紹介している。ベニウクは闘魚に、人間であれば連続した映像として捉えられる画像群を見せ、それに反応が無かったことから、闘魚は我々の運動をスローモーションのように感じていると推測した。このように知覚の差異の研究は映像から始まっているとも言えるのだが、この差異を埋めることもまた、映像によって可能になってきている。様々なレンズ・カメラ・特殊な波長の電波等を組み合わせた撮影と、画像処理の技術を用いれば、人間には感じられない世界を人間に合わせた形式で見ることができるのである。

動物種間の差ほどではないにしろ、人間の個体間でもコミュニケーションに用いるシグナルは様々な要因により異なっており、自然に埋めることの難しい溝は多く存在する。しかし、潜在空間を用いてシグナルを別のシグナルに変換できれば、このような問題は大部分が解決できよう。

コンピュータやビデオカメラからの情報が小電流の電気刺激の形で舌に伝えられ、そこからメッセージが脳に送られるTongue display unit。テキストをなぞると即時にテキストを音声で読み上げてくれる指輪型のデバイスFinger Reader。グーグル・グラス上で認識した情報を画面に注釈付きで写し出し母国語以外の言語表示も行うアプリケーションWord Connect。相手の表情をリアルタイムで解析して感情を表示し、逆に自分の表情がまわりにどういう印象を与えているのかも教えてくれる対話型社会感情ツールキットiSet。いずれコミュニケーションは映像解析を世界共通言語に用いることになるだろう。

フェイスブックやツイッターは可視化したコミュニケーションを娯楽として共有させることで人間関係の在り方を一変させたが、潜在空間はコミュニケーションを映像化し、客観化し、自動化する。対話相手の情報・感情をリアルタイムで表示し、会話ログの脇に選択肢と「いいね！」ボタンと絵のスタンプを浮かび上がらせるのはもちろんのこと、さらにあなたはその映像をすぐに友人たちに公開してジャンルとタグとコメントを氾濫させることもでき、人工知能はそこに周辺地域や商品の広告・情報を映像として重ね、あなたに広告費をもたらしてゆく。

映像解析的コミュニケーションは、「その場所・その時間」にあなたがいることを必要としない。テレプレゼンス技術によって離れた相手とロボットを介して対話することが当たり前になり、そのロボットがあなたの考えや癖を模倣して動けるようになったとき、あなたは自分の分身としてロボットを用いるようになる。実は人間は、感覚情報をうまく調整するだけで、人形や他人の身体を自分のも

(37) 言語ゲームについては、ウィトゲンシュタイン『ウィトゲンシュタイン全集8——哲学探究』(藤本隆志訳、大修館書店、一九七六年)参照。映像によって言語と環境を結び付けることが可能な近未来においては、あらゆる言葉の意味をその言葉の用い方からシステム的に提示することが可能になるだろう。

(38) ユクスキュル、クリサート『生物から見た世界』(日高敏隆、羽田節子訳、岩波書店、二〇〇五年)。

ののように感じてしまう。ジョナサン・コーエンらによって発見されたラバーハンドイリュージョン(39)によって一躍有名になったこの分野(40)では、近年ではヘンリク・エールソンらによって、ヘッドマウントディスプレイを用いた研究(41)が行われている。この研究では、ダミー人形の頭に取り付けたカメラの一人称視点で人形の胸部・腹部を被験者に見せ、人形と被験者の胸部・腹部を同時になでることで、被験者に人形の身体を自分の身体のように感じさせることに成功している。さらに、実験者の頭にカメラを取り付け、被験者がその一人称視点で実験者と被験者自身が握手するのを見せることで、被験者自身の手より実験者の手の方を自分の手のように感じさせることにも成功している。将来ロボットはこのように映像を通すことで、あなたの身体イメージにまで取り込まれるだろう。

しかし、コミュニケーションのデジタル化は、その技術の管理者によって関係をコントロールされる危険性を孕んでいる。ローレンス・レッシグは、インターネット上では人間行動のコントロール手段として人工環境設計が力を持つことを指摘し、これをアーキテクチャと呼んだ(42)が、コミュニケーションが常に潜在空間を介するようになるとき、国家や企業はアーキテクチャからバイアスをかける形で密かに人々の意見を動かす力を持ってしまう。差別発言とステルスマーケティングがウェブに蔓延する現在の状況から考えても、潜在空間を悪用から守るのは容易ではない。このような危険性について、次に議論してゆこう。

■潜在空間を通したコントロール

人は繰り返し接触するものに好感を抱くという単純接触効果、吊り橋の揺れへの動揺を異性への興奮と錯覚してしまう吊り橋効果、老齢と関連ある単語を見ると歩く速度が遅くなるといったプライミング効果の応用——あなたを操る心理学的手法は既に山ほど存在し、潜在空間はユーザーへの実験でこれらをさらに洗練させることができる。二〇一四年、フェイスブックがユーザー七〇万人弱を対象に、無許可でニュースフィードを操作してポジティブ（あるいはネガティブ）な言葉を含んだ投稿の表示を減らす実験を行い、それを見たユーザーの投稿に情動感染が起こるという結果を得ていた(43)が、まさにこのようにしてあなたは実験動物となるだろう。

視覚と身体と精神は密接に結びついているがゆえに、映像を用いた心理操作の効果は非常に大きい。廣瀬通孝らは、専用のゴーグルを装着して食品を見るとサイズが実物より大きく見えるシステムを用いて、食品を食べたときの満腹感を操作することに成功している(44)。さらに廣瀬らは、撮影している顔の画像をリアルタイムで表情を変えるように変形する技術(45)も開発しており、コミュニケーシ

(39) M. Botvinick & J. Cohen, Rubber hands 'feel' touch that eyes see, *Nature* **391**, 756 (1998). 被験者を自分の手が見えない状態に置き、ゴム製のダミーの手を見せ、ダミーと本物の手の両方を同時になでていると、被験者はダミーの手を自分の手のように感じるようになるという現象。

(40) これらの話は、サンドラ・ブレイクスリー、マシュー・ブレイクスリー『脳の中の身体地図——ボディ・マップのおかげで、たいていのことがうまくいくわけ』（小松淳子訳、インターシフト、二〇〇九年）およびミゲル・ニコレリス『越境する脳——ブレイン・マシン・インターフェースの最前線』（鍛原多恵子訳、早川書房、二〇一一年）に詳しい。

(41) V. I. Petkova & H. H. Ehrsson, If I Were You: Perceptual Illusion of Body Swapping, *PLoS ONE* **3**, 3832 (2008).

(42) ローレンス・レッシグ『CODE——インターネットの合法・違法・プライバシー』（山形浩生、柏木亮二訳、翔泳社、二〇〇一年）。

(43) D. Adam et al., Experimental evidence of massive-scale emotional contagion through social networks, *PNAS* **111**, 8788-8790 (2014).

ョンの最中に話者の意図に関係なく表情を変形することで会話をコントロールすることが可能になってきている。これらは良い方向に用いれば生活を豊かにする技術であるが、その一方でコミュニケーションを他人に勝手に書き換えられる可能性を作り出す。

映像による人間の内面の書き換えは、高次なレベルでも起こってしまう。例えばヘンリー・ローディガーらの行った実験(46)では、まず被験者に歴史に関する小論文を読ませ、直後にそれに反する事柄が含まれる歴史映画があると告げ、その上映を行う。その後、何が史実であったかのチェックテストを受験させると、なんと三分の一もの学生が作り話を史実と解答してしまうのである。

次の戦争は、日常にこのような洗脳を忍び込ませることによって引き起こされるかもしれない。近年イスラーム過激派組織はゲームを用いて反イスラエル・反米のプロパガンダを若年層に普及させていたり、宗教的な声明や自爆テロの前に録画した遺言ビデオをウェブで発信することで海外に狂信者を生み出したりといった戦略を取っている。中でもＩＳＩＬはユーチューブやツイッターを駆使して自らの思想を広め、世界中にテロの協力者を作り出しており、二〇一四年に起こった残虐非道な日本人人質殺害事件にも、映像を用いて様々な人間の内面のコントロールを図る「メディア戦略」としての側面が存在した(47)。テロ組織が仮想現実を用いる危険性については米政府も警戒を強めており、イスラーム過激派がウサーマ・ビン・ラーディンのアバターを作って新しいファトワーを発令する可能性を考察した文書(48)も存在する。

さらに、潜在空間は国境を越えた兵士の育成も容易にする。米軍では既に、ＦＢＩで設計されたゲームの如き発砲タイミング訓練プログラムが兵士の発砲率を上げるために用いられ、一人称シューティングゲーム America's Army が広報に用いられている。テロ組織が潜在空間を駆使して潜在的殺人願望者を発見・洗脳し、ゲームを用いて殺人の訓練を行い、地理的距離も言語の違いも超えてテロリストを育ててしまうのも時間の問題だろう(49)。

では、日常が他人にコントロールされているかもしれない社会の中で、どうすればあなたは主体的に動けるのだろうか。

(44) 鳴海拓志、伴祐樹、梶波崇、谷川智洋、廣瀬通孝「拡張現実感を利用した食品ボリュームの操作による満腹感の操作」、情報処理学会論文誌 **54**, 1422-1432 (2013).

(45) 吉田成朗、鳴海拓志、櫻井翔、谷川智洋、廣瀬通孝「リアルタイムな表情変形フィードバックによる感情体験の操作」、ヒューマンインタフェース学会論文誌 **17**, 15-26 (2015).

(46) A. C. Butler et al., Using Popular Films to Enhance Classroom Learning: The Good, the Bad, and the Interesting, *Psychological Science* **20**, 1161-1168 (2009).

(47) ＩＳＩＬのメディア戦略については、池内恵『イスラーム国の衝撃』（文藝春秋、二〇一五年）に考察がある。

(48) アメリカのOffice of the Director of National Intelligence の委託により、二〇〇八年にODNI Summer Hard Problem において作られた調査書 3D Cyberspace Spillover: where virtual worlds get real。Federation of American Scientists の要請により公開されており、同ウェブサイトのe-Prints で閲覧できる。

(49) 洗脳の危険に対する規制が必要とされる一方で、コミュニケーションの在り方を教育するのにゲームが役立つ場合もあるはずだ。イラクやアフガニスタンのコミュニティを再現したシミュレーター First Person Cultural Trainer は、プレイヤーがコミュニティ内の人間関係を把握し、内部の問題を解決できるよう訓練をするものだ。フィンランドではいじめ対策ゲームが教育現場に導入され、プレイヤーがいじめに関わるキャラクターを操作することで客観的に自分を考えられることが望まれているという。

潜在空間のモルモット・ヒーロー

その答えとして本論では「自己のヒーロー化」という概念を提示したい。現実世界を潜在空間内にオンラインRPGとして再構築し(50)、自分の身体を主人公として絶えずモニタリングし、他人と協力して「下」から世界を変えてゆくこと――それがこの世界を主体的に生き抜く方法となるのではないか。

フェイスブックが既に人々の個人情報を国家よりも正確に把握しているように、今後は収集できる映像量が潤沢か否かによって、企業や国家の影響力が決定する。個人の映像はクレジットヒストリーに代わって用いられ、貨幣のように時間単位で取引さえされるかもしれない。あなたは企業や国家に自分の映像を提供せざるを得なくなるが、それは生活の映像があなたの信用そのものに直結し、サービスの向上や犯罪抑止、職業選択や学業といった社会生活、あるいは友情や恋愛などの日常生活に不可欠になるからだ。

だがしかし、それらを自分たちで自発的に管理するようにしたらどうだろうか。近年自動車業界では運転技術に点数をつけて競わせるデバイスが作られ、高得点なら保険料が安くなるシステムが考案されたが、潜在空間はあなたの生活を点数化することもできる。カーン・アカデミーは既に教育において、講義ビデオの閲覧パターンやウェブテストの結果パターンを可視化し、フィードバックするシステムを考案している(51)。シリコンバレーでは、ウェアラブルデバイスで自身をモニタリングするQuantified Selfという考えがムーブメントになっている。デブ・ロイらが自らの子供の生後三年間の言動を周辺環境も含めすべて映像で記録し、子供の言語習得と周囲の人間の言葉の使用状況や視覚的環境との関連を研究した(52)ように、潜在空間を用いて自らの生活を分析できれば、企業や国家からのコントロールは白日の下に晒されるだろう。行動のモニタリングはビジネス化することで、他人から資金協力を得ることも可能になる(53)。近年ではバス・ランスドルプが発表した火星移住計画マーズワンのように、リアリティ・ショーとしてメディア展開することを前提に科学計画に投資を募るケースも増えてきている。研究費を国家予算ではなくクラウドファンディングで稼ぐという方法論は、海外ではExperiment、国内ではacademistといったウェブサイトで既に成功しており、かつてジャック＝イヴ・クストーが海洋記録映画を作りながら水中撮影の方法を切り開いていったように、今後は科学と芸術とビジネスがより密接に組み合わさって世界を変えてゆくこととなるだろう。

医療情報についても自発的な管理が可能になるはずだ。ミシェル・フーコーは民主主義社会という

(50) コンピュータゲームにおけるRPGはテーブルトークRPGのゲームマスターを自動化するために作られたことに端を発するが、潜在空間は現実世界のゲームマスターとも言えるだろう。

(51) TED2011におけるサルマン・カーンのトーク「ビデオによる教育の再発明」が参考になる。

(52) D. Roy et al., The Human Speechome Project, *Proceedings of the 28th Annual Cognitive Science Conference* (2006). TED2011におけるデブ・ロイのトーク「初めて言えた時」も参考になる。

(53) このような方法が危険を生み出す可能性もある。二〇一五年五月、三社祭でドローンを飛ばすと予告して逮捕された少年がいたが、彼は動画サイトを使って動画を配信し、リスナーに煽られる形で危険行為を行っていた。彼の活動の資金源は、動画サイトafreeCa TVでの投げ銭システムや、彼個人のウェブサイトに書かれた口座への寄付であり、この犯罪は、悪質なリスナーたち（「囲い」）が彼をコントロールしていたことに起因する部分も大きい。撮影によって被写体の精神が変化する現象については、原一男監督『ゆきゆきて、神軍』（一九八七年）やジョシュア・オッペンハイマー監督『アクト・オブ・キリング』*The Act of Killing*（二〇一二年）といったドキュメンタリー映画からも考察できる。

が、「生権力」が、秩序維持のために市民の健康まで管理する「生政治」を行っていることを指摘したが、潜在空間はその健康管理者と被管理者の立場を反転させる。一九六六年、精神病院の入院患者が医師との面談治療時にテープレコーダーを忍ばせ、やり取りを録音してジャン・ポール・サルトルに送付したときから、患者による医者の「管理」は既に始まっていたとも言えるかもしれない(54)。現在では家庭に置くことのできる製品を用いて健康データを得る研究が徐々に進んでおり、心臓鼓動時の血管の体積変化を映像から推定して心拍数を知ることができるCardiocam(55)や、Kinectで脊椎側湾症を早期発見できるシステム(56)、スマホで疲労度を計測できるアプリFricker Health Managementなど、様々なツールが存在する。潜在空間を用いればあなたは自分の身体情報をリアルタイムで解析することができ、データベースに似た症状を載せている他の患者と悩みを共有し、医師との問診だけでは見落とされがちな特徴も抽出できるようになるだろう。潜在空間はセカンドオピニオンやインフォームドコンセントを大規模に行い、先制医療までをも容易に行う。それは病気に関する研究が、医師主体ではなく患者主体で発展する可能性さえ含有している。

このようにあらゆるものを自分たちで管理し、自分がコントロールされているかどうかさえモニタリングしてしまえば、社会はシステムの管理者に頼り切ることなく成立できる。勝手に記録が残るために名前を残せずに死んでゆくことがあり得ないこの世界で、あなたは実験を通して社会参加を行い、自分のアバターを自分の望む姿に近付けることに執心し、アーカイブ内の実存を自らの本質に先立つように規定してゆく。実験室化する世界の中で、支配に対抗するために世界をオンラインＲＰＧ化し、自らの身体や経験をパラメータとして管理することで、モルモットの代表として人々の盾になる――これが潜在空間のモルモット・ヒーローの姿なのである。

終節　映像／批評の臨界点

ここまで読んできたあなたは、潜在空間が行うであろう解析が、本論集の他論考の批評と多くの点で類似していることに気付いたかもしれない。実は本論の意図はそこにある。映像群を「様々な相互作用が産む文化」として分析すること――本論集が提示しているその方法論が可能になってきたということこそが、まさに潜在空間の予兆なのではないだろうか。

相互作用に着目してモノを見るという考え方は、何も新しいものではない。例えばノーバート・ウィーナーは、生命や機械などあらゆる事物を複数の要素の相互作用から成るシステムとして見る「サイバネティクス」という学問体系を提唱し、一九四五年から始まったメイシー会議を通じて、その見方を様々な分野に拡張していった(57)。「サイバースペース」はSF作家ウィリアム・ギブスンがこれ

(54) この指摘はフリードリヒ・キットラー『グラモフォン・フィルム・タイプライター』（石光泰夫、石光輝子訳、筑摩書房、一九九九年）p153-155を参考にした。テクノロジーとメディア、人間の精神の関係が巧妙に考察されている名著である。

(55) M. Z. Poh et al., Non-contact, automated cardiac pulse measurements using video imaging and blind source separation, *Optics Express* 18, 10762-10774 (2010).

(56) このシステムは、寺田信幸が米澤郁穂、秋元俊成、田澤信之と共同で開発したものであり、寺田の所属する東洋大学は、エーアンドエー株式会社とともに製品を商品化していく契約の締結を二〇一四年に発表している。

(57) メイシー会議については、スティーヴ・J・ハイムズ『サイバネティクス学者たち――アメリカ戦後科学の出発』（忠平美幸訳、朝日新聞社、二〇〇〇年）に詳しい。会議にはベイトソンやミードも出席しており、理系と文系の研究の接点になっていた。

を語源として作った造語であるが、潜在空間はまさに本来の意味でのサイバースペースと言えよう。あるいは、ドキュメンタリー映画の祖と言われるジガ・ヴェルトフの作品『カメラを持った男』Человек с кино-аппаратом（一九二九年）。カメラがカメラを撮り、編集作業までがフィルムに取り込まれたこの作品は、映像を構成する相互作用に着目することが「ありのまま」を写すことにつながるということを教えてくれる。そして、ミシェル・フーコーもまた、資料の生まれた状況を考慮しながらアーカイブをジャンル横断的に見ることで、資料群の相互作用の背後に潜むエピステーメーを捉えていた。潜在空間はいつかこのようなプロセスを自動化し、映像群からエピステーメーを自動抽出するオートマティック・フーコーを産み出すだろう。このような理系・文系・芸術の接点に、潜在空間の萌芽は存在していた。

潜在空間の到来は、もうすぐそこまで迫っている。既に、理系においては「イメージング」「ビジュアライゼーション」「ミエル化」「可視化」、文系においては「映像実践」「映像人類学」などがキーワードとなって、映像を分野横断的に研究しようという動きが始まっている。本論のように理系・文系・芸術までをすべて組み合わせて論じようという試みはまだあまり見かけないが、人工知能の技術さえ進歩すれば、これらの研究が結びつくのにほとんど時間はかからない。

潜在空間がどんなものになるのかを正確に予測することは誰にもできない。しかし、潜在空間が批評行為を忘れて成長するとき、それは文化を蔑ろにする監視社会システムと化すだろう。潜在空間は「見る」だけに特化したシステムではなく、あくまで、複雑な文化ネットワークのダイナミズムからパターンを抽出する批評空間の延長として産まれるべきなのだ。映像が批評と一つに融け合う臨界点、そのただ一点から美しい潜在空間が出現するのである。

だから僕は、この本を読んだあなたにこそ、潜在空間を主体的に創ってもらいたい。本論は一介の学生が聞きかじった知識を羅列しているに過ぎず、各分野の代表的な研究を余さず紹介できたという自信はない。本論はあくまで新しい分野を作る叩き台として書かれたものであり、これを拡張させてゆくのは、僕と異なる分野の知見を持っている「あなた」であって欲しいのだ。潜在空間が始まりつつある今、あなたの一挙一動は潜在空間全体と直接結び付く。潜在空間がどのように作られるかは、このセカイ系世界の主人公である「あなた」によって変わるはずだ。具体的に何をすればいいか、それは未来にならないと分からない。でも、M・ジョン・ハリスン『ライト』の邦訳本の帯には、こういう場合にぴったりな言葉が書いてあった。ここまで映像文化の近未来を論じてきた本論だからこそ、最後にこの言葉を残して、筆を置きたいと思う。

「未来を見るな、未来になれ(58)」。

(58) M・ジョン・ハリスン『ライト』(小野田和子訳、国書刊行会、二〇〇八年)初版付属の帯。作中 p390 に登場する以下の言葉を元にしていると思われる。「たしかに、あたしはあんたを訓練した。でもそれは、未来を見るためというよりは、未来になるための訓練だったんだよ。エド、どうだい、この考え？　未来になるっていうアイディア。未来をがらりと変える。なにもかも変えるんだ」。

謝辞

本論の執筆にあたっては、映像人類学の発展やフィールドワークにおける研究事例について、信州大学の分藤大翼先生、国立民族学博物館の森田剛光先生にお話を伺い、参考にさせて頂いた。考古学の研究事例を調べる際には、南アジア文化遺産センターの野口淳先生にお世話になった。また、神経科学関連の表現について、東京大学の松永光幸氏、早稲田大学の山田千晴氏に貴重なご意見を頂いた。ここに深く感謝の意を表したい。

第六章▼ネットワークが生成する動画文化

「野獣先輩は淫らな夢を見るか？――〈真夏の夜の淫夢〉概説」

竹本竜都

1　あなたは「淫夢」を知っていますか

「淫夢」と呼ばれる文化がある。

もしもあなたがTwitterやニコニコ動画や2ちゃんねるといったSNSやコミュニティサイトをよく利用していたのならば、「淫夢」という単語だけでピンとくるかもしれない。また、そうでなくても「アッー！」「オナシャス！」「あっ……（察し）」「○○なんですがそれは……」「まあ、多少はね？」「（小並感）」「（震え声）」などといった特徴的な言い回しを目にしたことくらいはあるかもしれない。

実は、これらの言い回しの多くは、ゲイビデオ（＝男性同性愛者向けのアダルトビデオ）の台詞、もしくはそれに関係するものから取られているのだ。こういったビデオ内の台詞をスラングとして使うコミュニケーション作法、そしてビデオ映像や音声、キャプチャ画像を素材として加工した映像・

楽曲・文章などの創作物からなる文化圏の総称を、「真夏の夜の淫夢」、あるいは単に「淫夢」と呼ぶ。また作品投稿者、スラングの使用者は「淫夢厨」、スラングは「語録」あるいは「淫夢語」と呼ばれる。そして驚くべきことに「淫夢」は、一〇年を超える歴史と多くのフォロワーを持つ、一大インターネットカルチャーなのだ。投稿動画配信サービス『ニコニコ動画』上で「真夏の夜の淫夢」タグで検索すると、約三九〇〇〇件の動画が見つかる（二〇一五年四月調べ）。これはたとえば、ニコニコ動画内でもっとも人気とされるコンテンツの一つである、「VOCALOID（初音ミクに代表される音声合成ソフト）」タグの約四一四〇〇〇件に比べれば、およそ一〇分の一に過ぎない。だが逆に言えば、ゲイビデオというアダルトコンテンツ、しかも一般通念からすれば忌避されるであろう題材を使った動画が、これだけ多く投稿されているということでもある（しかもニコニコ動画においては、アダルトコンテンツは削除対象であるにも関わらず）。

また、インターネット掲示板『2ちゃんねる』内の各所においても、淫夢を主題にしたスレッド（＝スレ）は立てられ続けている。たとえばガイドライン板（＝カテゴリ）に立っている淫夢スレである『TDNのガイドライン』スレは、タイトルのナンバリングが一〇〇〇を超えている。つまり、『TDNの〜』スレには単純計算で一〇〇〇×一〇〇〇＝累計一〇〇万回以上の書き込みがされてきたことになる。これはわかりやすい例だが、実際は2ちゃんねるに数多ある「淫夢語」を使った書き込みのほんの一部にすぎない。

ミニブログサービス『Twitter』ではどうか。たとえば「（小並感）」という、世間一般で使われるような単語とまず被らない、純粋な結果を抽出しやすいスラングでツイート（書き込み）検索をしてみよう。いくらスクロールしても終わらない大量の検索結果に、あなたは辟易することだろう。同じく検索にノイズが混じりにくい「(微レ存)」「オナシャス」といったスラングでも、同様の結果が得られる。そしてそれらのほとんどは、それぞれの個人が、日常的なつぶやきの中で使用しているものだ。

このように、インターネットには「真夏の夜の淫夢」とタグ付けされた作品が多数存在し、また「語録」を使用する「淫夢厨」も夥しく存在する。なぜだろうか？　なぜ彼らはゲイビデオなどという世間に忌避されるようなコンテンツを好んで消費するのか？　淫夢とは一過性のブームに過ぎず、無意味で無価値な現象なのではないか？

そうではない。結論から述べよう。淫夢とは日本のインターネット文化の歴史がもたらした必然であり、多面的でハイコンテクストな文脈を持つ文化なのだ。以下にその概要を述べるが、そのうえで予め断っておかなければならない点がある。詳細は後述するが、淫夢はその成り立ち上、ホモセクシュアル差別によって成り立っている文化であり、またその他にも多くの問題を抱えている。拙論はあくまでそれら問題点も含めての文化紹介であり、問題行為を全面的に許容、奨励しているものではないということをご理解いただきたい。

2　淫夢とはなにか

さて。まずはじめに、淫夢というカルチャーがどういった生態系を形成しているかを解説していこう。

多くのインターネットコミュニティにまたがり形成されている淫夢だが、その「主戦場」はといえば、前述した『ニコニコ動画』になる。ニコニコ動画はユーザーがアップロードした動画上に閲覧者がコメントすることによるコミュニケーションを主眼としたサービスだ。動画は投稿者あるいは閲覧者によってタグ付けされ、分類されていく。そのタグの一つが、「真夏の夜の淫夢」であり、原則的にはこのタグが付いている投稿作品が「淫夢動画」とされる。

淫夢動画のほとんどには語録を使ったコメントが付けられており、その特徴的な言い回しから独特の空気が醸成されている。淫夢厨は自分を含め語録を使う者を「ホモ」、使用しない人間を「ノンケ」として規定する。彼らの多くは、実際にホモセクシュアルなわけではない。彼らはあくまでポーズとして「ホモ」を名乗っている（もっとも、彼らの中に本当にホモセクシュアルが一定数いる可能性も存在するが）。自らを、あるいは他の誰かをホモとみなす、その「見立て」は、基本的にあらゆる淫夢文化に共通する特徴だ。

ここで重要なのが、「（特に設定しない限り）ニコニコ動画の投稿作品へは視聴者が自由にコメントできる」「『真夏の夜の淫夢』タグもまた視聴者が自由に付けられる」という事実だ。このことが何をもたらすのかについては、後ほど論じる必要があるだろう。

さて、ニコニコ動画において淫夢動画は数多いが、そのうちの多くを占めるのが、いわゆる「MAD動画」と呼ばれる、既存の素材を加工、編集して作成されたものだ。ニコニコ動画における一般的なMAD動画の多くは、漫画の一コマやアニメやゲームの映像の一部といったものを素材として使用し作られている。淫夢におけるそれ＝「淫夢MAD」の場合は、素材がゲイビデオの切り抜き画像や映像、音声等に置き換わっている、というわけだ。

ごく単純な例では、たとえばゲームのプレイ動画に音声素材を組み合わせて、あたかも男優がしゃべりながらゲームをプレイしているように見せているものがある。プレイキャラがダメージを受けると「痛い！」と叫んだり喘いだりするし、敵を倒すと「ふぅ〜気持ちぃぃ〜」とつぶやいたりする、といった具合だ。こういった動画は「淫夢実況シリーズ」とタグ付けされている。

もうすこし込み入った作り方をしている例では「BB先輩劇場」というものもある。ビジュアルノベルのように、ゲイビデオ男優たちがキャラクターとして登場して会話劇を繰り広げる、という作りのものが多い。ストーリーはオリジナルであったり、既存の作品や時事ネタのパロディであったりする。

こういったMAD動画を作成するためのMAD素材そのものも、また多数ニコニコ動画に投稿されている。男優のバストアップや全身像の切り抜きに始まり、歩く姿や物を取ろうとする仕草、さらには元々ゲイビデオ内には存在しなかったはずの動作、たとえば銃を撃ったり、煙草に火を付け一服したうえで吸い殻を投げ捨てたりといった動作を行わせているものまでもが、加工編集によって作り上げられ、投稿されている。これらの素材動画は、編集時に抜き出しやすいようにとブルーバック（背景が青一色）の状態で投稿されていることが多いが、これらは「BB素材」と称される（後述する「BB先輩劇場」のBBとはここから来ている）。BB素材動画は、単に素材であるだけでなく、それ自体が一個の作品として成立している場合も多い。たとえば、動画内の「使用例」が、一〇分を超えるような大作であったり、一見使用法が限られているように見える素材を「使用例」で自ら逸脱するような使い方をしたり、といった様に、何らかのエンタテインメント性を備えている場合が多い。

多種多様な素材を利用して作られた淫夢動画も、同じく多種多様だ。淫夢内におけるさらなるカテゴリ分類としてメジャーなタグを幾つか挙げてみよう。「バトル淫夢」「社会派淫夢」「グルメ淫夢」「ほのぼの淫夢」「淫夢実況シリーズ」「BB先輩劇場」「COATアニメーション」「オシャレ淫夢」「スタイリッシュ淫夢」「ノンケ淫夢」「ホラー淫夢」「泣ける淫夢」「子供向け淫夢」「インタビューシリーズ」「野獣先輩新説シリーズ」「従軍先輩シリーズ」「ガッツポーズ淫夢くんシリーズ」……。これらのタグ付けをされた動画が実際にどういった作品かはわからなくとも、淫夢というタグが多くのジャンルを内包しているかをうかがい知ることはできるだろう。

あるいは、こういう疑問を持った人もいるかもしれない。「なぜこれらのタグには『淫夢』と付いていなくてはいけないのか？　なぜ投稿者は単なる『バトル』や『グルメ』や『ホラー』ではなくわざわざ淫夢動画を投稿するのか？　なぜ、彼らは淫夢を選ぶのか？」

その疑問に答えるためには、淫夢の特徴とその魅力について探っていかなければならない。

3　淫夢の特質

淫夢のカルチャーとしての特徴とは何か？　端的に言えば、それは「語録」「認定」「素材化」「汚物」という四つの柱に集約される。この柱が相互に影響を与えあうことで、淫夢は独特の文化圏を形成しているのだ。順番に説明していこう。

まず「語録」。語録とは前述したように「ゲイビデオの台詞等を使ったスラング」だ。おそらく人々が淫夢に初めて触れるケースは、この語録を通してであろう。スラングというものが得てしてそうであるように、語録は奇異な言い回しやひと目では意味を掴みかねる言い換えが多いが、その中でも特に文字情報に依拠した特殊性を備えているケースが多々ある。

　たとえば語録のうちもっともインターネットに膾炙していると思われる「アッー！」というフレーズだが、この文字列を始めて目にした人は、それをどう発音するか戸惑うだろう。男優の喘ぎ声を文字起こしした結果生まれたこのフレーズは、その独特な（というよりも、間違った）語感からまたたく間に流行し、一時はインターネット界隈において「ホモ」の代名詞にまでなった。

　また、「アッー！」ほどではないが流行しているとされる「微レ存」だが、初見でこの文字列から正しい意味を読み取れる人間はほとんどいないと思われる。これは実は「微粒子レベルで存在する」の略語であり、「○○が××である可能性が微レ存・・・？」といった使い方をするのだが、意味を理解するまでの意味不明さ、独特の語感、使いやすさなどの理由から、頻繁に使用される。この略も音声ではなく文字であるからこそ起こり得たものだ。

　さらに、語録には「そんなんじゃ甘いよ（棒読み）」「（迫真）」「見たけりゃ見せてやるよ（震え声）」といった、語尾に（○○）を多用するケースも非常によく見られるが、これも男優の演技を文字に起こす過程で生まれたものだ。以上のような例がすべてというわけではないが、語録の大きな特徴として、こういった字面上の特殊性があることはわかっていただけただろう。

　また、その豊富さも語録の魅力の一つだ。語録、と一言で言っても、その内実はゲイビデオその他の動画中での発言や2ちゃんねるのレス、ニコニコ動画でのコメントなど多岐にわたっている。（たとえば「微レ存」も、2ちゃんねるが発祥とされている）その大量さ故に、語録をまとめた専用のwikiや、androidでは語録専用のマッシュルーム[1]辞書が作られているほどだ。その気になれば日常会話を語録で代替することさえ不可能ではないだろう。こういった大量のデータベースの中から、汎用性の高い語録が引き出され、動画へのコメントといった形で反映されていくことになる。

こういった形でインパクトと汎用性を両立させている語録は、それ故にＳＮＳ等のサービスでも使用されやすい、ネットスラングの中でもかなり拡散力の高いものだ(2)。これが、淫夢のカルチャーとしての広がりの第一要因だと言えるだろう。

次に「認定」。淫夢のもっとも強力で、そして忌み嫌われる要素がこの「（淫夢）認定」だ。淫夢認定とは、文字通り「これは淫夢である」と認定することだ。「やっぱりホモじゃないか（歓喜）」という語録に代表されるように、淫夢厨は自分たちが淫夢的と認定したものを「ホモ」として自らに取り込んでいく。

認定の理由は様々だ。ゲイビデオの男優に顔が似ている人物であったりビデオで使用されていたＢＧＭと同じものが使われていた作品であったり、タイトルロゴに描かれたイラストに似た動物であったり……。あるビデオで「アイスティーに睡眠薬を入れ、飲ませる」という描写があったことから、アイスティーや睡眠薬そのものを淫夢的とみなすこともある。その基準は広く恣意的で、外部から見れば意味不明だ。

そういった認定基準の不鮮明さの象徴が「クッキー☆」と呼ばれるジャンルだ。東方project(3)という人気同人ゲームの、とある二次創作ボイスドラマの登場人物たちの声の演技が、「まるでゲイビデオの男優たちのように（！）」棒読みで下手であることから淫夢認定を受けて生まれたこのジャンルだが、ここで重要なのは、東方projectの登場キャラクターはそのほぼすべてが女性であり、認定を受けた該当作の声の出演者（そのほとんどはアマチュア、というより素人）も女性ばかりだったという点だ。およそ理解し難いことに思えるかもしれないが、「認定」という文脈を通して、ゲームキャラの少女たちも、ファンメイド作品でそのキャラに声を当てた素人女性声優たちも、すべてが「ホモ」として「淫夢ファミリー」に組み込まれてしまっているのだ。

もっとも、そういったあまりにアクロバティックな認定を拒否する淫夢厨も一定数おり（「淫夢原理主義者」と揶揄される）、「クッキー☆」タグと「真夏の夜の淫夢」タグでの住み分けを主張する者も多い。またMADにおいても、ゲイビデオ等の素材を使わず淫夢要素を排除した純粋？な「クッキー☆」作品も多数ある。だが、そういった動画のほとんどには語録を使ったコメントがついており、全体から見れば「クッキー☆」は淫夢の内部ジャンルという認識が大勢を占めている(4)。

（1）android の入力システム（IME）の支援アプリ。定型文や顔文字、電話帳に登録されている情報などといった様々なデータを呼びだすアプリが存在している。

（2）淫夢がこのような拡散力の高いスラングを持ち得ている背景には、逆説的だがコメントの流動性の高さがあると思われる。コメントが消えやすいが故に一見でインパクトのある発言だけがピックアップされ、再投稿されることで急速に定着していくという流れだ。このような高い流動性が強力なスラングを生み出す例は多く、かつて様々なスラングを生み出した2ちゃんねるの板『ニュー速報VIP（通称VIP）』、淫夢と相互に影響を与え合っている『なんでも実況ジュピター（通称なんJ）』なども、多数のスレが次々と立っては消えていくが故に人気のあるスレに人が集まり、耳目を集めるスラングが生まれては拡散するという性質を持つ。

（3）東方Project － 同人サークル『上海アリス幻樂団』制作のシューティングゲーム、楽曲等の総称。同人作品としては驚異的に人気が高く、多大な二次創作群を生み出していることで有名。

淫夢認定を受けた対象はどういった被害を受けるか。ニコニコ動画においては、それは動画の乗っ取りという形で現れることが多い。ユーザーが勝手に「真夏の夜の淫夢」タグを付け、語録を使ったコメントを残していく。「クッキー☆」の元動画のように元々再生数コメントの少ない動画であれば、コメントは語録で埋め尽くされ、容易く「ホモのおもちゃ」になってしまう。その状況を嫌った動画の投稿者が動画を消すことがあっても、削除を予想していたユーザーたちが予め動画を保存しておき、元投稿主の預かり知らぬところで勝手に再投稿してしまうというケースも少なくない。当然、投稿主や淫夢厨ではない者たち（「ノンケ」と称される）にとっては荒らし以外の何物でもないのだが、そういった「ノンケ」の戸惑いや反発を嘲笑しつつ取り込んでいくのが、淫夢厨の基本姿勢だ。こういった取り込みによるネガティブな影響は「風評被害」と呼ばれ、しばしば淫夢の迷惑さの象徴として扱われる。

続いて「素材化」。淫夢厨は自分たちが淫夢認定したあらゆるものを素材化するといっても過言ではない。前述した語録にしても、男優の台詞などの「元素材」のみならず、台詞の空耳改変、2ちゃんねるを中心にしたネット掲示板の書き込み、ニコニコ動画でのコメント、淫夢認定された人物や作品での発言、さらには語録を日－英－日で再翻訳したものや音声認識ソフトにかけた結果など、メタ的な要素を多く含んでいる。

ＢＢ素材はよりキメラ的で、男優の陰嚢を切り抜き赤く着色したものを「りんご」と称したり、ビデオ内に一瞬写り込んだだけの一般人を「一般通過爺」と称したり、男優の裸体を組み合わせて有名人の顔やゲームのキャラを形どったものだったりと、奇怪で滑稽な「見立て」の要素を多く持つ。

さらに、こういった語録やBB素材を使用して作られたMADが、即座に新たな素材として使用されたり、あるいは類似の作品群を大量に生み出すケースもある。「野獣先輩新説シリーズ」などは、野獣先輩と名付けられたゲイビデオ男優が「実は女性」「実はアニメのキャラ」「実はポケモン」「実は三億円事件の犯人」「実は惑星」などといった荒唐無稽な説を、バカバカしい証拠立てによって「証明」するという形式の作品群だが、これだけで投稿数二〇〇件を超える人気シリーズになっている。このような形式性をも「素材」としてセルフパロディ化し、メタ的に消費していく自己増殖的なサイクルが、淫夢をより複雑でハイコンテクストなカルチャーにしているのだ。

最後に「汚物」。淫夢は「汚い」。淫夢動画の素材は、ゲイビデオという一般には受け入れられにくいジャンルを根幹にしているが、淫夢厨はその受け入れがたさを逆に強調する。ゲイビデオの中でもスカトロやSM要素を多く含んだものや、男性の裸体や局部をあえて強調したものを素材として扱うことが多い（「りんご」などがそれに当たる）。また排泄音や喘ぎ声を音MADの素材として利用したりと、その悪ノリぶりには枚挙に暇がない。

そういった汚さの象徴が、前述した野獣先輩と呼ばれる男優だ。淫夢厨によって「人間の屑」「汚物」「ステロイドハゲ」「うんこの擬人化」などといった蔑称が付けられている野獣先輩は、多くの

（4）クッキー☆MADは淫夢原理主義者からすれば非淫夢であるため淫夢タグを外すべき存在だが、単なる東方ファンからは逆に他の東方動画と区別するため淫夢タグを付けることを求められる傾向が強い。この状況を揶揄した「淫夢タグ付けたり外したりしろ」というフレーズも存在する。

MAD作品において、口先だけがうまく性根がねじ曲がっており、ことあるごとに後輩男性をレイプしたがる「人間の屑」として扱われる。出演作品において後輩をレイプする役を演じたことがその原因だが、そういった負の部分が強調された人物こそが、現在淫夢において一番人気のキャラクターとなっていることから、淫夢の「汚さ」を重視する傾向が見て取れるだろう。

また、この「汚さ」を外部に向けて強調するケースが多いことも淫夢の特徴だ。たとえばTwitterでは真面目な発言を装ってゲイビデオの画像に誘導するような釣りツイートが多数投稿されている。ツイートに釣られ、不快感を顕わにする「ノンケ」たちを嘲笑う淫夢厨、という悪趣味な構図は、2ちゃんねるやTwitterのような空間ではよく見られるものだ。

以上のように、淫夢は「汚さ」に代表されるようなメタ的に自己増殖した文脈を、そのまま淫夢認定や釣りといった形で外部に撒き散らし、それへの反応をさらにネタとして取り込み増殖するというパターンを持つ。自分たちの内輪の悪ノリを、部分的にではあるが外部に積極的に拡散していく、その無遠慮さと強力さが、淫夢の特徴といえる。

ただし、淫夢はそういった負の価値観だけによって成り立っているわけではない。「風評被害」のような迷惑行為を控えるべきだという声は存在するし、また作品形式の上でもポジティブな見立て、たとえば野獣先輩を善人、「人間の鑑」として扱うMAD作品も少なくない。ゲイビデオにおいて野獣先輩に犯される遠野という役の男優は、その時に発した特徴的な喘ぎ声から音MADの素材としてよく使われるが、その声色が海外の有名曲のフレーズに似ていたことから、「世界のトオノ」と称され、その音源を利用した楽曲自体もおよそゲイビデオが素材とは思われぬ音色を奏でるものが散見される。

このように、淫夢には「見立て」による価値観の逆転が起こるケースが多々ある。野獣先輩が「人間の屑」として扱われているからこそ逆に彼を「人間の鑑」とする作品も存在する。同様に「池沼（＝知的障害者）」とされるキャラだからこそ「智将」として扱う作品も存在するし、ゲイビデオが汚いものだからこそ「オシャレ淫夢」や「スタイリッシュ淫夢」タグは存在するし、笑えるものだからこそ「泣ける淫夢」は存在する。「きたないのにきれい」といったよく動画コメントに使用されるフレーズにも、こういった逆説性が現れている。この逆説が、淫夢という作品群にハイコンテクストな深みを与えているのだ（さらに言えば、そういった動画の多くには「元はホモビ」というコメントが付き、視聴者が逆説性を自覚しやすいようになっている）。

さて、以上の特質を、淫夢はいかにして獲得し得たのだろうか？　あるいは、なぜ淫夢なる文化は生まれ、発展してきたのだろうか？　その答えを知るには、わずかばかり日本のインターネットの歴史を遡る必要がある。

4　淫夢前史

今を遡ること一〇余年、二〇〇〇年代前半頃に、「Flash 黄金時代」と呼ばれるムーヴメントがあった。いまだブロードバンド化の進行中だった当時において、micromedia 社（当時）の開発した Flash という規格は、比較的軽量かつ手軽に音声やアニメーションを扱えることから、広く普及していた。

視覚、聴覚情報とインタラクティブ性とをリアルタイムレンダリングによってweb上で統合的に扱えるflashは、インターネットにおける映像コンテンツの間口を大きく広げる役割を果たしたと言えるだろう。日本においてもその影響は顕著で、flashを使用したゲームや映像が数多作成されていた。その中でも一ジャンルとして定着していたのが、いわゆる「空耳」と呼ばれるMAD映像系列だった。テレビ番組『タモリ倶楽部』の一コーナー、『空耳アワー(5)』によって定義された「空耳」は、既存の楽曲の歌詞をわざと面白おかしく間違えた歌詞が付くという形式を持つが、この元曲という「音声」と間違った歌詞という「文字」を容易に結びつけ、さらに映像としての付加価値を加えることに成功したのがflashだった。

一例を紹介しよう。『doraemooooooon!!!!』というMAD作品がある。オフスプリングの『ALL I WANT』という曲のサビが「どらえもおおおおおおん」と聞こえるというネタのこの動画には、歌詞にあわせてドラえもんや小泉元総理、森元総理、ブッシュ元大統領などの画像が表示される。彼ら当時の日米のトップが、混迷する現代においてドラえもんを求め叫ぶというのがおよその筋だが、彼ら登場人物や漫画の切り抜き画像といった素材の扱い方や見立て方、人形劇的な作り、そして空耳ネタは、荒削りではあるが、現在のBB素材を利用した淫夢動画との共通点を強く感じさせる。

さて、こういったflash映像文化は、二〇〇〇年代後半にはYouTubeを中心とした動画共有サービスに取って代わられることになった(6)。光回線の普及を中心としたブロードバンド化の進行によって、より高容量で高画質な動画の転送が可能になったためだ。既存の映像データを手軽にアップロードし、閲覧できる動画共有サービスは、プリレンダリングであるが故にflashのようなインタラクティブ性は乏しかったものの、映像データベースとしてのポテンシャルは圧倒的であり、またたく間に映像としての flash を取り込み、圧倒的な人気を得ていった。

さて、以上がニコニコ動画登場以前の映像文化における技術的進化の要約だ。だが、ここには未だ淫夢のいの字も存在していない。実は淫夢は、ゲイビデオという映像コンテンツを扱っているにもかかわらず、その初期においては映像文化としての側面をあまり持ち得ていなかったのだ（誰かが一時的にアップロードした動画を各自がダウンロードして見る、といった程度の使われ方で、広く共有されるものではなかった）。淫夢の「映像化」は、前述した動画共有サービスの普及によって為されるのだが、それ以前の淫夢の主戦場といえば、文字コミュニケーションの象徴たる2ちゃんねるであった。

「ネオむぎ茶(7)」に代表されるようなアングラ面を持つ2ちゃんねるは、同時にセクシャリティ、特に同性愛をネタとして好む側面がある(8)。その嚆矢が「くそみそ」ネタだ。山川純一（ネットで

(5) 厳密には『空耳アワー』は洋楽の作品から日本語に聞こえるものを探すという形式で、同時期にスタートした番組『ボキャブラ天国』などで取り上げられた日本語の歌詞の聞き変えとは本来異なるが、現在一般には区別されず、単に「空耳」と呼ばれる。

(6) 厳密には youtube 等の動画サイトの多くは flash player を利用しているが、あくまでプリレンダリングされた動画を流すもので、それ以前の flash 映像とは実質的に別物と考えてよい。

(7) 二〇〇〇年に発生した西鉄バスジャック事件の犯人の少年（当時）が、犯行前に2ちゃんねるにハンドルネーム「ネオむぎ茶」として投稿していたことが事件発生後話題になり、2ちゃんねるの名が広く知られるきっかけになった。

(8) ここでは主として男性によるゲイ受容の話をするが、女性によるゲイ受容は「やおい」に代表されるように独自の歴史を持っている。淫夢においては2ちゃんねる的な男性中心主義、「ホモらしい」男性優位的なふるまいの結果といった理由からやおい愛好者＝腐女子は嫌悪・排除される傾向が強い。

の通称ヤマジュン）という漫画家が一九八七年にゲイ向けポルノ雑誌『薔薇族』で発表した『くそみそテクニック』という作品のスキャン画像が二〇〇二年頃からネット(9)に広まり、「ウホッいい男」「やらないか」「すごく・・・大きいです」などといった特徴的な台詞回しや、荒唐無稽かつギャグタッチでとぼけた雰囲気の作風から2ちゃんねるを中心に大きな人気を博し、ついには『くそみそテクニック』を含む山川純一の作品集が刊行されるまでの事態となった。この時はじめて、ネット上において「ホモ」が笑えるネタであることが広く認知されたといえ、また同時に独特な台詞回しをホモネタの一環として扱う慣習が定着したと言える。

5　『真夏の夜の淫夢』の登場

さて、こういった空気が醸成されたことにより、新たに一つのゲイビデオ作品が2ちゃんねるで注目されるようになった。二〇〇一年に株式会社コートコーポレーション（COAT社）から発売された『Babylon Stage34 真夏の夜の淫夢 ~ the IMP ~ 』というタイトルのそのビデオは、全四章からなるアダルトビデオ作品だが、その第一章にとある大学野球の選手たちが出演しており、しかもその一人はドラフトの目玉選手(10)であったが、ゲイビデオへの出演が週刊誌の記事になるなどスキャンダル化した結果か、指名を回避されるという事態が起こった。

さて、当初は単なるゴシップとして消費されるのみであったこの出来事だが、2ちゃんねるにおけるホモネタの認知によって、二〇〇五年頃から2ちゃんねるで盛んにネタにされるようになった。週刊誌の記事の転載の過程での誤記から生まれたとされる「アッー！」というフレーズをはじめとして、ビデオ内での男優の台詞や動画のパッケージの紹介文などがネタにされ、「語録」として定着していき、また件の野球選手の出演作のみならず、他のCOAT社発売のビデオも定期的に「発掘」されていき、それらがひとまとめに「真夏の夜の淫夢」というジャンルとして扱われるようになっていった。

この時期の特徴としては、ヤマジュンネタ等の他のホモネタとあまり区別されずに十把一絡げに「ホモネタ」として扱われるケースが多かったこと、AA（＝アスキーアート(11)）など、2ちゃんねるの文化に則したネタが多数発生していたことが挙げられる。その一方で、出演人物たちの本名などの個人情報を割り出そうとする動きも早くからみられた。「個人情報ガン掘り」と呼ばれたそれらの行為によって、実際にある出演者の就職先などが割り出され、その人物が企業サイトに顔出しをしていたことから、新たにその画像をネタにしたり、その企業をホモ企業として扱うなどという連鎖が起こるなど、「素材化」「認定」といった特徴も出来上がりつつあったと言える(12)。

だが、こういった淫夢ブームは二〇〇〇年代も末に差し掛かる頃には落ち着きを見せるようになっ

(9) ネット上での拡散は画像掲示板『ふたば☆ちゃんねる（通称ふたば）』への転載が契機とされる。ふたばもその仕様上高い流動性を持ち、独自のネタ文化を形成しているが、特に画像のコラージュ（いわゆるクソコラ）において淫夢に強い影響を与えている。

(10) 本人は出演を認めたうえで「一度きりの過ち」「自分はゲイではない」と発言をしているが、淫夢厨の多くは彼の出演作が2本あることを以って「ホモは嘘つき」と断定している（もっとも、この種のビデオ作品は一度の契約で複数作品へ出演するケースもあり、そのことを以って「一度きり」と表現することは特段不自然ではない）。

(11) パソコンで利用される文字コードを使ったイラスト表現のこと。2ちゃんねるにおいては「モナー」「やる男」などのキャラクターが有名で、AAを専門的に扱う板も存在する。

ていた。定期的な「発掘」は続いていたが、それが大きな話題となることもなく、ブームはゆっくりと収束に向かっていたといえる。

ここで流れを変えたのがニコニコ動画だった……と言いたいが、流れはそれほど単純ではない。ニコニコ動画において最初にホモネタが大きな流行を見せたのは、実は淫夢ではなく「ガチムチパンツレスリング」、あるいは「レスリングシリーズ」と呼ばれる、海外のゲイポルノだった。二〇〇七年の後半から再生数を伸ばしたこの動画は、二人の筋骨隆々な外国人がレスリングのように絡み合いながらお互いのパンツを脱がし合うというシュールなものだったが、そのシュールさやライトなホモネタ性が広く受け、空耳やMAD動画がまたたく間に生まれていき、ニコニコ動画を代表するジャンルにまで成長した。その人気はビデオの出演者であり「兄貴」と呼ばれた元ゲイポルノ男優がニコニコ動画の公式イベントに何度も招待されたほどであり、レスリングシリーズがユーザーからも運営からも受け入れられていたことを示している。

その裏で、少しずつ淫夢はニコ動における勢力を伸ばしつつあった。『真夏の夜の淫夢』の二～四章をはじめとした本編は少しずつ発掘されていき、レスリングシリーズのようにMADも作られていった。本編がニコニコ動画上で共有されるようになると、淫夢たちも2ちゃんねるの淫夢スレを介するより、直接動画上でのやりとりをするようになる。ニコニコ動画のキモは、プリレンダリング動画に、コメントで自由にコメントをすることによってメタ的なインタラクティブ性を持ち込んだことにある。広く動画が共有され、生まれた空耳がすぐさま語録として利用される。再素材化のサイクルは、ニコニコ動画という媒体を通してさらなるスピードを手にしつつあった。

この頃から脚光を浴びはじめたのが件の野獣先輩だ。野獣先輩の登場する『真夏の夜の淫夢』の四章[13]は、二〇〇八年一〇月にその本編がアップロードされていたが、その時点ではあまり話題になることはなかった。当時存在した他の淫夢動画と比べても、野獣先輩の浅黒さや甲高い声、（他の男優と比較しての）演技力の高さなどが「汚い」と不評だった。

だが、少しずつ空気は変わってくる。ヤマジュンやレスリングがホモネタの中でもライトで世間に受け入れられていたのに対し、淫夢は当初からスキャンダル性、「個人情報ガン掘り」といった攻撃的要素を含んでおり、また映像そのものも受け入れられにくかった。しかし、だからこそ淫夢はカウンターパートとしての意義を手にしはじめる。すなわちホモは「汚い」ものであり、世間に受け入れられるようなものではないという思想だ。ニコニコ動画の運営に「レスリングシリーズ」が受け入れられるのであれば、「ホモ」はそれを拒否する。淫夢厨たちのどれほどが本気でそのように思っていたかは定かではない[14]が、「申レN（＝「申し訳ないがレスリングはNG」の略）」という語録が流行したように、（少なくともポーズの上では）キャッチーなホモネタとは対決姿勢を深め、アングラ的、悪ノリ的な要素を深めていった。その象徴こそが、野獣先輩であったのだ。

二〇一〇年、「空手部」と呼ばれる野獣先輩の出演作が新たにアップロードされた後から、MAD動画の投稿が加速度的に増加していく。二〇一一年頃には、野獣先輩は淫夢において最大人気を誇るキ

---

(12) 前述した『ニュー速VIP』では、2ちゃんねるの他の板に「VIPからきますた」などと大量にレスする「凸（突撃）」と呼ばれる乗っとり行為が頻繁に行われていたが、この種の行為も淫夢の「認定」に繋がっていると思われる。

(13) 四章のタイトルは『昏睡レイプ！　野獣と化した先輩』であり、野獣先輩というネーミングはここから来ている。

(14) 「申レNはネタにすぎない」という趣旨のコメントはよく見られるものであるし、「レ淫棒同盟」という、淫夢とレスリング両方の要素を含む動画タグが付けられた作品も多数存在する。

ャラクターになっていた。また、「クッキー☆」が淫夢のサブジャンルとして定着したのもこの時期とされる。さらに、COAT社以外のレーベルのゲイビデオの多くもこの時期から投稿されるようになり、スカトロやSMものなどよりアングラ要素の強い作品も投稿されるようになっていった。今に至る「淫夢」の文脈は、この時期にほぼ完成したといえるだろう。

淫夢厨がニコニコ動画運営との対決姿勢をはっきりと取るようになったのもこの頃からだ。レスリングに比べ「汚さ」「迷惑さ」が際立っていた淫夢動画は、運営には決して歓迎されなかった。淫夢厨側もニコニコ動画の公式イベント配信を淫夢コメントで埋め尽くすなどといった挑発的な行為を取り、その報復か否か淫夢動画が定期的に管理者削除され、淫夢厨が改めてアップロードし直すといった小競り合いが行われていた。

その結果として起こったのが、二〇一一年七月頃を皮切りに淫夢MADが大量削除された事件、いわゆる「ホモコースト[15]」だった。そもそも淫夢動画はそのほぼすべてが元動画の権利者の許諾を得ずにアップロードされたものだが、投稿から数年ほど経っても残っていたにもかかわらずこの時期に一気に削除されたものが多かったことから、運営の淫夢に対する私的制裁と認識する淫夢厨は多数存在した。運営は淫夢の敵と見なされ、動画の最後でニコニコ動画の本社が爆破されるというオチのMADが大量に作られた。ホモコーストから年月がたった今でもその姿勢は変わらず、本社爆破オチの動画はネタとして作り続けられている。

以上が、淫夢が現在に至るまでの簡単な経過だ。淫夢が日本のインターネット史に根ざした息の長い文化であることを、多少なりともご理解いただけただろうか。さて、こういった歴史を踏まえたうえで、われわれは淫夢をどう理解し、付き合っていくべきなのかを考える必要がある。

6　淫夢はわれわれに何をもたらしうるか

淫夢は多面的だ。見立ての逆転によって、ネガティブなものをポジティブに変えうる力を持っている。その一つの象徴として、『Google Chrome × 真夏の夜の淫夢』という動画作品を挙げたい。『GoogleChrome × Hatsune Miku』という google のＣＭのパロディであるこの MAD は、元動画の「ユーザーたちが皆で初音ミクという存在を作り上げていく」という筋を、淫夢で置き換えたものだ。この動画は淫夢が初音ミクと同じくユーザーサイドが作り上げたムーヴメントであることを（パロディとして）示すよい資料であるが、その中でも深い意味をもつ描写が二つある。

一つはＩＣＲのライブシーン。ＩＣＲとは、運営が開催したカラオケイベントにおいて、お世辞にも上手いとは言えない歌を披露した人物で、明らかに淫夢厨であったこと、そしてパフォーマンスのクオリティの低さ、会場の静まり具合がネタにされている。だが、この MAD では、別の映像と組み合わせることによって、あたかもＩＣＲのパフォーマンスに大声援が起こっているように見せることに成功している。

もう一つはラスト近く、ＫＭＲと呼ばれる人物がカメラに向かって語るシーン。ＫＭＲは野獣先輩と共演しているゲイビデオ男優で、その人物がインタビューでオナニー時のオカズを聞かれて「想像

⒂　もちろん「ホロコースト」のもじりであるが、このようなポリティカル・コレクトネスへの配慮の見られない過激なパロディ精神が淫夢の特徴でもある。

です」と答えたものが元ネタなのだが、このMADにおいては、元動画の「Everyone,Creator」というフレーズになぞらえ、「創造です(16)」と語っているように見せている。ここで行われているのは価値の逆転であり、まさに新しい価値の「創造」に他ならないのだ。

だが、いかにポジティブな面が存在しようとも、淫夢が多くの攻撃性と差別構造を持っていることは否定し得ない。淫夢厨は「認定」した相手に容赦なく「風評被害」を与え、「ガン掘り」し、晒し者にする。よく使われる語録として「一生ネットの晒し者」というものがあるが、これは素材化が与える影響の深刻さを物語っている。

風評被害の最たる「クッキー☆」シリーズにおいては、二〇一四年六月に、声を当てた女性への殺害予告による逮捕者が出るという事態まで起こっている。この逮捕者が淫夢厨であるかどうかは定かではないが、逮捕要件が成立するようなレベルまで個人情報を暴き、広めたのはまず間違いなく淫夢厨であるし、そもそも該当動画そのものが風評被害なくしては世間の目に広く晒される可能性は低かっただろう。

また、ネタにされた対象の肖像権や公衆送信権といったものは当然のごとく守られていない。消すためのアクションを取っても、別の人間に再アップロードされるモグラ叩きを延々と続けるはめになりかねない。そのやりとりがかえって話題になり、より晒しあげられるという事態も容易に想像できる。また、前述した乗っ取りや悪ノリの押し付けも大きな問題だ。

さらに重要なことは、淫夢というジャンルそのものがゲイ差別の再生産を続けていることだ。「ホモは嘘つき」「ホモガキは死んで、どうぞ」などといったあからさまに差別的なコメントはわかりやすい例だが、さらに大きな問題は、淫夢厨が自らを「ホモ」と自称していることだ。「ホモ」を名乗る人間たちの迷惑行為を受けた人間は、当然ながら「ホモ」に対して反発を覚える[17]。彼らが、「ホモ」（＝淫夢厨）と現実に存在するホモセクシュアルを区別することはほとんどないだろう。淫夢厨の見立ての押し付けは、多くの誤解を生み出すのだ。

そのうえに、本質的な問題はその先にある。「ホモ」がネタになるからこそ淫夢は栄えた。「ホモ」が汚く、笑えるものであるからこそ淫夢は淫夢としてのアイデンティティを持ち得た。自らの悪ノリを増幅し、撒き散らすからこそ淫夢は栄えた。その構造は今でも変化していない。ポリティカル・コレクトネスに配慮し、誤解を押し付けない淫夢など、もはや淫夢ではない。淫夢というジャンルを肯定することは、結果的にホモセクシュアル差別を肯定することそのものなのだ。

だが、わずかながら光明がないわけではない。淫夢を経由することでネタではない現実のホモセクシュアル、あるいはＬＧＢＴ全般について学んでいく者もいる。たとえばテレビにおけるおネエ系タレントの露出によってＬＧＢＴが（多くの誤解と偏見を新たに生み出しつつも）少しずつ受容されてきているように、ネタ化によってはじめてホモセクシュアルを彼岸のものではなく近しい存在として認識するようになった者もいる。もちろんこれらは希な例であり、淫夢は未だ必要悪ですらない。

(16) もっとも、「創造です」という言い換えはこの動画が元ネタというわけではなく、既存の空耳フレーズである。ここから着想を得て作られた、神のごとく背中に翼を備えた「創造神ＫＭＲ」というＢＢも存在する。

(17) 前掲した「ホモのおもちゃ」というフレーズにしても、淫夢の文脈を知らない人間には「ホモセクシュアルが対象をおもちゃにしている」と見られかねないが、実際の構図は「淫夢厨がホモセクシュアルおよび対象をおもちゃにしている」というものだ。

だが、標が存在しないわけではないのだ。

7　淫夢のこれから

二〇一五年現在、淫夢というムーヴメントはやや収束に向かっているとされる。淫夢動画の投稿・コメント数の伸びは（ニコニコ動画全体のコメント文化の退潮に比して高いながらも）下がっているし、投稿される MAD も簡単な作りの作品、言い換えれば手抜きが増えてきている。近年人気の「ホモと学ぶシリーズ」では、サイエンスチャンネルやディスカバリーチャンネルといった既存の映像をそのままアップロードし、それに語録コメントが付くことでどうにか淫夢としての体裁を成立させている。淫夢厨はたとえばコンビーフ工場の生産ラインを延々と映しただけの動画に、淫夢らしさを無理やりに見立てていくのだ(18)。

このような「ただの映像」にコメントを付けていく方向性への進化は、単なる退潮とも言えるが、逆に言えば淫夢が MAD 動画という「素材」を超えてよりハイコンテクスト化しているとも取れるし、MAD 以前の本編動画が多数だった時代への先祖返りとも取れる。あるいはニコニコ動画全体がコメントの減少によって YouTube と同じような「ただの動画サイト」へと先祖返りしつつある現状との同期と見ることもできるだろう(19)。

淫夢というムーヴメントはこういった変化を経て、ゆるやかな停滞を見せつつある。語録は依然として広がりを見せているが、逆に言えばいままでの文脈が失われ、単なるインターネットスラングとして機能しつつあるということでもある(20)。新たな素材の発掘によって新局面が発生する可能性もあるが、その影響を予測することは難しい。ただ一つ言えることは、おそらく愉快犯的ないやがらせのツールとしての淫夢ネタは、今後も広がり続けるだろうということだ(21)。触れるものすべてをネタへと変えてしまう淫夢厨は、果たしてミダス王なのかサディムなのか。いずれにしても、淫夢の時代はまだもう少し続くだろう。

(18) もちろん、こういった動画に関して「あれは淫夢ではない」という者も一定数存在する。
(19) Vine動画に代表されるようなインパクトのみで構成される動画が世界の主流になりつつある現在において、淫夢は背後に巨大な文脈を持ち続けようとする数少ない動画文化と言えるかもしれない。
(20) 前述した「元はホモビ」というフレーズは、そういった脱文脈化、世俗化に対する抵抗のシンボルでもあり、いわば「メメント・モリ」のような意味を持つと解釈できる。
(21) 一例として、JR東日本の寝台特急「北斗星」のラストランにおいて、搭乗者が窓に野獣先輩の写真を貼り付けるという出来事があった。鉄道ファンの撮影者たち（いわゆる「撮り鉄」）へのいやがらせであるが、迷惑行為が多いとして特にネットにおいて批判されている撮り鉄に対してそうしたように、今後も正義感の入り混じったいやがらせのダシに淫夢が使われる可能性があるのではないかと予想できる。

「ゲーム実況って何？」とか「何がおもろいの？」とか言ってる時代遅れのお前らに、バカでもわかるように解説してやるよ

飯田一史

　二〇一五年現在、ニコニコ動画の総合ランキング上位作品ではアニメの公式配信と「ゲーム実況」が大半を占めている。その数年前まではボーカロイド楽曲や「歌ってみた」、そのさらに前は東方やアイマスやMADが上位にゴロゴロあったけれど、風景は一変してしまった。ニコ動だけじゃない。YouTubeを舞台に活躍&荒稼ぎするYouTuber（テレビCMでも流れていた、HIKAKINやマックスむらい、はじめしゃちょーをはじめとした連中のことだ）のあいだでも、ゲーム実況は定番のコンテンツになっている。

　にもかかわらず「ゲーム実況って何？」とか「他人がゲームやってる動画見て何がおもろいの？」とかいまだに言っているオールドタイプすぎるお前らのためにゲーム実況について解説する。

　これだけ隆盛しているにもかかわらず、ウェブ上ではともかく日本の商業媒体の紙メディア（とくに書籍）ではゲーム実況に対するまとまった評論は、徳岡正肇編『ゲームの今　ゲーム業界を見通す18のキーワード』（ソフトバンククリエイティブ、二〇一五年）所収の稲葉ほたて「実況・配信文

化」など数えるほどであり、まだまだこれからという感じである。長年この娯楽に親しんでいる人間にとってはまじめに語ることは非常に「いまさら感」がするわりに、批評や研究は途上という印象が否めない。

そしてゲーム実況がもはや日常に溶け込んでいる層と、まったく触れていない層の感覚の違い、情報量のギャップには、すさまじいものがある。この論考は、基本的に後者に向けて書かれている。

ゲーム実況動画には「映像美」など望むべくもなく（もとのゲームの画面が美麗なことはあるが、動画の制作者がその美的な画面を構成したわけではない）、伝統的な映画批評や美学的な文脈からいえば低劣なゴミに映るのだろう。しかしなぜそんなものが人気になってしまうのかを、ここでは考察していく。

ゲーム実況がひとときの時事風俗に終わるのか、これからずっと存在感をもちつづける娯楽として数十年後も存在しているのかはわからない。だがいずれにしろこの時点までのおおまかな流れを整理し、何がおもしろさの本質なのかを議論しておきたい。ゲーム実況は間違いなく、スマホとwi-fiが普及した動画時代のビジュアルコミュニケーションのありようを象徴するジャンルである。

■そもそもゲーム実況とは？　ゲームを実況する動画だよ！

ゲーム実況とは、文字通り、PS4やWiiU用、あるいはPC用のいわゆるビデオゲームや、スマホ用のゲームをプレイしながらおしゃべりしている様子を、録画・編集あるいは生放送する動画のことだと思ってもらえれば、〝基本的には〟間違いない。「プレイ動画」とも呼ばれている（実況／おしゃべりがないプレイ動画もそれなりに流行っている）。

「実況」と言っても野球や競馬の中継みたいな感じで熱血なアナウンサーしゃべりをするひとはほとんどいない。全盛期の古舘伊知郎のプロレス実況みたいに立て板に水状態でまくしたてる人を想像されると困る。

ちょっとおもしろくて、キャラが立っていて、感情の起伏が激しめな兄ちゃん姉ちゃんたちが、日常的なおしゃべりをしながらゲームをやっている、くらいのものが大半だ。

むかしのテレビ番組で言えば、よゐこの有野がやっていた『ゲームセンターCX』（二〇〇三年〜）みたいな感じ。あれはレトロゲーム（主にファミコンソフト）をクリアするのを目的に、有野がだべりながらがんばってクリアするのを番組としてパッケージしていた。

ただ、さっき〝基本的には〟と断ったのには理由がある。例外もあるからだ。

たとえば、ビデオゲーム（デジタルゲーム）ではなく、テーブルゲーム（アナログゲーム）の実況もある。有名な「人狼」をリアルでプレイしている様子を録画して実況する動画も、それなりに人気がある。

あるいは、人間がしゃべるのではなく、音声読み上げソフトSofTalkなどを使った擬似・実況動画。ようするにプレイした動画を録画し、あとから用意したテキストをSofTalkを使って棒読みの機械音声をかぶせて映像を編集したものだ。SofTalkを使った棒読み動画の多くは「ゆっくり」（東方プロジェクトの2次創作に由来する）と呼ばれ、このスタイルでは「猫マグロ」という実況主が有名である。

どれも爆笑ものなので観た方がいい。

それから、音声を入れずに画面上にテキストを表示し、字幕だけで演出している動画も、広い意味では「ゲーム実況」に含まれている（「グランドセフトオート」や「マインクラフト」の動画で、こういうタイプの作品をよく見る）。

何にしてもゲームプレイをネタにして人を楽しませている動画全般が、おおざっぱに言えば「ゲーム実況」として消費されている。

■ゲーム実況に対する、よくあるクソつまらない疑問・質問

知らないひとにゲーム実況の説明をするとテンプレのように返ってくる疑問や質問があるので、答えておこう。

Q．カネがないからみんなタダでRPGとか観ているわけでしょ？

A．そういう人たちもいないわけではないが、必ずしもそうじゃない。たとえば「基本無料」でプレイできるスマホ向けゲームや、RPGツクールというソフトなどで作られたフリーゲーム（無料でダウンロードできるゲーム。無料でないものを含む場合は「自作ゲーム」または「インディー・ゲーム」とも言われる）を実況するのが人気だったりする。誰でもタダでプレイできるゲームを他人がやっている動画を観るひとが数十万人、数百万人単位で存在する。これは「貧乏だから」という理由では説明ができない。「ゲームを観たい」というより「ゲーム実況を観たい」としか考えられない。

Q．ゲーム実況ってそれ、著作権的にアウトじゃね？

A．本来は。著作権法第23条の公衆送信権の侵害にあたる可能性がある。二〇一一年八月に刊行されたムック『つもる話もあるけれど、とりあえずみんなゲーム実況みようぜ！』（ハーヴェスト出版）を見ると、このころはそのうしろめたさは実況主も認識していたし、ゲーム会社からのコメントも否定的なものが多かった。しかしその後は国内外を問わず盛り上がりすぎて、ゲーム産業もプロモーション効果を認めざるをえなくなっていった。大半は黙認され、有名実況主はニコ生に有料チャンネルを持ち（つまり他人がつくったゲームをプレイする様子を見せてお金を取っている）、ドワンゴ主催のイベントに出演するなど、公然の存在となっている。取り締まるより取り込もう、という動きは年々強まり、ゲーム会社によっては積極的にOKを出している。たとえば日本最大のゲーム開発者向けカンファレンス「CEDEC」では、二〇一四年にドワンゴ会長室ゲーム戦略グループ（当時）の伊豫田旭彦氏が「『ゲーム実況』時代のゲームプロモーション　niconicoの事例から」というセッションを行い、スパイク・チュンソフトの「テラリア」などを例に、ゲーム実況によって売上が伸びることを示す事例を紹介している（「【CEDEC2014】ゲーム実況時代のゲームプロモーション　niconicoの事例から【発表資料】」http://ch.nicovideo.jp/iyokan_nico/blomaga/ar615290）。

Q．ゲーム実況の歴史はいつから？

A．それは僕には手が余るので勘弁ください。先に名前を挙げた稲葉「実況・配信文化」（『ゲームの今』所収）にはコンパクトに流れが解説されているので、そちらを参照いただきたい。ただ、ここでもググればすぐ出るくらいに明らかになっていることを書いておこう。

P2P方式のストリーミング配信ソフトウェアPeercast（神聖かまってちゃんの「の子」を輩出し

たことで知られる）では古くからゲームプレイの配信が行われており、代表格のひとりとしてよく挙げられる「クソゲーの中の人」は二〇〇五年三月ごろから配信を始めたとされる。Peercast 等で配信を行っていたゲーム実況動画を無断転載されニコ動でも注目を集めた存在として永井先生がいるが、永井先生による『ロックマン』プレイ動画の転載は二〇〇七年三月、『THE IDOL M@STER』プレイ動画は同年七月であり、ニコ動の比較的初期から活動が知られていた――というより永井先生を通じてゲーム実況なるものの存在を知ったニコ動ユーザーも少なくないのではないかと思われる（この点は本研究会・竹本竜都からの示唆による）。フリーゲームのホラー系実況にかぎって言えば、火をつけたきっかけは二〇〇九年にボルゾイ企画が投稿した動画「【青鬼】絶叫に定評のある友人に無理やり実況させた【実況】part1」（http://www.nicovideo.jp/watch/sm6979644）だと言われている。時期によって実況対象として『ポケモン』が流行ったり、フリーゲーム（自作ゲーム）が流行ったり、『マインクラフト』が流行ったりという変遷はつねに起こっている。

二〇一四年に始まった「ファミ通×電撃　ゲーム実況エクストリーム」（https://www.fdgamex.com/）では週間再生回数ランキングを公開しているし、〝実ラン5代目&ゆっくり霊夢4人目〟（http://ch.nicovideo.jp/13Ranking13）による「ゲーム実況プレイ Part1 ランキング」（二〇一四年八月〜）および「ゆっくり実況ランキング」（二〇一五年三月〜）があるため、これらが始まって以降の流れは簡単に追うことができるが、それ以前のものに関しては、まとまって変遷を追え、定点観測できるランキングが存在しない。強いていえば NOCOID による「月刊ニコニコランキング」（二〇〇七年八月〜二〇一三年一二月）というニコ動全体のランキングを見ていけば流れはおおよそつかめるが、しかしゲーム実況だけをまとめたランキングではないという難はある。さらにいえば、Peercast

やYouTubeでのゲーム実況の歴史を数字（ランキング）で辿ることはほとんど不可能である。一事業者や個人が行うランキングサービス／調査は、突然、更新が止まることが多い。ゲームまたは動画に関する研究機関や業界団体が定点観測し、記録しておくことが本来は望まれる。

Q．海外と日本ではどう違う？

A．それも詳しくないので勘弁ください。海外では実況動画は「Let's Play」と呼ばれており、YouTubeのチャンネル登録者数三四〇〇万人以上のPewDiePieが、二〇一五年現在ではもっとも有名な存在とされている（http://www.youtube.com/user/PewDiePie?gl=JP&hl=ja）。彼は二〇一四年には約四億円稼いだという。ひとつ言えるのは、YouTubeへの動画投稿数が五〇〇〇万以上という『マインクラフト』動画の人気に敏感に反応したゲームメーカーが多かったこともあり、日本よりも欧米のほうがゲーム実況先進国である（「TGS2014：日本のユーザーはゲーム実況に消極的？KADOKAWA浜村氏が語る「ゲーム実況」の現状と課題」http://nlab.itmedia.co.jp/nl/articles/1409/19/news154.html）。少し長くなるが『マインクラフト』と実況動画の蜜月についての記述を公式本から引用してみよう

二〇一一年はじめ、マインクラフトの人気はイエス・キリストと並んだ。グーグルでの検索回数が同じくらいだったのだ。二〇一〇年夏、ユーチューブの分析部門は、〝マインクラフト〟をもっとも急成長するトレンドのひとつと発表した。ユーチューブには、このゲームに関するビデオクリップが、ほかにも数百万本ある。二〇一一年五月だけで、三万五〇〇〇本ものマインクラフト関連

のビデオが投稿された。一日あたり一〇〇〇本以上だ。（中略）マインクラフト関係のビデオの中で、最高の人気を誇るのは『リヴェンジ』［Revenge］だ。これは、人気歌手アッシャーのヒット曲『DJ Got Us Fallin' in Love』の替え歌で、マインクラフトでつくったキャラクターたちが画面に登場し、主人公の財産を壊しにくるクリーパーとの戦いを歌っている。（中略）『リヴェンジ』は、これまでに二一〇〇万回以上視聴されている。（中略）大当たりを取った実況プレイ動画は、大金を稼ぎ出す。数年前からユーチューブは、アフィリエイト制を導入した。（中略）ジョーダン・マーロンは『リヴェンジ』やその他の作品からの収益だけで生計を立てている。（ダニエル・ゴールドベリ、リーヌス・ラーション『マインクラフト　革命的ゲームの真実』、角川学芸出版 Kindle 版、二〇一四年より引用）

といった具合である。

■誰が見てんの？　主に一〇代〜二〇代。でもゲーム好きの三〇代以上も観てるよ

話題を日本に戻し、ネットの動画視聴に関する調査を見てみよう。ＩＭＪの二〇一四年調査では、一〇代〜二〇代の男性の半数は一日一時間以上ネット動画を視聴しているとの結果が出ているし（「インターネット動画の視聴・シェア実態調査」http://www.imjp.co.jp/report/research/20141127/20141127_IMJ_research.pdf）、博報堂ＤＹグループの同年調査でも一〇代は四割が毎日ネットで動画を視聴しており、全年齢で見ても一日の平均視聴時間は三四分にもおよぶという（「『全国スマートフォン

ユーザー１０００人定期調査』第９回分析結果報告」http://www.hakuhodo.co.jp/uploads/2014/04/20140411.pdf）。電通の調査でもほぼ同じく、一〇代男性の四七・四％がほぼ毎日視聴しており、一〇代・二〇代は一日一時間以上観ているとの結果が出ている（「ネット動画の視聴傾向レポート」http://dentsu-ho.com/articles/2025）。そもそもかなりの割合で若いひとはスマホやＰＣで毎日動画視聴する習慣がある、ということだ。これは四〇代以上（団塊ジュニア世代以上）には理解しがたい感覚かもしれない。

そして最初に書いたとおり、ゲーム実況はニコ動でもYouTubeでも非常に人気が高いジャンルである。

僕が二〇一三、四年に中高大学生に取材したときにも、「見たことがある」「好き」という反応のほうが普通だった。有名な動画はアクセスカウンターを見ると数十万～二〇〇万回再生以上観られているから「一部のひとの盛り上がり」とは言えない。楽曲と違って、ひとりの人間が何回も繰り返し見聞きして再生回数のカウンターまわすようなものでもない。

もちろん視聴者のなかにも温度差はあって、ドハマりして「毎日寝る前にタブレットをベッドの枕元に置いて観ながら寝てる」とか「週末はだいたい実況動画をパート１からパート20とかまで一気観してオタ充してます」みたいな人間もいれば、「なんか友達におすすめされたから『Ib』の動画は観ました」くらいの子もいる。真剣に画面に張り付いてみているというより、タブレットやスマホでゲーム実況動画を検索し、ニコ動やYouTubeアプリで連続再生して流しっぱなしにして「なんとなくつけている」「ながら見している」という視聴スタイルのほうが多いだろうと思われる。

ニコ動やアニメを観ることは、三〇代以上では「特殊なひとの趣味」扱いされることがままある。

しかし二〇一〇年代の一〇代にとっては「よくある趣味」「娯楽の選択肢」のひとつでしかない。若い子たちはテレビを観るのと大差ない感覚で「普通に」YouTubeやニコ動を観ている。

僕が二〇一三年夏に都内の中高大学生二七二人を対象に行ったアンケート調査では、「よく利用するウェブサービス」という項目で「ニコニコ動画」をチェックしたのは女子で二〇%、男子四八%だった。これはインターネット調査ではなくて、塾や学校に協力をお願いして教室で採ってもらったものなので、ネット調査でありがちな「ネット調査ならそりゃネット関係の数字はでかく出るでしょ」というバイアスはかかっていない。ちなみに好きなニコニコ動画のジャンルを聞くと、ゲーム実況は女子九%、男子二五%。少なくとも一〇人に一人くらいということは、クラスに三、四人は好きな人間がいる――「普通の趣味」である。

ちなみにそもそもゲームに関しても、統計では四〇代までは趣味に「ゲーム」を挙げるひとたちは相当数存在する。

マクロミルブランドデータバンク『世代×性別×ブランドで切る！　第4版』（日経BP社、二〇一四年刊）の調査によると、趣味に「テレビゲーム」を挙げている割合は二〇～二四歳男性で三二・一%、同女性では一三・六%、二五～二九歳男子では三一・七%、同女性では一二・一%、三〇～三四歳男性では二六・四%、同女性では八・一%、三五～三九歳男性では二一・八%、同女性では七・四%、四〇～四四歳男性では一四・三%、同女性では六・五%、四五～四九歳男性では七・七%（四五～四九歳女性およびそれ以上の年齢ではいずれも圏外）。

ちなみに趣味に「読書」を挙げた人たちは二〇～二四歳男性で二二・八%、同女性で二七・四%、二五～二九歳男性では一九・六%、同女性では二四・八%、三〇～三四歳男性では一七・二%、同女

図１：余暇活動の性・年代別参加率上位１０種目（２０１３年）
※複数回答可の調査である

男性	10代	テレビゲーム	ジョギング、マラソン	トランプ、オセロ、カルタ、花札など	カラオケ	映画	読書
		53.20%	46.70%	44.80%	43.80%	42.90%	41.90%
	20代	国内観光旅行	カラオケ	テレビゲーム	読書	映画	ジョギング、マラソン
		48.30%	45.40%	42.90%	42%	41.50%	40%
	30代	国内観光旅行	ドライブ	テレビゲーム	外食	動物園、植物園、水族館、博物館	読書
		49.70%	45.10%	42.40%	38.90%	37.50%	32.60%

『レジャー白書２０１４』（公益財団法人日本生産性本部）23p を参考に作成

性では二二・四%、三五～三九歳男性では一九・二%、同女性では二四・三%、四〇～四四歳男性では一七・六%。もはや据え置きハードよりも携帯機やスマホゲーの方が主流の時代に「テレビゲーム」という前時代的なくくりで聞いているにもかかわらずこの数字なのだから、もろもろ込みでのデジタルゲームを趣味とする人間はこれよりずっと多いだろう。

『レジャー白書』（日本生産性本部）も同様の調査を行っているが、そちらを見ても日本人男性は三〇代までは読書よりゲームの方がポピュラーな趣味であることは、数字から明らかだ（**図1**および**図2**を参照）。

市場規模を比べても日本の小説市場はかなり多く見積もって一四〇〇～一五〇〇億円、ゲームは据え置き、モバイル、スマホゲーもろもろ全部合わせると九〇〇〇億円くらいある。映画は二〇〇〇億円（年にもよるが、洋画、邦画は拮抗している。なお邦画のうち四〇〇～五〇〇億円はアニメ映画）なので、ゲームは産業としても相当でかい。

にもかかわらず、なぜか日本ではいまだに「ゲームは子どもの趣味」とか「一部のキモオタの趣味」扱いされることが多い。欧

図２：20 代～ 30 代の趣味のランキング
※複数回答可

順位	年齢（性別はすべて男性）							
	20−24 歳		25−29 歳		30−34 歳		35−39 歳	
1	インターネット	42.80%	インターネット	41.70%	インターネット	39.50%	インターネット	29.30%
2	テレビゲーム	32.10%	テレビゲーム	31.70%	テレビゲーム	26.40%	国内旅行	27%
3	音楽鑑賞	29.90%	音楽鑑賞	26.40%	スポーツ	22.90%	お酒	23.20%
4	スポーツ	24.90%	スポーツ	24.60%	漫画	22.50%	映画鑑賞	22.50%
5	漫画	24.90%	漫画	22.80%	国内旅行	22.30%	音楽鑑賞	21.80%
6	映画鑑賞	23%	国内旅行	20.10%	音楽鑑賞	21.80%	テレビゲーム	21.80%
7	読書	22.80%	読書	19.60%	映画鑑賞	20.90%	スポーツ	21.20%
8	カラオケ	22.40%	映画鑑賞	19.30%	お酒	20.90%	ドライブ	20.10%
9	テレビ・ラジオ	18.40%	お酒	17.40%	ドライブ	17.20%	読書	19.20%
10	スポーツ観戦	17%	カラオケ	17.20%	読書	17.20%	テレビ・ラジオ	17.90%

マクロミルブランドデータバンク『世代×性別×ブランドで切る！　第４版』（日経 BP 社、２０１４年）を元に作成。
２０１３年６月 18 日～６月 24 日にかけて２０７７９人を対象にインターネットで調査（マクロミルリサーチパネル）

米ではゲームは大人もやるもの、どころかゲームプレイヤーの平均年齢が三〇代後半～四〇代であることが統計的な事実と認識されており、マーケティングの仕方も日本とはまったく異なる。日本人男性にとっては読書の方がゲームよりマイナーな趣味なんだけど、これはいったいどういうことなのか？？？　マスゴミの歪んだジャーナリズムのせいなのか、たんに無知なのか。実態に即していない「イメージ」ばかりが流通している。困ったものだ。こういうファクトを見ない連中にかぎって「ゲーム好きは現実とゲームの区別がついてない」とか十年一日のカビ生えた給食のパンみたいなことを言う。現実見てないのはお前ら。ファミコンが発売されたのは一九八三年だよ？　そのころ子どもだった人はもういい年したオッサンだって。

そんなわけで、四〇代以下ではゲームに偏見なんかほとんどない。二〇〇〇年代後半までは「昔はやってたけどゲームハード買ったりするのめんどくさいんだよなあ」と思っていた三、四〇代にも、最近ではスマホアプリで気軽にプレイできるがために、ゲーマーとして復帰した人たちだって、山ほどいる（スマホゲーで課金をもっともしているのは四〇代だと言われている。ガキから搾取してるんじゃなくてオッサンオバハンが嬉々としてカネ払ってるんだよ）。

そして二〇代以下では、実況も当たり前にあるコンテンツとして存在している。

ゲームがポピュラーな趣味なのだから、ゲーム実況だって抵抗なく受け入れられて当然だ。

テレビという中高年向けメディアに対するオルタナティブとしてのゲーム実況それにしても、なぜこんなにもゲーム実況が受容されているのか。

同じタダなら地上波のテレビ観た方がよくね？　素人がつくったクソみたいな動画じゃん。とテレビ好きは思うのかもしれない。

しかしテレビ番組の多くは、最大のパイである中高年向けにつくられている。日本で人口が多い世代といえば団塊世代と団塊ジュニアである。六〇代と四〇代が、でかい。テレビや新聞は「マスコミ」と呼ばれるくらいだから、「マス」つまり大量の人間を対象にしないといけない媒体である。すると、団塊世代と団塊ジュニアが好むもの、求めるものをたくさんつくるのが、商売上いちばん理にかなった行動となる。統計局のデータを見ると日本の人口は一〇代が約一一七〇万人。二〇代は一二九〇万人。四〇代は一八三〇万人、六〇代は一八一〇万人だ。四〇代と六〇代に焦点を合わせて番組づくりをして視聴率一〇％なら三六〇万人にリーチしたことになり、一〇代と二〇代に焦点を合わせて視聴率一〇％なら二六〇万人にしかならない。しかも若い人たちは年長者よりお金を持っていない。

広告を出す企業側もマスメディアにおいては、必然的に効果がでかい層を狙うことになる。

だからテレビでは若者だったら絶対観ないような健康番組なんかがハバをきかせているし、中高生が「こいつ誰?」と思うような、バブル全盛期に人気だったタレントがリバイバルしたりする。

すると当然、若いひとが観たい番組は少なくなる。若者向けにつくっても、中高年向けに比べると視聴率が取れない(原理的に言って取りにくい)。こうして、若年層のテレビ離れが起きる。ますますテレビは、手堅く数字が取れる中高年向けにシフトしていく。

そうやってテレビを観なくなった人たちが、YouTubeやニコ動を観ている。そっちの方が自分たちに近い世代の人間、自分たちに感覚がフィットすることをやっている人たちが作ったものだからだ。

以前であれば〝なんとなく〟テレビやラジオをつけながら勉強したり、食事をしたり、寝る前の息抜きをしたりしていたあの時間の同伴者が、若年層ではゲーム実況に奪われている。実況動画は一本一〇分～三〇分くらいなので、時間感覚としても、CM込みで三〇分か一時間というテレビ番組に近い。真剣に見なきゃいけないようなおっくうさやハードルの高さもなく、流しっぱなしに向いている。

■「映像作品」としての興味深さ――自分でプレイしなくても楽しいのはなぜか?

ここまではユーザー側の分析からゲーム実況について見てきたが、ここからは実況動画を映像作品として見た場合の特徴について見ていきたい。

ゲーム実況動画の多くは、音を消してしまえばたんにゲームプレイの様子が映し出されているだけだ。無音で観れば映像作品としてのおもしろさがゼロになるものが多い。逆に、映像を見ずに音声だけを聞いてもゲーム実況はおもしろくない。このことは逆説的に、われわれが「映像」として認識し、評価していたものの大半が、実は画像と音と言葉（意味）との合わせ技によって成立していたことに気づかせるものでもある。しばしばゲーム実況に否定的な人は実況主を「ゲームの寄生虫」扱いするが、それにしては実況主のしゃべりが視聴者に与える効果は大きすぎるのだ。

もちろん、音声アリで観たところで、ゲーム実況にはいわゆる「映像美」的なものは望むべくもない。ではどこにおもしろさがあるのか？

「ゲーム実況」は「ゲーム」ではなく「動画」——「ゲームのおもしろさ」はあるか？

ゲーム実況の前に、そもそも「ゲーム」とは何か？

……という定義論を掘り下げていくと大変なことになるので、ここでは深くは立ち入らない（深入りしたい方はソフトバンククリエイティブ刊のケイティ・サレン、エリック・ジマーマン『ルールズ・オブ・プレイ　ゲームデザインの基礎』や、早川書房刊のジェイン・マクゴニガル『幸せな未来は「ゲーム」が創る』を参照されたい）。

ゲームとは、ざっくり言うと、

プレイヤーがいて、

行動の選択肢があり、その選択に対して戦略性（かけひき）が発生し、

選んだ行動の結果（勝ったり負けたり、成功したり失敗したり）に応じて、なんらかのreward（利得／賞罰）が生じる。

というものである。

ている。

エンターテインメントのストーリーは、キャラクターの前にコンフリクトが発生して（敵が出てきたり葛藤が生じたり）、それに対して何らかのアクションを起こし、変化をもたらすことで成り立っている。

ストーリー性が高いと言われているRPGやアドベンチャーゲームでは、この「コンフリクトに対してアクションを起こし、変化をもたらす」過程に、ゲームパートが挟まっている。あるキャラがしゃべっていると敵に襲われたので「いっしょに戦って倒す」と（この部分がゲームパート）、物語が進展する。

そんなややこしいことを考えなくても、囲碁や将棋やチェス、あるいはスポーツには別にそれ自体にはストーリーはないがゲームとしてのおもしろさがあるし、観戦するおもしろさもある。そう考えれば、ゲーム実況を奇異に感じるほうがおかしい。

とはいえ、プレイヤーとしてのおもしろさと、観客としてのおもしろさは、違う。

プレイヤーにとって「ゲームのおもしろさ」は何で決まるか。

かけひきとreward（利得）で、だいたいが決まる。結果が見えていたらおもしろくないので、かけひきは重要。がんばったのに「何の成果も得られませんでしたぁ！」では、やはりつまらない。

「視聴者としてのおもしろさ」に関わるファクターは何か。

見ている側は、自分でプレイしなくても、自然とゲームのゆくえをシミュレートしている──「かけひき」の擬似体験をしている。ゲーム内で謎が与えられているのを見れば自分でも考えるし、「あいつを倒せ」というシーンにさしかかれば、どうやれば勝てるかを考える。

ただし、見ているだけなので、視聴者には直接的にrewardはもたらされない。動画を観ただけでレベルアップしたり、ガチャのチケットがもらえるなんてことはない。それでも見てしまう。

つまりプレイヤーが体感する「ゲームのおもしろさ」と、視聴者が感じる「ゲーム実況のおもしろさ」は、重なる部分もあるが、違う。

事例をもとに、「ゲームを観るおもしろさ」「動画としてのゲーム実況のおもしろさ」についてもう少し掘り下げてみよう。

「ヒットしているゲーム」と「ゲーム実況で人気のゲーム」はイコールじゃない

ゲームとしての人気（実売数や課金金額）と、ゲーム実況で取り上げられるゲームとしての人気（動画の再生数や投稿数）は、必ずしも一致しない。

わかりやすいところでは、スマホで人気のパズルゲーム『パズドラ』（『パズル&ドラゴンズ』）や『モンスト』（『モンスターストライク』）の動画は、ニコ動ではそんなに人気がない（ただしYouTubeでは人気がある——これがなぜかは別途あとで考察する）。投稿数も、再生数も、『マインクラフト』や『GTA』、『スプラトゥーン』、ホラー系フリーゲームやバカゲーRPGに比べれば圧倒的に少ない。

とはいえ、ニコ動で再生数が伸びた『パズドラ』の動画がないわけではない。どういうものがあるか。

たとえばアブという有名実況主が、酔っぱらいながら舌でプレイしている「【実況】パズドラを舌でやるといろいろとヤバイ（主に人として）」（http://www.nicovideo.jp/watch/sm21983546）。

やはりアブが、中国でつくられたパチモン（『進撃の巨人』や『ソードアート・オンライン』『コードギアス』などのキャラクターが著作権無視で登場しまくる）をプレイする「【実況】中国版のパズドラがいろいろとヤバイ part1」（http://www.nicovideo.jp/watch/sm21493001）。

バイト代数万円を全額ぶち込んでレアモンスターを引き当てるまで有料ガチャを回し続け、悲鳴をあげながらカネをドブに捨てるようにクソモンスターばかりを引き当てていく「【パズドラ実況】月収７万奴がゴッドフェスで２万円消費した結果がコレ；」（http://www.nicovideo.jp/watch/sm20906110）。

といった具合である。

パズドラは、個人でプレイすると楽しいゲームだが、「動画映え」「実況映え」という点では、ゲーム画面のみを映してふつうにしゃべりながらプレイする様子を見ても、物足りないゲームである。

そう、「実況映え」するゲームこそが、ゲーム実況では人気なのだ。

キャラクターとプレイヤーの感情が補完しあうことで喜怒哀楽＋恐怖が多彩になる
たとえばホラーゲームは、洋ゲーの大作からフリゲまで、実況動画では非常に人気が高い。

なぜか。

大半のホラーゲームは、普通に一プレイヤーとして遊んだ場合、こわさと謎めいている雰囲気を楽しむだけのものだ。

しかし、ホラーゲームの実況動画では、自分がプレイしたときに体感するであろうこわさやミステリアスな世界観だけでなく、プレイヤー（実況主）が本気でびびって叫んでいることを見てゲラゲラ笑ったり、プレイヤーがゲームに対してツッコミを入れているのを聞いてやっぱり笑ったり、あるいは主がゲームの展開に感動したり悲しくてガチ泣きしているのを観て思わずうるっときたりもする。

たとえばPC用フリーゲーム『いちろ少年忌憚』をビビリの女性実況主がプレイしている動画（「ホラーゲーム【いちろ少年忌憚】を初実況プレイ　第24回」https://www.youtube.com/watch?v=YmCZ_CFT3v4）を観てほしい。正直、ホラーゲームとしてはそれほど怖くない部類の作品だが、主のあまりの怯えっぷりによって、恐怖の情動が伝染してくるはずだ。

あるいはやはりフリゲ『魔女の家』のトゥルーエンドを観るルートを辿った実況動画「【魔女の家】隠された、もう一つのEDを見に行く。」（http://www.nicovideo.jp/watch/sm19414114）。これは作中の悲劇的な結末を観た実況主の〝もこう〟がマジ泣きして「最後にさあ…」と絶句しているところに「西郷さん」と空耳コメントが表示されてきて、観ている側は噴いてしまう。ニコ動は視聴者がコメントを付けられ、他の視聴者が観ているときにそのコメントが流れてくるのが特徴だが、ニコ動ならではの多層性が体感できる動画である。ストーリー的には切ない展開であり、もこうが涙を流して鼻水をすすりながらプレイしている様子が伝わってきて悲しいのだが、それを台無しにする「西郷さん」というボケによって「悲しいのに笑ってしまう」という——葬式で誰かが放屁したときのような複雑な情動反応をしてしまうのだ。

つまりゲーム実況動画を観るとき、視聴者のなかではゲームをひとりでプレイしただけでは味わえない感情が発生している、ということだ。

視聴者は、ゲームの登場人物たちに対する感情移入すると同時に、実況主に対する感情移入もしている。ゲームのキャラクターを追いつつ、ゲームプレイヤーのしゃべりも処理している。

二つのレイヤーが重なり（ニコ動の場合は流れてくるコメントも含めれば三つのレイヤーが重なり）、ゲームをひとりでプレイしているとき以上に喜怒哀楽や恐怖といった情動／感情が充満する。動画作品としてこういう特徴を持っている点が、ゲーム実況独自の魅力のひとつである。

■ニコ動とYouTubeの実況スタイルの違い――「顔芸」による感情の伝染

では、パズドラやモンストがYouTubeでは人気で、ニコ動で人気がない（少なくともある時期までは「なかった」）のは、どうしてだろう。

ふたつのプラットフォームは、異なる文化圏に属している（正確に言えば「属していた」という過去形だが――この点に関しては後述する）。ニーズが異なるユーザーに利用されているものだ。

ニコ動とYouTubeの実況文化の違いは、こうだ。

ニコ動の実況主は、ほとんどが顔出ししていない（いなかった）。

もっとも、いちばん人気のある実況4人組M.S.S.ProjectのKIKKUN-MkーⅡや、今やゲーム実況主というよりほとんど司会者業のほうがメインとなっているドグマ風見などは完全に顔出ししているけれど、有名実況主の大半は、二〇一〇年代なかばになってもイベントに出てくるときや雑誌で写真が載るときでさえ、いちおうサングラスやマスクをしている。

これはもともと「ゲーム実況は著作権的にアウトなので顔出しして訴えられたらヤバい」と投稿者たちが思っていたこと、ゲーム画面を録画するだけではなくプレイヤー側にまでカメラを向けて撮影・編集するのが手間であったこと、ニコ動では顔出ししたからといって動画の再生数が必ずしも伸びるわけではなかったことに起因する。

そもそもニコ動は「顔出し文化」ではなかった。踊り手（「踊ってみた」のうｐ主）ですらかつてはマスク着用者が多かったし、ボカロＰや歌い手（他人の曲を歌った動画「歌ってみた」を投稿するインターネットカラオケマンのこと）も初期には「顔出し？　何それおいしいの」状態だった。ボカロＰや歌い手の多くがふつうに顔を出すようになったのは、ニコニコ関連のライブやイベントが増えたこと、もともとミュージシャンとして有名になりたいやひとが少なくなかったこと、彼らを取り上げる雑誌が増え、あるていど見られる顔なら顔出しした方が人気になることがわかってきたことが理由として挙げられる。エンターブレインから出ている、歌い手を取り上げた雑誌『歌ってみたの本』は、初期には歌い手をほとんどがイラストで描いて登場させていたが、だんだん本人のグラビア写真へと移行していったことが象徴的だ。ハチ（米津玄師）やdeco*27らを先行者として、有力ボカロＰが顔出しをして自ら歌い、バンドを率いて活動することも珍しくなくなった今では「ニコ動は顔出し文化ではなかった」という感覚はわかりにくくなってきているが、かつてはそうだったのである。

対して、YouTuberはどうか。

代表格のマックスむらいやHIKAKIN、ＰＤＳ株式会社をはじめ、多くの有名主は、顔出ししている。YouTuberは、ゲーム実況にかぎらず、動画のサムネイルからして、取り上げる題材と同じかそれ以上に自分の「顔」を強調している。YouTubeは「顔出し文化」なのだ（それぞれのYouTubeチャンネル公式ページのサムネイルを表示した**図3**および**図4**参照）。

図３

小さなスマホの画面で見ても何をしているのか、どんな気持ちなのかが伝わるように顔をどアップにし、文字も読めるように巨大なフォントを用い、可読性の高い色使いをしているのが見てとれる。一見、何も考えていないようでいて、周到に視聴者のことを意識してつくっているのである。

彼らはスマホ向けゲームを実況するときは、画面を左右に分割して、左半分にゲーム画面を映し、右半分にプレイしている自分を映している。あるいはHIKAKINが『青鬼』をプレイした動画などでは、ゲーム画面をメインに映しつつ、卒業アルバムの集合写真で休んだやつよろしく画面の右上とか左上にスペースを作って、そこに実況主がプレイしている顔を映している。

これは海外のゲーム実況で人気のTwitchと近い。ニコ生は顔出ししないがTwitchは顔出しする、という実況スタイルの違いに関

379　「ゲーム実況って何？」とか「何がおもろいの？」とか言ってる時代遅れのお前らに、バカでもわかるように解説してやるよ

図4

する指摘は、たとえば「日本のゲーム実況配信（ニコ生）と海外のゲーム実況配信（Twitch）の違い」（http://kultur2.blog.fc2.com/blog-entry-1633.html）でされている。

認知科学や脳科学が明らかにしたように、人間は、人間の表情を読み取る能力に長けている。たとえマルチョンでつくった簡易な顔文字であっても、遠くからそれだけは判別できるし、その表情から、感情を読み取ろうとする。ひとは、他人の表情からその人物が抱いている感情を読み取り、そして読み取った感情は伝染する（ミラーニューロンが発火して云々ということについては神経科学の本でも読んでほしい）。顔と、顔が示す感情に反応しやすいのが、人間という生物の特徴である。YouTuberたちは、意識的にか無意識にか、その特性を利用して動画をつくっている。

ニコ動のゲーム実況が深夜ラジオ的な「しゃべり芸」の世界だとすると、YouTuberはし

ゃべりや叫びに加えて、オーバーな表情とリアクションで表現する「顔芸／リアクション芸人」の世界と言える。夜中のＴＢＳラジオやニッポン放送的なカルチャーと通底するスメルを放っているのがニコ動、出川哲朗や狩野英孝、竜兵会路線がYouTuberだ――ゲーム実況は、映画論やゲーム論の文脈で語るより、お笑い芸人論やテレビバラエティ論と絡めて語ってくれる論者を待っている。

ニコ動のゲーム実況好きには、HIKAKINは目障りだと言うひとも少なくない。それはダチョウ倶楽部や出川哲朗に対して「うざい」「おもしろくない」「バカだ」と思っているひとが多いのと同じ現象である。そうやって視聴者の感情を波立たせ、「動画映え」するリアクションスキルを持っているからこそ、リアクション芸人もYouTuberも人気がある。

こういう志向の違いによって、パズドラやモンスト実況がYouTubeでは人気があることが説明できる。YouTuberのファンは、ゲームそのものよりもプレイしている実況主の顔芸や大げさなリアクションが観たい度合いが、ニコ動の実況好きよりも強い。とすると、ネタは別になんでもかまわない（実際、コンビニで新発売されたお菓子を食ってみるとか本当にどうでもいい動画を山ほど投稿しているのがYouTuberであり、そこでは出演者のウソ大げさまぎらわしいリアクション以外におもしろさは存在しない）。動画映えするゲームでなくても、画面に映し出される実況主の顔や身体を動画映えするように酷使すれば、動画作品として成立する。マックスむらいたちがシンプルなパズルゲームや脱出ゲーム相手に「うわ！　どうする！」「あーっ！」などと、いい年こいて本気で緊張したり熱中したりガッカリしていれば、それで十分楽しいのだ。むしろ、ホラー系のフリゲや本格的なＪＰＲＧなど、ストーリー性が高いゲームでは、実況主のドヤ顔が前に出すぎると、視聴者はどこに集中力を割いて観ていいのか、わからなくなってしまう。

ニコ動にしろYouTubeにしろ、実況主たちは視聴者に対してトークとリアクションを駆使して情動の伝染を引き起こすことで、関心を惹いている。ただし、好まれる方法論はサイトによって異なっている、というわけだ。

――とはいえ、先にも述べたとおり、こうしたニコ動／YouTube文化の差異は急速に融解しつつある。マックスむらいは以前からニコ生での配信を行っていたが、二〇一四年以降はニコ動で人気の主たちがこぞってYouTubeにもチャンネルを開設し（ゲーム実況に限らず、ボカロPも歌い手も踊り手もそうである）、実況に限って言ってもニコ動で人気のキヨはむらいや赤紙のともといったYouTubeの主とコラボを行うなど、交流も進んでいる。両方に同じ動画が投稿されるようになった以上、ニコ動とつべ（YouTube）の違いは、コメントの付き方以外にはなくなってしまうのかもしれない。ただ二〇一〇年代前半までにおいては異なっていた、ということをこの原稿では記録として残しておきたい。

■ゲーム実況はゲーム制作に影響を与えるか？　F2Pコンテンツとの親和性の高さ

飛ぶ鳥落とす勢いのゲーム実況だが、この動きは、ゲーム自体のありようには、影響を与えるのだろうか？　この点に関して、少しだけ考えてみたい。

ゲーム業界は、プレイする前にお金を払って買ってもらう（売り切り型の）パッケージ型コンテンツから、基本無料であとから課金するFree To Play（F２P。フリーミアム）モデル、あるいはパッケージ販売であっても追加で有料コンテンツをダウンロード販売する、運用型コンテンツにシフトしてきているが――この潮流と、実況動画とは、たまたま相性がよかった。

コンシューマゲーム制作者には実況動画を憎々しく思っていたり、アンビバレンツな気持ちを抱いている人たちも少なくない。売り切りのパッケージ型コンテンツで販売されている（つまりPSVitaとか３ＤＳとかで売られている）ストーリー重視のＲＰＧなどでは、プレイ動画をアップされて中身をバラされると困る。実況動画だけを観て「ストーリーわかったし、買わなくていいや」となったらマイナスにしか働かない。よって、こういうタイプのゲームと実況動画の相性は、必ずしもよくない。ネタバレしたら価値がなくなってしまうコンテンツは、動画メディアとＳＮＳが発達しきった現代では、具合が悪い。

　しかし、スマホ用ゲームではどうか。基本無料でプレイでき、ガチャを回したりするのに課金が必要になる運用型ゲームでは、ネタバレされたところでそもそも入り口が「基本無料」なことは変わらない。こういうゲームでは、ストーリーを観るためにお金を払うわけではない。マネタイズポイントはガチャやアイテム課金なのであって、物語には存在しない。動画をアップされたら有料のガチャが無料で回せるようになってしまうなら問題になるが、ストーリーのネタバレをされて、いったい何の問題が発生するのか？　ほぼ、ない。むしろ、マックスむらいの実況動画を観た人間が「オレもむらいがクリアしたあのステージに挑戦したい！」とか「やっぱあのＵＲカードほしいなあ」と思ってくれることは、課金へのアシストになるだけだ（スマホゲーの実況主の多くは、無課金ユーザーではない）。動画を観たひとは、実況主と同じアプリを起動させ、キャラのレベルを上げたりレアカードを集めるために課金してくれるかもしれない。Ｆ２Ｐの運用型コンテンツでは「おもしろそう！　自分もやってみたい！」「あれほしい！」と視聴者に思わせて支払いに対するハードルを下げるフック（プロモーションツール）として、実況動画は機能する。

だからたとえばモバイルRPG『ブレイブフロンティア』などを制作している gumi の代表・國光宏尚は、「これからはゲーム実況でウケるゲームを作らなきゃダメだ」とニュースアプリ Newspicks 上でコメントしたり、Facebook 上でたびたび発言していた（その後、いわゆる gumi 上場ゴール問題が発生して大炎上したため、沈黙モードに突入してしまったが）。すでにD3パブリッシャーは『地球防衛軍4』の実況動画を正式に許諾したし、海外では日本よりも積極的に、プレイ動画をプロモーションツールとして活用しようという動きは加速している――この動きに対応するために、Amazon はゲーム実況サービス Twitch を九億七〇〇〇万ドルで買収したのである（ウォール・ストリート・ジャーナルが公表したアメリカのインターネットトラフィック・ランキングで、Facebook、Hulu、Amazon を抜いて四位にランクインした Twitch については「『Twitch』はどのようにして数年で巨大ゲーム実況プラットフォームになったか」http://gigazine.net/news/20140319-twitch-became-media-juggernaut/ などを参照）。

とはいえ、スマホ用ゲームでは、まだ実際に「実況されることを前提にした仕掛け」はそれほど一般的ではない。

むしろフリーゲームの制作者に、「実況映え」を考えているひとたちがあらわれはじめている。

たとえばRPGツクールでつくられたホラー／ダークファンタジー系アドベンチャーゲーム『クロエのレクイエム』でブレイクした、（結成当時）一〇代女子ふたりのサークル「ブリキの時計」が、「実況映え」するゲームづくりの実践者である。インタビューでは「実は、クロエを出すまで『ゲーム実況』の存在を知らなかったんです」と言っているが（「夏休みをゲーム制作に費やした少女たちがいた――16歳と19歳が生み出した傑作『クロエのレクイエム』誕生秘話」http://ch.nicovideo.jp/

indies-game/blomaga/ar611037）、『クロエ』のあとにリリースした『幻想乙女のおかしな隠れ家』では『クロエ』以降の反応を見て入念に制作したようだ。

視聴者は、あるゲーム実況の動画を、必ずしも全部観るわけではない。最初に投稿された「パート1」を観て、パート2以降の動画を観続けるか切るか、決めている。言いかえれば実況主のプレイ開始から最初の二、三〇分が〝動画としておもしろいかどうか〟で、その実況動画を観続けるか——言いかえればそのフリゲのストーリーを追おうと思うかどうかを、判断してしまう。だから「ブリキの時計」は、実況動画がアップされたらパート1で扱われる序盤に「実況映え」するような要素をちりばめたというのだ。

ツッコミどころ、謎めいた雰囲気、キャラクター同士のカップリングを想像させる（二次創作したくなる）要素、美麗なグラフィック……等々。

PC向けの一八禁美少女ゲーム（エロゲー）の世界では「体験版」の出来で予約数が決まり、予約数（＝初速）でほぼ売上が決まるため、体験版でプレイできるゲーム序盤に豪華な要素をぶっ込むことがセオリーになっていた。

これと構造はよく似ている。

彼女たちはゲーム自体のダウンロード数よりも実況の投稿数や再生数、それから pixiv 上への二次創作のイラストやマンガの投稿数を気にしているらしい。二次創作を誘発させるように、すべてのキャラ同士でカップリングが可能なように作り込まれており、実況主が「こいつとこいつってこうなんじゃね？」と言いたくなるように仕向けている。それを観た視聴者は、つられて自分なりの妄想を膨らませる。そして二次創作を求めて pixiv や同人誌即売会をさまよい、公式グッズも買ってしまう

――ずいぶんまわりくどい商売のしかただが、これこそ同人文化／インディ・ゲーム的な盛り上げ方の発想である。バズらせることを第一に考え、金もうけにたいして重きを置いていないのがおもしろい。

かように、モバイルゲームと同様に、フリーゲームもF2Pでマネタイズするケースが、近年では増えている。ゲーム自体はフリーでプレイできるが、コミケや通販で関連グッズを扱い、収益を上げて次のゲーム制作の資金を確保する、というやり方である。

ちなみにゲーム実況は、出版業界にはすでに恩恵をもたらしている。たとえばM.S.S.Pの本はファンブックも文章ド素人の彼らが書いた小説も数万部売れているし、フリーゲームのノベライズやコミカライズは『青鬼』『ゆめにっき』『霧雨の降る森』を筆頭に、やはり数万部～シリーズ累計では数十万部に及ぶヒット作を生み出している。

まだ現状では試行錯誤といった感じだが、「実況がゲームを変える／サブカルコンテンツの流れを変える」動きは、これからも加速するだろう。

■ツッコミを誘うコンテンツ――ボケ役としてのゲームと実況主

ぼちぼちまとめよう。

ゲーム実況で大成功する「ゲーム＋実況主」の組み合わせは、ほぼ三つである。

ひとつは、「ボケ」る素材としてゲームを提供し、実況主に「ツッコミ」の役割を担ってもらうものだ。動画として「ボケとツッコミ」が組み合わさった、おもしろいもの。人があっさり残酷な死に方をしたり、設定がバカすぎたりというエクストリームな要素をもったフリゲと、口が達者な実況主の組み合わせだ。

もうひとつは、実況主が「ボケ」られる、芸人的にエクストリームなことをしたくなるゲームだ。こちらは動画の視聴者に「ツッコミ」役を担わせることで、ボケとツッコミのコミュニケーションが完成する。パズドラで数万円ガチャを回す動画や、よくある「縛りプレイ」（ポケモンでアイテムを一個も使わないでクリアとか、拾った武器だけを使ってＦＰＳをクリアとか、制限を設けてプレイするもの）は、これである。

最後に、実況主がふたり以上いて、実況主同士のあいだでボケとツッコミが成立する動画である。M.S.S.Pや最俺は、これがおもしろくて人気になったようなものだ。

もちろん、ふつうにプレイがんばってプレイしている女の子の実況主とか、そういう応援したくなるタイプの動画やらも、あったりはする。けれど再生数がアホみたいに伸びている動画は、たいていどれもボケとツッコミで成り立っているものだ。

そしてどの場合でも、視聴者は常にツッコミ側に立っている。

芸人のマキタスポーツは、現代を「一億総ツッコミ社会」と形容していた（槙田雄司『一億総ツッコミ社会』星海社新書、二〇一二年）。ソーシャルメディア全盛時代とは、ボケとツッコミの割合で言えば、ツッコミが圧倒的に多い状況である。僕らはとにかく、ツッコミたくてしかたない。何かを見て笑ったり、シェアして叩いたりできる素材を日々求めている。ネットニュース編集者の中川淳一郎は『ウェブはバカと暇人のもの』（光文社新書、二〇〇九年）で「ネットでウケるネタ」の筆頭に

「話題にしたい部分があるもの、突っ込みどころがあるもの」「身近であるもの（含む、B級感があるもの）」を挙げている。広告の世界でも、たとえばタカハシマコト『ツッコミュニケーション　生活者を「相方」にするボケとツッコミの広告術』（アスキー新書、二〇一三年）や須田和博『使ってもらえる広告』（同、二〇一〇年）では、マス広告はネットには速度では勝てないからこそ大胆なボケ（「釣り」）をしてバズらせ、見た者同士にコミュニケーションを喚起させることで次の購買行動につなげていくべし――ようするに「ボケに回れ」「ツッコんでもらえるようなコンテンツをつくれ」と説いている。

　ゲーム実況で人気になるゲームや実況主も、それぞれがツッコミを誘発させる要素を仕込んでいる。稲葉ほたても『ゲームの今』で永井先生のゲーム実況動画について「今にして思えば、その人気は『誰もが必ずツッコミを入れられる』という点にあったように思う」「ゲーム実況で重要なのは、見る側がコメントを入れる隙のある『面白さ』なのだ」と書いている。

　ツッコみたくなるしかけ、いじりがい、加工してみたくなる何かを持ったコンテンツのことを「ツッコン」と呼ぼう。このクソダサいネーミングこそがツッコン的感性である。好きなだけ笑え。好きなだけ叩け。むしろやってほしい！　それがツッコンである。たとえば批評家の佐々木敦は「二〇一〇年代」のことを「天然」と引っかけて「テン年代」と呼ぼう、と提唱したが、この「テン年代」というしょうもないネーミングは、非常にツッコン的である。苦笑するしかないが、ダサすぎて逆に一度聞いたら忘れることがなく、揶揄したくなるものだからである。

　リリースされたツッコンが視聴者に届くと、「押すなよ！　絶対押すなよ！」という例のアレに遭遇したのと同じような現象が起こる。実況動画を観ている僕らは、そこに流れてくるばかばかしさやデフォルメされてキャラ立ちした実況主のしゃべりや振るまいに対して、安心して「ちょｗｗｗｗ」とかコメントをつけながら爆笑したり、バカにしたり、叩いたりできる。むずむずしてきて、無視する方が失礼なんじゃないかとすら思わされる。スルーできなくなる。狩野英孝が『ロンドンハーツ』や『アメトーーク』で重宝されるのと同じである。狩野は理想的なツッコンだ。キャラが立っていて、いじりがいがあるボケ素材として、ちょうどいい。視聴者を絶対優位に立たせてくれる存在である。優越感を感じたいために自分のほうが上だとアピールする行為のことを「マウンティング」と言うが（命名者・瀧波ユカリは女同士の関係に対して言っていたが、男同士でも「オレすごいやろ！」合戦はよくある）、ツッコンは視聴者に絶対安全圏からマウンティングさせてくれる最高の素材なのだ。日常生活では、テストの点だの彼氏の収入だのファッションセンスだのでマウンティングしたりされたりの激しい攻防でちまちましたストレスにさらされている小市民のわれわれにとって、ストレスフリーでいじれるツッコンはきわめてありがたい。

登場人物やプレイヤーキャラクターと一体化し、没頭して楽しむタイプの小説やゲームは、拡散力が弱い。ツッコんで笑える気軽さがない。もっとくだらなくて、「ながら視聴」できるくらいに気楽で身近で、上から目線で何か言いたくさせるもの、あるいは軽くイラッとさせられるものに、ひとは流れてしまう。押すなよ！　絶対に押すなよ！　という空気をむんむんに放っているバカなものを、全力で押してしまい、シェアしてしまう。これはニコ動のコメントであろうとYouTubeのコメントであろうとネットニュースの見出しであろうと、ユーザーインターフェースの違いに関係なく、本質的な構造は変わりがない。感情をざわつかせるものには「くだらない」と言われがちな内容でもつい反応してしまうのが人間の性質であり、それを利用しているのがツッコンである（ネットでよく炎上している人々もツッコン体質なのだと言えるが、しかしかわいげがない。狩野英孝やゲーム実況主は視聴者をマジで怒らせることはない、かわいげのあるツッコン体質者である。ひとびとをイラつかせ怒らせるタイプを「炎上体質」、笑わせるタイプを「ツッコン体質」と区別してもいいかもしれない）。

整理すれば、「コンテンツのＦ２Ｐ化」と「視聴者を気持ちよくマウンティングさせる集客装置としてのボケ／感情さかなでキャラ」需要が合流した結果がゲーム実況ブームだと言える。

ゲームプレイではプレイヤーには当事者性が生じ、うまくいくのも失敗するのも自分の腕が少なからず絡み、精神的にも多少なりとも負荷がかかるが、ゲーム実況動画の視聴者は当事者性などなく、絶対安全地帯から気楽におもしろがることができる。「気晴らしはしたいけど、大半の娯楽は見たりやったりするのも疲れるんだよね」というストレスフルでいそがしい現代人がゲーム実況動画に吸い寄せられていくのも、むべなるかな、という気がする。何も考えずに見られる。まじめに見なくていい。でもなんとなくおもしろい。疲れずにコミュニケーション欲求も充たしたい。そんな日本人の需要が、独自のゲーム実況文化の隆盛をもたらしたのではないか。

もちろん、いまやゲーム実況も多様化をきわめているから、本論のフレームにあてはまらないタイプの動画もたくさんある。たとえば、ツールを使って１コマ単位で何百回、何千回もセーブ＆ロードしながらプレイすることによって通常の人力では不可能な操作をして理論上最速とされているクリアをめざすＴＡＳ（Tool Assited Speedrun または Tool Assisted Superplay）動画や、チートなしでチャレンジするＲＴＡ（Real Time Attack）動画は、オリンピックやワールドカップでアスリートの活躍を観るのと近い娯楽であって、ツッコミどころを笑うようなものとは言いがたい。

しかし「いろいろあるよね」で終わっては、まったくおもしろくない。ここでは日本におけるゲーム実況とはいったいなんなのかについて、あえてひとつの結論を出してみたい。

ゲームが娯楽としてかつてないほど身近になり、モバイルでの動画閲覧が常態化し、ツッコミをソーシャルメディアで共有するのが当たり前になった時代のバラエティ——それがゲーム実況である。

すみません、バカにはわからない話でしたかね……。

共同討議3

ゲーム、アニメ、研究

■映像／視覚拡張メディアとしてのゲーム

飯田　ここではゲームやアニメ、あるいは映像研究の動向といったトピックについて議論していきたいと思います。まずはゲームからですが、近年の「ゲーミフィケーション」や「ナラティブ」への注目はようするにゲームのシステム的な面や「いかに物語を語るか」への着目で、ゲームの映像的な側面への関心ではなかった。だけど藤田君の論考を読むと「映像としてのゲーム」という語り方も必要だなと感じました。

藤田　そもそもビデオゲームのおもしろさは「テレビの画面を自分で動かせる」ところにあったわけです。ファミコンのころは2D、今は3Dで画面を動かせるようになり、システムも高度化したから見えにくくなっているけれど、「画面が動く」「動かしながら見る画面」ということの原初的な驚きは大きいはずなんです。ゲームをプレイして没入しているときにはリアリティをすごく感じる。でも醒めているときにはテクスチャーむきだしに見えて「微妙だな」と思う。没入感があるときは手を動かすこととかに脳のリソースが割かれて視覚を処理するリソースが減っているからプアな画面でも現実と錯覚するようになっているんだと思う。そういう、インタラクティヴィティによって「画面が変わる」経験を踏まえた、ゲームの映像論が必要と思う。

飯田　ビデオゲームを「自分で動かせる画像」という視覚拡張メディアとして捉えるのはおもしろい。「身体の拡張」という話はよくされるけど「視覚の拡張」という切り口は意外と見ない気がします。

宮本　他者の行動を見たときにミラーニューロンが反応して、脳内で自分に置き換えたシミュレーションが生成しているという説がありますが、そういう現象は起きているでしょうね。「つながっている」という面では、心理学者の入來篤史らの実験で、サルは道具を使っているとき視覚受容野が拡大するということが分かってから、どうやら人間にも道具を身体の延長として脳に組み込むシステムがあるらしいってことが色々研究されるようになってきました。身体イメージは延長するだけでなくて、うまく錯覚を使うと自分以外のモノに転移させられるらしく、例えばクレイグ・マレーはヴァーチャル・リアリティで幻肢痛を軽減する実験をしています。市販ゲームをやっているとき感覚の転移がどこまで起きているかは分かりませんが、われわれはマウスを通してコンピュータ画面上のカーソルをおそらく身体の延長として処理していますし、ゲームのキャラクターにもコントローラーを通してある程度は身体が延長されているんじゃないでしょうか。

■日本の3DCGアニメと「情報のコントロール」問題

飯田　藤井君が論じている日本の3DCGアニメでは、近年の変化はどうでしょうか。

藤井　日本のアニメはデジタル技術を取り込んだことによって何か変わったかというと、あまり変わっていないように感じます。『サザエさん』が最後のセルアニメだと言われていますが『サザエさん』がデジタル化したことによって「すごく動くようになった」ようなことはない（笑）。カメラが急に多動的になったりはしていない。

飯田　でもそれは作品の性質によるんじゃないかな？『サザエさん』にそもそも意表を突くようなカメラワークは求められていない。だけどたとえばシャフトや『シドニアの騎士』のポリゴン・ピクチュアズ、吉浦康裕作品なんかは3DCGを活かしたカメラワークをしているように思います。それから、トーマス・ラマール『アニメ・マシーン』をはじめすでに何人もが指摘していますし、藤井君も言っていますが、押井守は「アニメは情報量がコントロールされているけれど、実写はコントロールできない」「すべての映画はアニメになる」と言っていましたが、これはある種レフ・マノヴィッチが「デジタルメディアにおける映像制作はアニメーションの特殊ケースである」と述べていたのと同様のことですよね。押井が強調していたことは、アニメでは演出家がコンテに描いたもの、原画や動画のスタッフが描いたものしか画面に現れないけれど、実写は監督が意図していないものも映り込んでしまう、というものです。現代ハリウッド映画はアニメのように情報量をすべてコントロールする方向に向かっている一方で、藤井君が論じている〝生アニメ〟『みならいディーバ』なんかは3DCGを使っているけれど生放送でライブ性を持たせることで情報量を不確定にする、ノイズを混ぜるおもしろさを呼び込もうとしていました。実写は情報量をコントロールすることを望み、一部のアニメはアンコントローラブルなものを望んでいると言えますよね。

藤田　『gdgd妖精s』とか、ネットでの3DCGアニメの生放送は、どういうふうにみんな見ているんでしょうね。

藤井　『gdgd妖精s』はフィクションパートが多いので何とも言えないのですが、僕は生アニメに関しては正直だるいので「一個の作品としてすべての時間を観る」感覚ではなかったですね。「適当に観る」感じで、ラジオの聴取に近い。ずっとちゃんと見なくてもいいんですね。もともとニコ生で配信していたので、思いついたときやおもしろくなってきたらコメントで参戦もできる。

藤田　モニターをどこかに置いておいて、何か別のことをしていてもいいわけだ。つまり、「集中」(gaze)でもなく、「チラ見」(glance)でもなく、ラジオ的な……、「聴き見」とでもいうか。

藤井　生放送ですから、ハプニング性を楽しむ側面は確実にあります。何が起きるかわからないからとりあえず流しておくという楽しみ方もあります。

アニメで言えば、ロトスコープを使ったアニメーション作品を観たときに抱く違和感も、今言った情報量の多さが絡んでいますよね。『悪の華』や岩井俊二の『花とアリス殺人事件』には『ゴールデンエッグス』や『ピーピング・ライフ』に似たシュールさを感じます。これは実写が孕んでいるモゴモゴとした情報量の多さをアニメに落とし込んだときに異物感が出てしまっているからだと思います。アニメはそもそもが非常に合理的に編集され、そぎ落とされた表現形式ですから、「実写のアニメ化」は言うほど簡単ではない気がします。

■機械と人間のインタラクションをいかに利用し、偶発性と新奇性を取り込むか

冨塚　ロトスコープとノイズの話は、アンディ・サーキスなどに代表される、CG表現のベースになる部分を生身の俳優が演じる、いちど機械を通した上で人間の身体の冗長性を呼び込んでいく方向性ともつながっていますよね。こういう動きは映画やアニメ以外でも起こっている現象だと思っています——単に制御不能なものを持ちあげて、「アニメと異なり実写映画では現実の風が画面に映るのが良いのだ」といった短絡的な見方に陥るのではなく、機械／人間、デジタル／アナログのインタラクションが持つ可能性について考えたいと思っています。たとえば岡崎乾二郎氏らによる『芸術の設計』は、建築・音楽・ダンス・美術の四ジャンルにつき、コンピュータ・プログラムやアプリケーションを通じて技術について再考した一冊です。制作現場でのMIDIやフォトショップなどの活用法に関する、あえてマニュアルを模した記述からはじまる各章は、しかしいずれも最終的にアプリケーションの機能を適用するだけでは解決不能な、情報に還元できない具体的な制作過程で突き当たる技術の問題を提示します。この本でも紹介さ

れているダンサー、トリシャ・ブラウンと岡崎氏が組んだ、現在でも一部をYouTubeで観ることが可能なパフォーマンス、「I love my robots」では、トリシャがかつて踊ったダンスの情報を2台の棒状のロボット、デクノボーDekNoboに入力し、それと本人が共演しました。動画でしか観ることが出来ていませんが、過去の自分のダンスを再現したロボットとのインタラクションを通じて、かつての自分の身体の動きとある種の対話をしているところがおもしろい。

飯田　ロボット研究者の石黒浩が、落語家の桂米朝のアンドロイドを作ったけれど、石黒さんのところには文楽の重鎮から「俺をアンドロイドにしてくれ」という依頼があるらしいんですね。演じ手の動きをモーションキャプチャーすれば棒が動くだけの産業用マニピュレーターで十分に人間国宝の動きであろうと完璧に再現できると。しかも同じ動きしかしないのが味気ないというのであれば、ゆらぎを持たせてランダムでときどきミスをするとか、リズムの取り方が跳ねるようなプログラムは簡単にかませられる――素人が考えるていどの「人間らしさ」は簡単にプログラムできるとも言っていた。

海老原　冗長性も最適解的に「こういうふうにブレれば人間性を感じるよね」というふうに再現できるようになっていくと。

冨塚　古臭い言い方かもしれませんが、ありうる失敗もデータに取り込めるとはいえ、それでも予想できる範囲のバグでしかないのがプログラムだとすると、一応予想できない何かが起きる可能性を持っているのが人間である、と現状ではまだ言えるような気がします。もちろん、二〇一四年にはチューリングテストに合格したプログラムが話題になりましたし、今後さらにブレやゆらぎの再現技術が上がることで、どんどん人間とプログラムの境界ははっきりしなくなってくるのでしょうが。

佐々木　私はやはり、人間とプログラムを「どちらが優れているか」の対立構造として捉えなくていいと思うんです。DekNoboに関しても、機械が人間の動作が変わるきっかけを作り、その動作がまた機械にフィードバックされていくという、両者の協力関係を築くための装置であるところが魅力的です。互いに偶然性をもたらし合う関係性ですね。

宮本　最近は学術の世界でも、情報科学と人文学の融合領域として、芸術や伝統芸能をデジタルデータ化して分析をしていく「デジタル・ヒューマニティーズ」という考え方が話題になってきていて、実際にそういう協力関係が築かれているという印象があります。

海老原　すべてをコントロールするハリウッド的なエンジニア集団に対する映画界からの反発として、ドキュメンタリーやフェイク・ドキュメンタリーみたいな、監督が生の現実というアンコントローラブルなものを意図的に取り込んで演出していくやりかたもありますよね。松江哲明さんと山下敦弘さんが撮っているドキュメンタリー『山田孝之の東京都北区赤羽』を見ていると、どこまでが本当でどこからが作っているのかわからないところが楽しいんですよ。

藤田　ハリウッド映画に勝てなくなった邦画の戦略として、ドキュメンタリー的なものはひとつの答えですよね。あとは、アイドル？　アイドル・ドキュメンタリーとか、アイドル・疑似ドキュメンタリーとか、その要素の入った邦画も、多くヒットしましたね。

海老原　ハリウッド対邦画という対立軸ではなく、ハリウッド的なもの対フェイク・ドキュメンタリーという軸で考えた方がよいでしょう。海外でも（フェイク）ドキュメンタリーはあるわけですし。渡邉さんは一時期ドキュメンタリーをプッシュしていましたよね。今考えてみれば、それはデジタル化が進行するなかでの裏番組的なもの――ひとつの事態がもたらす両サイドを語っていたのかなと思いました。でも最近はあまりドキュメンタリーの話をしないですよね。

渡邉　そうですね。この前も『テラスハウス』が映画化するので、渡邉にぜひコメントしてほしい、みたいなツイートを見かけましたが、個人的には、擬似ドキュメンタリーについては、「イメージの進行形」を連載していた五、六年前にさんざん考えたので、単純にいまはだいぶ食傷気味になってしまったんですね（笑）。というのもコントロール可能性と不可能性、必然性と確実性みたいな対立がどんどんメタ化して臨界点を超えてしまった。ここまで出てきたような「すべてがコントローラブルになり定量可能になった、そしてそれに対する偶然性や不確定性すら設計可能になっている」ということと近い問題が疑似ドキュメンタリーに関しては二〇〇〇年代初頭には重要な問題としてあったけれども、今はそれすらも突き抜けていってしまった感じがしている。僕としては、いまはそこから距離を取って考えたい。むしろ擬似ドキュメンタリーのある種の進化形として僕が最近、興味を持っているのは『ゴッドタン――キス我慢選手権』です（笑）。あれはライブとドキュメンタリーとフィクションの多重化、並行性といった今話してきたような受容経験の枠組みが、「キス」というモティーフが喚起する演者の情動性や欲望とうまく絡み合っている。さっきの「快楽の映像美学」の問題とも関係しますし、あれはちょっと「疑似性」の新しい傾向かなと思います。

藤田　僕も機械か人間か、あるいはメジャーかインディーかという問題設定は本質的ではないと思います。同じようなものばかりになって廃れるという危惧も出ていますが、人間は「飽きる」。飽きるから新しいものが見たい。新しいものを見せてくれればメジャーでもインディーでも、機械が作ろうと人間が作ろうと、どっちでもいい。たとえば『リヴァイアサン』なんて水中にGoProをたくさんぶっ込んで波の動きなんかを撮ったものですから、機械の力で実現できた側面だって多い作品ですよ。人力でも機械でも、人類に新しい体験がどれだけ増えていくかという問題として考えるべきなんですよ。

渡邉　その「飽き」の問題もやはり快楽や欲望の問題に深く関係しますね。しかも最近は、その飽きがくるスパンもどんどん短くなっている。Vineにしろ映画にしろどんどんハイコンセプトになっていて、一発ネタ的な「出オチ」みたいなものが多い。『リヴァイアサン』も『ゼロ・グラビティ』も一回しかできないネタです。

海老原　まあ、『ゼロ・グラビティ2』はないですよね（笑）。

渡邉　映画もネットのコンテンツの消費スピードに近くなって、コンセプトを次々更新していかないといけない。それはやはりクリエイターは作りづらくなっていると言わざるをえない……と佐々木さんの隣で言うのはなんですが（笑）。

佐々木　いや、まったくそのとおりです。その裏返しとして、例えばマーベル・シネマティック・ユニバースの長期戦略があるのでしょうね。無数のキャラクターと組み合わせを用意して、長きに渡って愛されるシリーズをつくりだすという。それが実現できていること自体が奇跡的な、卓越した仕事だとも思いますが。

竹本　多数のキャラクターを用意して物語性を構築していくという戦略は日本においても顕著ですね。ＡＫＢ48を中心とした現実のアイドルユニットなどもそうですが、たとえば二次創作界隈においても、東方Project、アイドルマスター、艦隊これくしょんなど、とにかく多数のキャラが登場するコンテンツが人気になるケースは非常に増えていますし、さらにいえばメインストーリー、核になる物語も必ずしも求められていない。

■視覚文化研究の現在と、映像批評の受容／需要

飯田　ここまでは映像自体に関する論点を扱ってきましたが、このへんで、視覚文化の研究や批評という「語り方」の現況も確認しておきましょう。

渡邉　「映画」や「映像」に関するアプローチは、ここ数年で本当に大きく変わってきたなという実感を持っています。僕が二〇一二年末に『イメージの進行形』を出したころは、北野圭介さんの『映像論序説』みたいに「映画」ではなく「映像」あるいはもっと広い「視覚文化」に着目する専門書は、日本にはほとんどなかった。したがって、僕も「映像圏」のような主張に説得力を持たせるために、いわゆる「ゼロ年代批評」との接続とかを前景化するという戦略を取っていたわけです。それが二〇一三年にマノヴィッチが翻訳され、トーマス・ラマールの『アニメ・マシーン』が翻訳され、一四年には石岡良治さんの『視覚文化「超」講義』が出た。最近も、「メディア考古学」を提唱しているエルキ・フータモの本が翻訳されたり、ジョナサン・クレーリーが翻訳されたり、それらの知見を導入した大久保遼さんの『映像のアルケオロジー』が刊行されたりしている。ここ数年で、映画批評や映像論という枠に収まらない視覚文化論、映像文化論の重要文献が、日本の若い研究者も含めて続々と出てきましたね。それは、さやわかさんのポップカルチャー論や三輪健太朗さんのマンガ研究など他分野とも相互に関連している。端的にいってしまえば、僕は最近、すごく仕事がやりやすくなった気がしている。

　かたや、僕の世代ぐらいまではカリスマ的な影響力があった蓮實重彥に関しては、今の若い人たちは読んでいない。僕も日本大学芸術学部の授業で彼のマニフェスト『表層批評宣言』は扱ったりしましたが、今はちくま文庫で品切れ重版未定らしく、そもそも手に入らない。「表層批評」という考えを今の学生が手軽に知るのはムリになっているわけです。日芸の僕の教え子で、今はある国立大の大学院で映画研究をしている優秀な人がいるのですが、彼はアカデミックな映画研究の世界では蓮實がほとんどまともに読まれていないことにびっくりしたと言っていました。映画の具体的な細部に寄り添うという表象文化論自体が飽和状態で、それよりはカルチュラル・スタディーズみたいに社会・歴史的な背景から映画を読み解くアプローチがアメリカから来て主流になっている。

　さらに言えば学生は蓮實どころか映画批評全般を「本」

ではほとんど読んでいなくて、YouTubeに散発的に上がっているどこかのラジオでやった町山智浩や宇多丸の映画批評をスマホで聴いているのが現状です。

海老原　宇多丸のラジオ番組『ウィークエンド・シャッフル』の映画批評コーナーは最初にリスナーからの感想メールを読み上げて、それについて答えつつ彼の持論を展開するんですが、リスナーは宇多丸の話を聞くなかで映画の観るポイントや論じ方を内面化しているから、しっかりしたメールを送ってくるんですよね。ディシプリンが本でないとダメかというと、そんなことはない。ただトークや動画だと冗長で散漫だったりしますから、数千年の歴史がある本のほうがコンパクトではあります。この本も興味、関心を持っているリテラシーのあるひとに向けて文字でかっちりやっているわけですが、それはそれでいいのかなと。

藤田　映像的なコミュニケーションがあまりにも主流になるとネトウヨみたいなひとたちが増えるという『ネトウヨ化する日本』での議論があったけれど、そういうネガティブな可能性は確かに否定できない。でも視覚時代の新しい知性が開発されるのも期待できる。どっちにしても、対応が迫られますね。

渡邉　そちらにも対応したいと思いつつ、僕は体系立った本を書きたいし、僕の教え子にも映画批評誌の『nobody』や『映画芸術』で働いている学生もいますから、シネフィルがいなくなったわけではないと思いますが……。濱口竜介を見に行っているような若い映画ファンはどういう感じですか、冨塚さん。

冨塚　絶対数は以前より減っているのでしょうが、映画館で会って話す友人、知人の中には、いわゆるシネフィル的な趣向の人もまだまだ一定数はいるように感じます。私なんかよりよっぽど映画批評を本ベースで読みこんでいる年下の友人もいますし。

藤田　シネフィルの圧力は、確実に弱まっていますよね。立教大学スクールの作家の存在感は、一昔前よりは、良くも悪くも薄くなってきている。蓮實重彦が褒める映画も、昔はもっと難解なヨーロッパ映画とかを褒めていた印象があるんだけど、最近はリドリー・スコットの弟トニー・スコットを褒めたりしている。

渡邉　いや、蓮實さんはかなり初期から通俗的な映画も褒めていましたけどね。それこそロマンポルノやB級ノワールとか。

藤田　ただ蓮實が褒めていたようなヨーロッパ映画の上映機会が減っているのはたしかでしょう。

渡邉　それはそうですね。蓮實さんが褒めていたような映画が劇場にもかからないしネットにもない、スマホで観られない、だから影響力を持ちにくいというのも大きい。

飯田　批評や研究の対象自体が、映像としてアーカイブ化されて簡単にアクセスできる状況じゃないと、ポピュラリティを持ちえないと。

渡邉　一方でここ二、三年ぐらいではパブリックドメインになった古典の映画がどんどんネットにアップされている。それはそれでいいけれど、僕はやっぱり溝口健二の『近松物語』をスマホでは観たくはない。パブリックドメインに入っていない違法動画を含めても溝口や成瀬巳喜男、小津安二郎や黒澤明がタダでネットで観られるのは本当にすごいことですけどね。今の大学生はスマホで観ているわけだから、受容経験は全然違うと思う。

佐々木　最近は見れる作品に関してはほとんどスマホで見ちゃってます。劇場かスマホか、みたいな……。

渡邉　そういう二極化はいろいろなところで起きていますよね。

飯田　批評や研究に関して言えば、マンガや映画、ゲームなどのカノンというかディシプリンがしっかりしてきたジャンルは、作品や先行研究のアーカイブ化も進んで発掘が起こったり、新しい切り口での研究が生まれているいっぽうで、ニコ動のコンテンツのように新しく出てきた俗っぽいものに関しては相変わらずなかなか扱えないですよね――ある種の風俗現象として社会学では扱えるかもしれないけれど。たとえばさいとう・たかをの自伝的漫画『いてまえ武尊』なんかを読むとわかりますが、戦後すぐのころのマンガは完全に害悪扱いで「読むとバカになる」と大人には思われていました。一九八〇年代にファミコンが出てきたころのゲームもまったく同じ扱いですね。そう考えると淫夢のように「そんなもん評論して正気か」と思われるようなものも、のちにはご立派な扱いを受けている可能性はゼロとは言えない。

渡邉　映画で言えば田中純一郎、マンガ研究で言えば石子順造といった、活動当時は在野でジャーナリスティックなことをやっているとみなされていたひとたちの研究が、のちに大学の学術研究の基礎文献になっていきました。淫夢動画やゲーム実況に関しては今現在ではリファーできる文献が圧倒的になく、だからこそ的確に捉える言葉を残しておく資料が必要になります。ある文化が変わったり生まれていくときには、それを捉える言葉、思考の枠組み、方程式を同時につくっていかないと文化は成熟したとは言えない。それは映像やイメージのあり方が多層化し多様化した現在に「リアルタイムで文化をフォローする」という行為であると同時に、ボカロやゲーム実況をはじめとするニコ動やYouTubeで消費されている映像も四半世紀も経てば大学で教えられるようになっているであろうことを見据えて行われるものでもあります。

藤田　この論集が先行研究・基礎文献になればいいんです。

冨塚　議論の蓄積がなされていない分野に土台を作っていくのと並行して、かつての慣習が今どう変化し、残っているのかを検証する作業も、必ずしも後ろ向きの議論ではなく重要であることも付け加えておきたいところです。たとえばD．N．ロドウィックは、*The Virtual Life of Film (2007)* の中で"What is Cinema?"「映画とは何か」ではなく、あえて"What was Cinema?"と過去形を用いて映画について論じています。彼は、カヴェルら初期～フィルム時代の映画理論を今あえて参照することのアクチュアリティに注目しているわけです。古いメディアに関する議論を現在の視点から読み替えていくこと、また逆に新しいメディアを古いメディアとの関係から読み替えていく作業には意義があります。

佐々木　私もひとつまた別の問題提起をしたいのですが、今日の視覚文化の影響力の大きさは、一方でその背後に「無かったこと」にされるものを大量に生み出しているということでもある。現在の欲望や需要に従って、見えないものや視覚的には美しくないとされるものが端的に無かったことにされるのは嫌だなと思っています。人間は自分自身のことをそんなによくわかっていないので、いまは必要なもののリストに加えていないものの重要性に後になってから気づくかもしれない。私の作家としての仕事は、それを見きわめて、後世に残るものの幅を少しでも広げていくことだと思っています。揺動メディア論はまさにその一環で、手持ちカメラや手ブレ映像を専門に扱う研究者や作家はいくらでもいるだろうと思って調べてみると実は驚くほど手つかずだった。当たり前と思えるものやありふれたもののほどスポンと抜けていることもあるのだなと思いました。だからこそ本当に必要だと思うことや気づいたことは、個人レベルでも積極的に発信していかなければと。

宮本　いますぐには金にならないけれど、とにかく撮っておいてアーカイブするというのは、学術上でも非常に大切ですね。特に、現実にはあるけどウェブには無いというものは山ほどある。最近始まったＡＨＡ！というプロジェクトでは、一般家庭から８ミリフィルムを集めて、持ち主に映像の撮影年代や撮影場所などを語ってもらいながら上映会をして、全部あわせてデジタルアーカイブ化するということをしているらしいです。今世の中に在る情報だけが全てじゃないということは、当たり前ですが忘れないようにしないといけませんね。

佐々木　このことは、渡邉さんが仰っていた「世界そのものが映画になりうる」という映像圏的な世界像と表裏の関係にあるのでしょうね。

飯田　勝手に撮られて「すべてが記録されている」感覚もある一方で、「見ようと思って探すと実はアーカイヴが存在しない」。佐々木さんが振っていた「カメラを向けられたくない社会」と「向けられたい社会」にも通じる話ですね。経営学者のパンカジ・ゲマワットが「トーマス・フリードマンが『世界はグローバル化してフラット化している』とか言ってるけど全然そんなことない」と詳細な実例を挙げて指摘していましたが、今日の映像や映像研究をめぐる状況もフラット化しているように見えて意外とデコボコとしていて、だからこそやりようがあるということなんでしょうね。

参照すべき映像・文献リスト

デジタル&ソーシャル時代の重要コンテンツ

渡邉大輔

本項目では、現在の映像文化における作品と言説双方のバランスを考えて、映画作品と著作から、論考中で触れていないものに限り、それぞれ五点を選ぶことにした。

まず作品テクスト。現在の映画を含む映像文化ではフィルムからデジタルへの移行に象徴される、旧来のパラダイムから新たなそれへの構造的変容がいたるところに認められる。ここでは、その端境期のダイナミズムを主題や表象、演出などの要素において巧みに示していると思われる作品を挙げておきたい。蓮實重彦門下＝「立教ヌーヴェル・ヴァーグ」の一人としても知られる篠崎誠の『**死ね！死ね！シネマ**』（二〇一一年）は「ゾンビ映画」という、フィルム＝物質的メディウムの時代を象徴するものとしてしばしば考えられてきたジャンルをネットワーク環境によって露悪的に「散種」してみせる傑作。同様に、『アナ雪』の併映作として公開されたローレン・マクマラン『**ミッキーのミニー救出大作戦**』（二〇一三年）もフィルム／デジタルという区分をアニメというニューメディア的ジャンルによって攪乱させる非常にコンセプチュアルな作品。また、映像の文化的変容における「空間」と「時間」の演出の特徴としては、ジョシュア・オッペンハイマーの『**アクト・オブ・キリング**』（一二年）と佐久間宣行『**ゴッドタン キス我慢選手権 THE MOVIE**』シリーズ（二〇一三年〜）を挙げておく。前者はかつてインドネシアで起きた政治的ジェノサイドの顚末を実際の加害者が映画的に「再演」する様子を追ったドキュメンタリー。リティ・パニュやラヴ・ディアスら近年のアジア映画に共通する「拡張現実的」な空間の想像力が描かれており、注目に価する（こうしたスタイルは濱口竜介にも共通するだろう）。また、後者は二一世紀初頭に流行した擬似ドキュメンタリーやリアリティテレビの一種の発展形といえる。壮大な長編物語を劇団ひとりのみが完全にアドリブで演じきる過程を出演者とともに鑑賞するという演出は、いかにもSNS的といえるだろう。こうした一連の試みの極北に、八〇歳を超えた巨匠ジャン＝リュック・ゴダールの初の3D作品『**さらば、愛の言葉よ**』（二〇一四年）が寡黙に屹立している。『映画史』でニコ動MAD的手法をすでに試みていたゴダールのここ数十年の仕事は現在でも多くの示唆に富む。

続いて、これらの問題系にも連なる重要文献を紹介しておく。映画や映像に関する言説の分野でも、右のような産業的、表現的な変化に伴い、ここ数年、ジャンル横断的な文化理論や歴史研究の貴重な成果が急速に生まれている。中でも、そうした流れの最も大きな指標の一つとなっているのが、総じてデジタルメディア環境に着目するレフ・マノヴィッチらの「ニューメディア研究」の成果である。マノヴィッチは主著『ニューメディアの言語』において、デジタル時代の映画ではアニメーションのような運動性に存在論的基盤を置くジャンルとの親和性が強くなり、「データベース性」などの新たな条件が生まれることを指摘した。トーマス・ラマール『**アニメ・マシーン——グローバル・メディアとしての日本のアニメーション**』（邦訳二〇一三年）は現代日本のアニメーションをニューメディア研究や知覚論の成果と付き合わせながら、動画＝テクノロジー論として新たに定式化していく労作。また、三輪健太朗『**マンガと映画——コマと時間の理論**』（二〇一四年）は、題名の通り、近年活発化しているマンガ研究の分野からマンガと映画の関係を問い直した比較メディア論的な仕事だが、これもニューメディア研究に言及しつつ、視覚メディア文化の新たな可能性や条件について重要な議論を展開している。また、アニメーション論ということでは、細馬宏通『**ミッキーはなぜ口笛を吹くのか——アニメーションの表現史**』（二〇一三年）も重要な達成だ。コミュニケーション論や動物行動学が専門の著者がウィンザー・マッケイからディズニーを通ってワーナー・アニメまでアメリカン・アニメーションの数々をその映像と音響との関係から論じ、映像表現史の隠された「古層」を明らかにしていく。例えば、本書が取り上げる原初的なアニメーション「チョーク・トーク」などは、現在のゲーム実況やボカロなどネットコンテンツの分析にも参考になるだろう。歴史研究という点では、大久保遼『**映像のアルケオロジー——視覚理論・光学メディア・映像文化**』（二〇一五年）もぜひ挙げておきたい。幻燈、写し絵、連鎖劇、キノドラマなど映画成立以前の、日本の多様かつ混淆的な視覚文化史の様相を精緻に明らかにしていく本書は、上田学ら近年の若手映画史研究者の重要な成果に連なるものだが、こうした問題意識の背景には明らかに「ポスト You Tube」「ポスト iPad」の現代映像文化への目配せがある。そして、こうした数々の新たな言説的達成の中で、それらとも深く共鳴する「映画」の思想的な再検討として、三浦哲哉『**映画とは何か——フランス映画思想史**』（一四年）があるだろう。これまた近年再評価が著しいフランスの映画批評家アンドレ・バザンの批判的読解から始まり、「ポストメディウム的状況」を見据えつつ、映画の可能性を「自動性の美学」に見出していく本書は、今日にあってなおも映画をアクチュアルに捉え返していくさいのマイルストーンになるはずだ。ほかにも一五年には、石岡良治『「超」批評 視覚文化×マンガ』、エルキ・フータモ『メディア考古学――過去・現在・未来の対話のために』、ジョナサン・クレーリー『24／7――眠らない社会』など、映像文化論の重要文献が続々と邦訳も含め刊行された。

「メディウムの創造」と映像

冨塚亮平

ここでは、論考で注目した「メディウムの創造」の視点と、本書全体のテーマから見て注目に値するその他の作品群について紹介する。

まず、手持ちカメラを用いたPOV（主観ショット）表現と「フェイクドキュメンタリー」という形式を継続的に採用することで、ビデオ映画並びにホラー映画というジャンルの持つ新たな可能性を追求し続けている白石晃士の作品群は、論考・本書全体いずれの視点から見ても非常に重要である。すでにあらゆる手法が出尽くしたかに見えるホラー映画界にあって、白石作品には『ブレア・ウィッチ・プロジェクト』（一九九九年）、『パラノーマル・アクティビティ』（二〇〇七年）、『クローバーフィールド／HAKAISHA』（二〇〇八年）といった類似する手法を用いた近年の海外作品と比較しても、明らかな独自性がある。たとえば、突如行方不明となった主人公の心霊番組のプロデューサーが辿った軌跡を彼が残した映像資料から辿って行く『ノロイ』（二〇〇五年）を皮切りに、ももいろクローバーを主演に迎えた『シロメ』（二〇一〇年）、謎のイケメン霊能者NEOが活躍する『カルト』（二〇一三年）、さらにはビデオシリーズで一四年には映画版も公開された、工藤D、AD市川、カメラマン田代のメイン三人の掛け合いも楽しい『戦慄怪奇ファイル　コワすぎ！』（二〇一二年〜）に至る一連の作品は、心霊ビデオのフォーマットを基本に据えていることに加え、『川口浩探険隊』シリーズ（一九七七〜八六年）、『電波少年』シリーズ（一九九二〜二〇〇三年）、『投稿！特ホウ王国』（一九九四〜九七年）、といった国内のバラエティ番組におけるフェイクドキュメンタリーの伝統をも想起させる面で海外作品とは全く異質の側面を持つ。ホラー映画史との関連に加え、「慣習」として定着したテレビ史の継承と更新という視点からもこれらの作品はまた注目・評価されて然るべきであろう。さらに、共に主人公である江野祥平の平熱の狂気が恐ろしい『オカルト』（二〇〇九年）、『超・悪人』（二〇一一年）、日韓合作で『ロープ』（一九四八年）同様全編をワンカット風に構成した『ある優しき殺人者の記録』（二〇一四年）では、犯罪者自身、あるいは犯罪者の依頼によって撮影が行われる設定を取ることで、他に類例を見ない異様なリアリティを現出させている。

また、多様な上映形式についても言及しておく必要があるだろう。通常の劇場上映やレンタルでの展開に加え白石は積極的にニコニコ生放送での上映を行っており、優れたツッコミ誘発力を持つ彼の作品は毎回数万人の来場者と多数のコメントを集める人気コンテンツとなっている。『コワすぎ！』シリーズの放送時には、時に工藤Dらが役名のまま降臨し絶妙なコメントを書き込むケースもあり、来場者との交流が劇場とは異なる観賞体験の魅力を生んでいる。さらに二〇一四年八月二日に超満員の池袋新文芸坐で行われ、筆者も参加したシリーズ一挙上映イベント『コワすぎ！発狂オールナイト』では、主演三人が作中の役柄を保ったままトークショーを行い、その後第一話のコメンタリーを生で行うという極めて興味深い試みがなされた。ニコ生のコメントやゲーム実況、バラエティ番組におけるVTRへのツッコミなどを思わせる介入を、フェイクドキュメンタリー作品について、俳優としてではなく役柄を保って、生で行うというリアリティの複雑なねじれは作品受容の新たなあり方として一つのモデルケースに成り得るものであろう。

一五年についに公開された『コワすぎ！』シリーズ最終章では、アニメ『魔法少女まどかマギカ』（二〇一一〜一三年）の影響さえも取り込み、複数の白石作品の世界を共存させることで、現時点での白石作品の二大名物キャラクターと言っていい工藤Dと江野のまさかの共演を実現させた。さらに、早くもスタートした続編『超コワすぎ！』シリーズでは、オーソン・ウェルズによるラジオドラマ『宇宙戦争』を彷彿とさせる圧倒的に斬新な試み、『生でコワすぎ！』が六月十三日にニコ生で放送され話題を呼んだ。『超コワすぎ！』FILE-01のロケ地からの生中継パートと、VFXを駆使した恐怖映像を見事なカメラ操作でほぼシームレスに繋いだ構成は、多くの視聴者の度肝を抜いた。ホラー以外のジャンルをも飲み込んで拡大しつつある彼の作品世界からは今後も目が離せない。

二〇一四年に惜しまれつつこの世を去ったアラン・レネによる晩年の傑作『あなたはまだ何も見ていない』（二〇一二年）は、ある著名な劇作家の死後に、彼の遺言に従ってかつて彼の戯曲『エウリデュケ』を演じた俳優達が邸宅に集められるところから始まる作品である。用意された巨大なスクリーンで若い劇団が『エウリデュケ』を演じた映像が流される中、かつて同じ役柄を演じた二世代にわたる俳優たちもまた、その映像に重ねるようにいつしか再び演技をはじめていく。同じ戯曲を演じる計三世代の俳優たちの映像が時に分割画面などを用いて重ねあわされつつもズレや交差を孕んで複雑に展開していく様は形式的実験性に満ちており、複数の俳優による同一場面の演技を映像化した点や、手紙の代読の重要性など、映画を通じて演技とは何か？　という問いを追求する方法論において同年に製作された濱口の『親密さ』とも共鳴する部分が多い。また、『**愛して飲んで歌って**』（二〇一四年）では、人気バンドデシネ作家ブルッチと組んだ漫画、演劇、映画の慣習を共存させる野心的な試みが評価され、遺作にしてベルリン国際映画祭で本来若手監督に与えられる銀熊賞を受賞した。

アーティストであり映画監督や作家としても活躍するミランダ・ジュライは、インターネットやＳＮＳの隆盛によるビジュアル・コミュニケーションのあり方の変容を最も鋭くかつユーモラスに反映した作品群を世に送り出している。自身が主演した映画『**ザ・フューチャー**』（二〇一一年）で見せた「三十日間のダンス」（毎日ひとつ新しいダンス動画をネット上にアップする）や、自身が監督・出演したスリーター・キニー〝Bury Our Friends〟（二〇一四年）、夫であるマイク・ミルズ監督の元で出演したブロンド・レッドヘッド〝Top Ranking〟（二〇〇七年）といったＰＶにおけるダンスは、いずれもあからさまな洗練や高尚さとは異なる、独特の抜けの良さを持ったどこかユーモアを含んだものであり、その手作り感覚は所謂コンテンポラリーダンスのみならず、どこか日本のニコニコ動画における「踊ってみた」シリーズの空気感を彷彿とさせる部分がなくもない。また、ハレル・フレッチャーとの共著*Learning to Love You More*（二〇〇七年）は、インターネット上の特設サイトに記載した質問に実際に寄せられた回答を集めた作品集で、写真や文章を共有するＳＮＳ的な感性、形式が作品として昇華された稀有な例の一つであろう。さらに、二〇一四年にはついにスマートフォンのアプリを作品として制作した。SOMEBODYは、ＧＰＳの位置情報を元に、自分が相手に伝えたいテキストメッセージを相手の近くにいる友人に代読してもらうというアプリであり、実際にダウンロードが可能。また、自身で監督した作品の解説を兼ねた短編映像作品も発表されている。メッセージの代読は、異なるメディア間の翻訳でもあり、ここには濱口やレネにおける手紙の代読と同様の問題意識が感じられる。なお、ここで紹介した彼女の映像作品は大半がYouTubeで現在視聴可能である。

揺動メディアとしての映画

佐々木友輔

揺動メディアとしての映画史があるとして、『工場の出口』や『ラ・シオタ駅への列車の到着』に当たるフィルムをひとつ挙げるなら、何と言ってもガブリエル・ヴェールがインドシナで撮影した**『ナモ村落　駕籠から撮影されたパノラマ』**（一九〇〇年）である。駕篭に載せられたカメラが捉えた子供たちの姿は躍動感に溢れ、後にマヤ・デレンやジャン・ルーシュらが手がける文化人類学的なドキュメンタリーを彷彿とさせる。

他方、一九〇〇年代にはすでに、演出のためにあえてカメラを揺らすことが試みられていた。例えばエドウィン・S・ポーターが制作した**『レアビット狂の夢』**（一九〇六年）では、画面中央に街灯の柱を捉え、カメラを左右に振ることによって振り子の運動を表現。さらにその動きに合わせて登場人物もよろめいたり柱にしがみついたりして、奇妙でコミカルな夢の世界がつくりだされている。

映画の誕生から一九四〇年代頃までの揺動は、主に移動撮影やスクリーン・プロセスの中に見られた。レール上の台車、馬車や自動車、列車や船を利用した撮影によってカメラに伝わる揺れや震えは、たんなるノイズではなく、追跡劇に臨場感をもたらしたり、その土地の起伏や荒れ具合を可視化する働きを備えている。ジョン・フォード『駅馬車』（一九三九年）などの西部劇に見られる荒野での駅馬車や騎兵隊の疾走も、激しい背景の揺動によってこそ際立つのだ。

いまや映画における揺動の代名詞である「手持ち撮影」のパイオニアがマヤ・デレンである。一九四七年から五一年にかけてハイチで撮影された未完の作品**『聖なる騎士たち　ハイチの生きた神々』**では、デレン自らブードゥー教に入信して儀式に参加。トランス状態にあるダンサーの至近距離まで近づきながら決してその踊りを妨げることのない驚異のカメラワークは、まさに「フィルム・ダンス」と呼ぶに相応しい。

手持ち撮影によるドキュメンタリーの普及は、それを模倣した演出を取り入れたフィクションの誕生を促した。ただし一口にドキュメンタリー・タッチと言っても、どんなドキュメンタリーをどのような目的で参照するかによってその内実はまったく違ったものになる。例えばダニエル・マイリック&エドゥアルド・サンチェス**『ブレア・ウィッチ・プロジェクト』**とダルデンヌ兄弟**『ロゼッタ』**（共に一九九九年）では、前者が「何も映らないこと」の恐怖、すなわちいま起きていることを対象化できない不安を揺動として映し出しているのに対して、後者ではあらかじめ定められた撮るべき対象（人物）に寄り添い、その些細な仕草や表情を逃さんとする態度が揺動に反映しているのである。

変わり種もいくつか。カメラを固定しようとすることでむしろ揺れやズレが際立つことになったフィルムとして、ジョナス・メカスの『**カシス**』（一九六六年）という小品がある。メカスは旅先のプロヴァンスで、画家スーラの構図を再現した映画を撮ろうとするが、三脚がなかったために紐でカメラを固定。結果、本作は当初の意図から離れ、紐がゆるみズレていく構図とそれを修正しようとするメカスの努力が微笑ましいシネマ・エッセーとなった。

主観ショットで構成されたフェイク・ドキュメンタリーの大きな欠点である構図の不自由さを意外な方法で解消したのがジョシュ・トランク『**クロニクル**』（二〇一二年）だ。超能力を得た高校生たちがビデオカメラで自らの行動を記録していく本作では、終盤、その超能力によってカメラが手元を離れ、自在なカメラワークで事件の一部始終を捉えていく。また、序盤は典型的なフェイク・ドキュメンタリーから出発しながらも、巧みな編集で徐々に客観ショットを織り交ぜ、構図の不自由さを乗り越えた例として、ニール・ブロムカンプ『**第9地区**』（二〇〇九年）やスティーヴン・クォーレ『**イントゥ・ザ・ストーム**』（二〇一四年）が挙げられる。

日本では、二〇一三年に英勉が問題作『**貞子3D2**』を世に送り出した。劇場スクリーンの映像と観客個々のスマートフォンを連動させる「スマ4D」を採用した本作では、恐怖の到来と共に手元のスマホがバイブレーション機能で振動。これが意外とドキッとする。手に馴染んだ所有物が貞子（映画）に操作されるという「近さ」から来る不気味さと、映画館でスマホをいじるという背徳感が相まった新鮮な恐怖体験が味わえるのだ。

スマ4Dに限らず、「ウィザーディング・ワールド・オブ・ハリー・ポッター」（USJに二〇一四年オープン）などのアトラクションや、それのシネコンへの移植とも言える上映形式「4DX」および「MX4D」でも、座席の揺れが重要な要素となっている。また、BGMや効果音も空気の振動であることを思えば、揺動メディアとして扱い得る領域が想像以上に広大であることが理解されよう。揺れる世界はいまだ未開の状態にあるのだ。

監視カメラ映画

海老原豊

ポン・ジュノ**「インフルエンザ」**（二〇〇四年）（『三人三色』収録）も『LOOK』同様、全編監視カメラの映像から成る。冒頭の字幕である男の映像を監視カメラの記録から抜き出したものだとわかる。無職の男が女と二人で強盗を繰り返す姿が日を追って追跡される。二人の暴力的な手口が機械的に撮影され、残忍さが引き立つ。

監視カメラはリアリティショーに欠かせない。被写体にカメラの存在が気付かれていなければ被写体は「本当の」振る舞いをすると考えられる。ピーター・ウィアー**『トゥルーマン・ショー』**（一九九八年）では巨大セットの中でエキストラに囲まれて生活するトゥルーマンの姿が五千台もの監視カメラで撮影され、リアリティショーとして放送される。トゥルーマンはもちろん撮影されているとは知らない。監視カメラを使ったリアリティショーにホラー映画の伝統を接続した傑作にドリュー・ゴダード**『CABIN』**（二〇一二年）がある。なぜ監視しているのか／監視されているのかが分かった瞬間、観客は自らを登場人物の監視者として再定義しなおす。ゲイリー・ロス**『ハンガー・ゲーム』**（二〇一二年）では、むしろ監視カメラの存在こそがショーを盛り上げる。自分以外の全員を殺さないと勝てない戦い「ハンガー・ゲーム」の参加者は、自分が観客にはどう見えているのかを考える。なぜなら観客の感情移入の度合いが、ゲームの行方に大きな影響を与えるからだ。

監視カメラ映像のリアリティ要素は、カメラの配置とも関係する。アダルトビデオの**《盗撮もの》**は、トイレ、更衣室、浴場、試着室、風俗店などに仕掛けられた（という設定の）カメラが女性の身体や、その場で展開される性行為を撮影したAV。現実に犯罪として発見される盗撮カメラの配置であれば映らないアングルが《盗撮もの》で見られるのは、カメラ配置のリアリティ追及と、性的欲求の充足の妥協の産物だ。

監視カメラ映像のリアリティを担保しつつカメラの存在を公にするにはどうしたらよいのか。解決策として考えられたのが一連のPOVものだろう。オーレン・ペリ監督**『パラノーマル・アクティビティ』**（二〇〇七年）は当時、流行していたPOVショットで構成されたフェイク・ドキュメンタリー。原因不明の心霊現象に悩むカップルが寝室にカメラを固定し自分たちの寝姿を撮影。何も起こらないシーンだけは早回しで再生、勝手にドアが開く心霊現象の箇所のみ通常の速度で再生され、事故が起こった前後の様子だけ記録されるドライブレコーダーのような映像ができあがる。

フィリップ・K・ディック原作、リチャード・リンクレイター監督『**スキャナー・ダークリー**』（二〇〇六年）の「スキャナー」は監視カメラだ。潜入操作の過程で自ら薬物中毒になってしまう麻薬捜査官アークターは、自宅を監視する命令を受ける。ドラッグをキメ過ぎて右脳と左脳が物理的に断絶し、被写体と撮影者がともに自分であることを理解できなくなる。『マイノリティ・リポート』同様、見るものと見られるものが同一の場合に生じる問題を扱っている。

ブライアン・デ・パルマ監督『**リダクテッド――真実の価値**』（二〇〇七年）はメディア／ウェブ／ハンディカメラ／監視カメラの映像をつなぎ合わせて作ったフェイク・ドキュメンタリー。イラク戦争であった米兵による地元住民の強姦殺人事件に基づく。イラク戦争では、アブグレイブ刑務所での囚人虐待の様子が「記念写真」として流出しスキャンダルになった。本作では犯罪の現場にハンディカメラを持ち込む米兵がいるが、その心境に肉薄するにはまだ何か足りていない。カメラに映る／カメラに写すことの覚悟、自らのアイデンティティが変容する可能性への意識がない。デヴィッド・フィンチャー監督『**ゴーン・ガール**』（二〇一四年）は、『リダクテッド』から一歩進めて、自らのイメージを徹底的にコントロールする女が現れる。若い女と浮気をした夫を追い詰めるため、彼女は限りなく殺人事件に見える自分の失踪をでっち上げる。しかし彼女は不測の事態に陥り、助けを求めた旧知の男に監禁される。脱走を計画した彼女は、監視カメラに彼女がコントロールする自己イメージを提示する。

シリアルキラーものでは頻繁に監視カメラが使われる。『ディスタービア』（二〇〇七年）のようにシリアルキラーが被写体の場合もあれば、シリアルキラーが犠牲者を記録／監視するために用いることもある。『**SAW2**』（二〇〇五年）や『**キャプティビティ**』（二〇〇六年）がその例。カーラ・フレチェロウ『映画でわかるカルチュラル・スタディーズ／シネレッスン別冊』（フィルムアート社）で指摘されているが、ハリウッド映画に氾濫するシリアルキラーは、アメリカ社会に蔓延する暴力の形を変えたものだ。本来は社会的なものでもある暴力が、個人的なシリアルキラーの嗜好へと矮小化される。シリアルキラーの内面を写し、内面を構築するものとして監視カメラは用いられている。

3DCG×アニメ

藤井義允

3DCGアニメに関しての文献は基本的に少ない。それは技法的に最近に確立し始めた／ているものであり、また映像表現なので文字情報で記述しにくいからだ。かといって、3DCGに関する文献を挙げても専門的になりすぎ、本論の意図とは離れてしまうので、ここでは文献は少なく、主に作品や雑誌、また現在話題になっている3DCG製作ソフトについて紹介したいと思う。

まず、「CGはどのように作られ、どのような変遷が行われたのか」という教科書的文献として、大口孝之『**コンピュータ・グラフィックスの歴史――3DCGというイマジネーション**』（フィルムアート社、二〇〇九年）を挙げたい。CGの歴史的変遷はもちろん、様々なCG作品の作られた背景の記述も興味深い。そして、ワークスコーポレーションが発行する雑誌『**CG WORLD**』。本書はCG技術、製作ソフトの紹介やCG業界の求人情報というように、CGクリエイターのための雑誌であるが、研究資料としても非常に優れている。また、『CG WORLD』のアニメ特集だけをまとめて再編集した『**アニメCGの現場**』は日本の3DCGアニメの細かい製作等が書かれている。他にも製作者を目指している人向けのものでもあるが、尾形美幸『**CG&ゲームを仕事にする。――必要なスキル、ワークフロー、つくる楽しさ**』（エムディーエヌコーポレーション、二〇一三年）は企業のインタビューや裏話的なもの、そして3DCGのワークフロー等が書かれている。

本論で言及した日本の3DCGアニメについては、上記の資料でも記述がされているが、それ以外ではWebサイトでは東映アニメーションが運営している「**enhance-endorphin**」（http://www.toei-anim.co.jp/sp/ee_cgmovie/）は日本の3DCGアニメの製作会社やその業界関係者のインタビューが掲載されている。また本サイトは、「3DCGアニメーションを日本に根付かせたい」という野心的な目的がある。

日本のセルルック調アニメとして、本論で扱っている以外のダンスシーンを主に扱っているものは、京極尚彦監督『**ラブライブ！**』（二〇一三年）があるが、これはダンスシーンをフル3DCGで描くのではなく、手書きと3DCGをミックスさせて演出している。また逆にテレビアニメ版・錦織敦史監督『**アイドルマスター**』（二〇一一年）は3DCGを使わず、手書き表現のみでダンスを行い、木村隆一監督『アイカツ!』シリーズ（二〇一二年）や菱田正和監督『プリティーリズム』シリーズ（二〇一一年）、『プリキュア』シリーズ（『フレッシュプリキュア!』（二〇〇九年）以降）のエンディングに関してはダンスシーンは全てフル3DCGで描かれているので、それぞれを見比べてみると、同じ3DCGでも微妙な演出の違いを味わうことができるだろう。（劇場版『アイドルマスター』（二〇一四年）はライブシーンで3DCGが使われている。）

またダンスシーン以外のものとして、全編フル3DCGを用いセルルック調の技法を使ったものとしては『蒼き鋼のアルペジオ』（二〇一三年）、『シドニアの騎士』（二〇一四年）などがあり、独自のプログラムを用いて全編フル3DCGを使ったアニメーションとして『楽園追放 -Expelled from Paradise-』（二〇一四年）が公開され話題を呼んだ。これらは山崎貴監督『STAND BY ME ドラえもん』（二〇一四年）と見比べてみると「セルルック調」の意味するところがわかると思われる。

本論で挙げた『みならいディーバ』（二〇一四年）のようなリアルタイムの生アニメに関連するものとして、実写の映像をトレースするロトスコープがある。その源流は一九一五年のマックス・フライシャーまで遡り、他にはディズニーの『白雪姫』（一九三七年）などもあるが、ここでは詳しい記述は割愛する（細馬宏通『ミッキーはなぜ口笛を吹くのか』（新潮選書、二〇一三年）参照）。ロトスコープはリアルタイムではないが、生アニメのように、一般的なアニメでは編集や絵の枚数による独自の表現（＝アニメ的リアリズム）では削ぎ落とされてしまうような様々な情報が付加されている。例えば、近年（二〇一五年現在）のロトスコープを使った表現のアニメは長濱博史監督『惡の華』（二〇一三年）、また岩井俊二監督『花とアリス殺人事件』（二〇一五年）が話題となった。また、3DCGでロトスコープを使用した作品としては『Peeping Life』（二〇〇八年）があり、これは本論でも挙げた『gdgd妖精's』（二〇一一年）の演出・森りょういちが監督を務めている。

また、一般的な3DCGソフトとして、「3ds Max」「Maya」や「Lightwave」などと多数あり、多くの3DCGアニメでもこれらが使われている。だが、最近は「Live2D」という手書きの絵を3DCG化するツールが販売されている。この「Live2D」は複雑なワイヤーフレームを組むことなく3D化することができる。また、本ソフトは「絵のままでダイナミックに、思い通りに動かす」

という代表・中城哲也が言及しているように、今回の本論文で言及した「セルルック３ＤＣＧアニメ」が目指すものと同じであろう。ちなみに手書きスケッチの３ＤＣＧモデリングシステムの元祖としては五十嵐健夫の「Teddy」がある。

ヴィジュアルカルチャーとしてのゲーム入門

藤田直哉

本論ではインディー・ゲームを中心に扱ったので、こちらではそれと対になる「大作ゲーム」について注目すべき作品を取り上げたい。

まずは日本におけるCGアニメーションを飛躍的かつ畸形的に進化させた『**ファイナルファンタジー**』シリーズを、特に、**Ⅶ**、**Ⅷ**、**Ⅹ**、**ⅩⅢ**を挙げる。ミリオンセラーを超えるこれらゲームの中で、日本のCGアニメーションは進化してきた。セルアニメ風CGとはまた別の文脈の動画として——ホストやキャバ嬢ばかりがいるような妙な美的センスも含めて——分析されるべき価値がある。また、『**メタルギアソリッド**』シリーズも映画的演出をリアルタイムで行い、衝撃を与えた作品である（『メタルギア』については随所で論じてきたので、ここでは繰り返さない）。映画風演出のFPSゲームとしては、『**コール・オブ・デューティ4**』を挙げておかなければならない（1の時点から、映画的演出は行っていたが）。このFPS感覚は、その後、実に多くの映画に反映されている。FPSゲーム『HALO』の映画化企画であった、ニール・ブロムカンプ監督の『第9地区』は、典型的な、「ゲーム感覚が映画に流入した例」である。余談であるが、ダーレン・アロノフスキーがヴェネチア映画祭金獅子賞を受賞した『レスラー』では、老いて時代遅れになったミッキー・ローク演じる、時代遅れの興行であるプロレスラーが、ファミコンのプロレスゲームを子供とやろうと誘うが、そっぽを向かれ『コール・オブ・デューティ4』の方がいいと言われるシーンがある。映画というメディア自体の、「時代遅れ感」を諧謔的に自己言及している。ゲーム版の『**ウォーキング・デッド**』もまた注目すべき作品だ。トゥーン的な画面で、「動くアメコミ」のようなゲームである。ゲーム性は高くないが、コミックやドラマ版の『ウォーキング・デッド』に似た感触でありながら、インタラクティヴであるということで、何か不思議な新しいドラマ体験をさせてくれる（開発の TellTale Games は、『バック・トゥ・ザ・フューチャー』などをゲーム化しており、ゲームで如何に語るかを長年研究してきた会社である）。映画会社が自社でゲームをパブリッシングして成功した例が、ワーナーの『**バットマン**』シリーズと『**レゴ**』シリーズである。『バットマン　アーカム・アサイラム』シリーズは二〇〇〇万本以上売れており、ゲームとしても非常に高い評価を得ている。

ＰＳ４における新作『アーカム・ナイト』の映像は、かなり映画に近づいてきている。『レゴ』シリーズは、レゴで『ロード・オブ・ザ・リング』の世界や『バットマン』の世界をゲーム化するなど、わけがわからない展開になっていて面白い。『レゴ　ムービー・ザ・ゲーム』なる、レゴなのかムービーなのかゲームなのかすらもよくわからないゲームすら出ている。インタラクティヴ・ドラマの傑作としてデヴィッド・ケージの『**HEAVY RAIN 心の軋むとき**』は外せない。ユーザーとインタラクトしながら物語を体験させる傑作である。監督のデヴィッド・ケージは、ゲーム製作者として初めて、フランスのレジオンドヌール勲章を授与されている。オープンワールドのゲームとして『**グランド・セフト・オート**』シリーズもまた語られるべきだが、同じロックスターゲームスが開発した『**マックス・ペイン3**』は映画的演出とゲームの融合という点で、非常に画期的であった。アル中のボディーガードの苦悩を中心にし、時間軸が交差する複雑な語りと、プレイヤーが銃撃などのアクションを行った際に「映画的」なカッコよさを見せるための仕掛けが非常にうまくできている。たとえば、これは『スナイパー・エリートＶ２』などで既に行わていたが、相手を銃撃するその「銃弾」視点のカメラで着弾を描写したり、バレット・タイムなどのシステムで、プレイヤーがある程度時間を操作できるのもまた、「映画」と「インタラクティヴ」の融合という点で、興味深い効果を生んでいる。一人称視点のゲームと映画的・物語的演出の関係において画期であった作品として『**ハーフライフ**』『**ハーフライフ2**』も挙げておきたい。ゲームのダウンロード販売プラットフォームSteamを成功させているValve社の、傑作ＦＰＳである。映画的演出とは言っても、ムービーが入るということではない。一人称で探索するというその過程において、例えばモノレールに載っている最中に目に入るものなどが、当時のクオリティで考えればということだけれど、ＦＰＳにしては「映画っぽく」見えたのだ。不思議な断片が少しずつ見えてくることにより、総合的に世界像が認識されてくるという語りを非常にうまく成立させたという叙述面もまた重要である。精神的後継作である『**ポータル**』『**ポータル2**』にも、その演出と語りの技法は見事に生かされている（拙稿で論じているインディー・ゲームのいくつかは、これらの影響を強く受けている）。

Steamに関しては、インディーゲームを手軽に世界中で売り買いができるようにしたという、プラットフォームとしての価値もまた称揚しなくてはならないだろう。インディーゲームの普及に関しては、bundleと呼ばれる、ゲームのまとめ売りサイトも大きく貢献している。これらの様々な仕組みや環境によって文化が育っていっていることに関して、日本の作り手やユーザーも、もっと敏感にならなければならないだろう。

人間と映像の関係を変える新しい学問領域

宮本道人

ここでは、ふだん科学にあまり馴染みがない読者に向けて、映像がこれまでにない切り口で捉えられている学問領域の概説的な書籍を紹介する。

分藤大翼、村尾静二、川瀬慈編『**フィールド映像術――FENICS 100万人のフィールドワーカーシリーズ**』（古今書院、二〇一五年）はフィールドワークにおける映像利用研究をジャンル横断的に扱っており、「映像」が方法論として文系・理系を繋ぐ一端を垣間見ることができる。

フランク・モス『**MITメディアラボ――魔法のイノベーション・パワー**』（千葉敏生訳、早川書房、二〇一二年）では、題名の通りMITメディアラボで行われている最新の研究が次々に紹介されており、映像を用いた新しいコミュニケーションの形が作られている現場の雰囲気が楽しめるだろう。

保坂修司『**サイバー・イスラーム――越境する公共圏**』（山川出版社、二〇一四年）は、映像・ゲーム・ウェブコンテンツと宗教・政治との関係を考察する上で大きな手がかりとなる。

下條信輔『**サブリミナル・インパクト――情動と潜在認知の現代**』（筑摩書房、二〇〇八年）は、潜在意識に作用する映像が溢れる時代に警鐘を鳴らしており、これからのマスメディアを考える上で必須の本である。

赤間亮、鈴木桂子、八村広三郎、矢野桂司、湯浅俊彦編『**文化情報学ガイドブック――情報メディア技術から「人」を探る**』（勉誠出版、二〇一四年）は、デジタル・ヒューマニティーズという分野において、どのような文化がどのようにデジタル化されているのかを概観できる論集である。

吉原順平『**日本短編映像史――文化映画・教育映画・産業映画**』（岩波書店、二〇一一年）は科学映画や教育映画の歴史を詳細に記述した労作であり、映像と学問にはこういう関係もあるのかと驚かされること必至である。

セミール・ゼキ『**脳は美をいかに感じるか――ピカソやモネが見た世界**』（河内十郎訳、日本経済新聞社、二〇〇二年）は映像についての著作ではないものの、視覚芸術を科学的に解析する新しい方法論を知ることができる。

ポール・ヴィリリオ『**戦争と映画――知覚の兵站術**』（石井直志、千葉文夫訳、平凡社、一九九九年）、デーヴ・グロスマン『**戦争における「人殺し」の心理学**』（安原和見訳、筑摩書房、二〇〇四年）、P・W・シンガー『**ロボット兵士の戦争**』（小林由香利訳、日本放送出版協会、二〇一〇年）の三冊は、シリーズではないが、連続で読むと頭が痛くなること間違いなしの恐ろしい書籍群だ。これらを読むと、映像技術にはテクノロジーとして戦争に用いられる負の側面もあることが重く感じられ、映像技術が日常に浸透してきたことの危険性を改めて考えさせられる。

読者の皆さまが本論の個々の研究の詳細について知りたい場合、もし英語の論文が読みにくければ、研究者名・手法名・分野名等をウェブで検索することで情報を得て欲しい。誰かがブログで分かりやすい紹介をしている場合もあるし、動画検索をすれば実際の映像が見られることもあるはずだ。

映像作品については、ここではあえて一切紹介しない。新しい映像テクノロジーは自宅のコンピュータ上で見ても面白いものではないため、ぜひ体験できるイベント等を探してみて欲しい。例えばSRシステムであれば、二〇一五年三月の段階ではTEPIA科学技術館に常設展示があり、そこで体験が可能であった。ものによっては業界人でないと体験するのが難しいテクノロジーもあるかもしれないが、多くはいずれ身近なものになってゆくはずである。

ゲーム実況／フリーゲーム

その他のトピックを知るためのガイド

飯田一史

ゲーム実況は人気のわりに紙媒体でのまとまった評論は多いとは言えない。二〇〇九年一二月刊の「Review House03」（レビューハウス編集室）などには座談会はあるが、独立した一本の批評となると本当に少ない。

当事者たちの口から歴史を辿るには、ニコ動のうｐ主たちのインタビュー集であった『ニコニコ動画の中の人』シリーズ（二〇一一年二月刊〜、ＰＨＰ研究所）、『つもる話もあるけれど、とりあえずみんなゲーム実況みようぜ！』（二〇一一年八月刊、ハーヴェスト出版。おそらく本邦初のゲーム実況のみを扱った商業出版。この時期は著作権的にアウトな存在であるという後ろめたさが充満していた）、『ゲーム実況の中の人』（二〇一二年六月刊〜、ＰＨＰ研究所。二〇一五年現在三冊まで刊行）、『ボカロ Plus mini Vol.1 最終兵器俺達×M.S.S Project 実況座談会スペシャル』（二〇一三年三月刊、徳間書店。ボカロ雑誌のスピンアウトムックがゲーム実況をフィーチャーしたもの、というところにニコ動の覇権コンテンツの変遷を感じる。これと前後して『ボカロ Plus』は実質休刊しニコ動系音楽誌／イケメンミュージシャン雑誌『Trickster Age』に移行するが、同誌でも実況主M.S.S.Pは特権的な扱いを受けている）、『ゲーム実況者の本』シリーズ（二〇一四年一月刊〜、エンターブレイン）といったムック群を漁るほかない。

YouTuber に関しては刊行点数の多さのわりにロクな本がないが、愛場大介（ジェット☆ダイスケ）『YouTube で食べていく「動画投稿」という生き方』（光文社、二〇一四年）は、この界隈が一体何なのかを代表的な存在を取り上げながら紹介した良心的な一冊。

ゲーム実況でも人気のフリーゲームに関しては、ダウンロードサイト「ふりーむ！」(http://www.freem.ne.jp/) や「フリーゲーム夢現」(http://freegame.on.arena.ne.jp/)、紹介サイト「もぐらゲームス」(http://www.moguragames.com/)、あるいはドワンゴが制作者の支援・育成目的で行っている「ニコニコ自作ゲームフェス」(http://ch.nicovideo.jp/indies-game) をチェックされたい。

日本ではスマホ向けの自作ゲーム／インディゲームはＰＣ用ゲームと比べるとまだまだ未成熟だが、超水道 (http://chosuido.jp/) のようにノベルゲームで有力な存在もあらわれてきている。なお、ノベルゲームは一九九〇年代〜二〇〇〇年代に全盛を誇った美少女ゲーム的なものから、ホラー／ゴシックか感動系に一〇代〜二〇代の嗜好は移行してきた。『包丁さんのうわさ』や『ファタモルガーナの館』などはノベライズもされている。

＊

さて、「ビジュアルカルチャー論集」を名乗りつつも本論集が拾いきれなかった領域は少なくない。たとえばpixivを中軸とする二〇〇〇年代後半以降の**イラスト**も重要だが、めぼしい研究や論考は意外と見当たらない（『pixiv年鑑』のような書籍や、『季刊エス』のような雑誌で技法の解説記事はあるものの）。マンガやアニメ、ゲームといったサブカルチャーのデザインは注目を集めており、デザイン誌でも特集があるから（「IDEA」誠文堂新光社二〇一一年八月号、「MdN」株式会社エムディエヌコーポレーション二〇一三年九月号など）、イラストの研究や評論もじきに進むはずだ。

ボーカロイドも本論集では扱えなかったが、筆者はボカロ小説との関連で何度か論じている（「ＳＦマガジン」早川書房二〇一四年七月号、「Febri」一迅社 vol.19、vol.23）。ボカロの流行の変遷を辿るには、「週刊VOCALOIDとUTAUランキング」（http://www.nicovideo.jp/user/983487/mylist）を順に追うのが有用だ。ボカロと並走してきた「歌ってみた」の「週刊ニコニコ歌ってみたランキング」（http://www.nicovideo.jp/mylist/9458558）も合わせて観ることで得られる示唆は大きい。

あるいは**アイドル**。そのビジュアル／ダンス表象の持つ多層性については、ＰＡＳＳＰＯ☆や、なでｋｓジャパンなどの振付師である竹中夏海『IDOL DANCE!!!』（ポット出版、二〇一二年）が格好の入り口となる。「ダンスはただの動きの連続ではなく、歌詞の世界観や女の子のキャラクターを表現した、意味を持った動きとなっている」といった解説は、コンテンポラリーダンスとの差異、あるいは二〇一五年にはメジャーデビューを果たしたアルスマグナをはじめとする「**踊ってみた**」の振り付け、そして昨今伸長著しい、マンガやアニメ、ゲームを原作とする２・５次元ミュージカルでの歌と踊りとキャラクターのリンクを考える上でもサブテクストとなる。

「**２・５次元**」という概念も視覚文化を語る上では重要だ。参考文献とともに語るなら「２・５次元ミュージカル」（青土社刊の批評誌「ユリイカ」の「イケメンスタディーズ」や「２・５次元」特集を参照）、歌ってみた／踊ってみた（まとまった論考はほとんど存在しないが、フールズメイト刊の「2.5song mate」やエンターブレイン刊の「歌ってみたの本」などの定期刊行物がある)、聖地巡礼(岡本健や山村高淑の著作を参照)、SCRAPの「リアル脱出ゲーム」をはじめとする体験型謎解きゲーム(国際ゲーム開発社協会[IDGA]Japanなどゲーム関連の団体や学会では海外のARGとの比較も含め議論がなされている)、3DCG、アニソンライブ、コスプレなどがある。それぞれ2次元と3次元の距離の取り方はまちまちでありながら同じ「2・5次元」というワードでくくられている現状があり、これらを包括する論考が待たれる。

著者略歴

飯田一史—いいだ・いちし

一九八二年生まれ。サブカルチャー・ジャーナリスト、編集者。グロービス経営大学院経営研究科経営専攻修了（経営学修士／ＭＢＡ）。クリエイターや経営者へのインタビューなどをはじめとする取材・執筆活動から文芸批評、モバイルゲームのシナリオまでを手がける。著書に『ベストセラー・ライトノベルのしくみ』（青土社）。主な寄稿媒体に「新文化」「ユリイカ」「QuickJapan」「Febri」「ＳＦマガジン」「エキサイトレビュー」などがある。Yahoo!個人オーサー。

海老原豊—えびはら・ゆたか

一九八二年、東京生まれ。第二回日本ＳＦ評論賞優秀賞を「グレッグ・イーガンとスパイラルダンスを」で受賞（同論考は「Ｓ‐Ｆマガジン」二〇〇七年六月号に掲載）。「週刊読書人」「Ｓ‐Ｆマガジン」に書評、「ユリイカ」に評論、「本格ミステリー・ワールド」「荒巻義雄メタＳＦ全集」にはエッセイの翻訳を寄稿。「Ｓ‐Ｆマガジン」で海外ＳＦの新刊紹介を二〇一三年から二〇一四年まで担当。

佐々木友輔—ささき・ゆうすけ

一九八五年神戸生まれ。映像作家、企画者。近年の上映・展示に「反戦　来るべき戦争に抗うために」展、第7回恵比寿映像祭、編著に『土瀝青——場所が揺らす映画』（トポフィル）、論考に「二種類の幽霊、二種類の霊媒——揺動メディアとしての映画論」（『ART CRITIQUE n. 04』所収、BLUE ART）など。

竹本竜都—たけもと・りゅうと

一九八八年佐賀県武雄市生まれ。日本大学芸術学部映画学科（たぶん）除籍。フリーのドラマ助監督を務める傍ら、日々インターネットとＰＣゲームに勤しむ。専門領域・学問的バックグラウンドなし。Twitter ID:@17noobies

蔓葉信博—つるば・のぶひろ

一九七五年生まれ。二〇〇三年から評論活動を開始。「ユリイカ」「ジャーロ」「メフィスト」などに寄稿。

冨塚亮平――とみづか・りょうへい
一九八五年東京生まれ。アメリカ文学／文化。主な関心領域は一九世紀以降のアメリカ文学、批評理論、映画。M・ナイト・シャマランを偏愛。

藤井義允――ふじい・よしのぶ
一九九一年東京生まれ。中央大学文学部国文学専攻卒業。大学在学中はアニメーションのイベントや作家・評論家の講演会の企画等に携わっていた。限界研編『ポストヒューマニティーズ』にて「肉体と機械の言葉――円城塔と石原慎太郎、二人の文学の交点」で評論デビュー。また限界研編『21世紀探偵小説』作品ガイド、「ジャーロ」（光文社）、「ユリイカ」（青土社）、「本格ミステリー・ワールド」（南雲堂）などにも文章を寄稿。文芸とアニメーションに強い関心がある。

藤田直哉――ふじた・なおや
一九八三年札幌生まれ。評論家。二松学舎大学、和光大学非常勤講師。東京工業大学大学院社会理工学研究科卒業。博士（学術）。単著に『虚構内存在　筒井康隆と〈新しい《生》の次元〉』（作品社）。笠井潔との対談『文化亡国論』（響文社）。近著に、編著である『地域アート　美学／制度／日本』（堀之内出版）。

宮本道人――みやもと・どうじん
一九八九年東京生まれ。東京大学大学院理学系研究科物理学専攻博士課程在籍。専門は神経生理学。行動選択の回路メカニズムに関心がある。『ゴジラとアトム――原子力は「光の国」の夢を見たか』（慶應義塾大学アート・センター）付録研究資料を海老原豊と共同で執筆。限界研編『21世紀探偵小説』作品ガイドを四項目執筆。

渡邉大輔――わたなべ・だいすけ
一九八二年生まれ。映画史研究者・批評家。専攻は日本映画史・映像文化論・メディア論。現在、跡見学園女子大学文学部助教、日本大学芸術学部非常勤講師。著作に『イメージの進行形』（人文書院）、共著に『日本映画史叢書15　日本映画の誕生』（森話社）『見えない殺人カード』（講談社文庫）『ゼロ年代＋の映画』（河出書房新社）『ソーシャル・ドキュメンタリー』（フィルムアート社）『アジア映画で〈世界〉を見る』（作品社）など多数。近刊共著に『日本映画の国際進出』（仮題、森話社）。

ビジュアル・コミュニケーション

動画時代の文化批評

2015年10月6日　第1刷発行

［編　　者］限界研

［発 行 者］南雲一範

［装　　丁］奥定泰之

［画　　像］NECOZE

素材提供　DID —ドウガストリートレーベル—

［D　T　P］株式会社言語社

［ロゴデザイン］西島大介

［発 行 所］株式会社南雲堂

東京都新宿区山吹町361

郵便番号 162-0801

電話番号　(03)3268-2384

ファクシミリ　(03)3260-5425

URL　http://wwwnanun-do.co.jp

E-Mail　nanundo@post.email.ne.jp

［印 刷 所］図書印刷株式会社

［製 本 所］図書印刷株式会社

ISBN　978-4-523-26532-0 C0095

ポストヒューマニティーズ

伊藤計劃以後のＳＦ

限界研［編］

飯田一史　海老原豊　岡和田晃　小森健太朗　シノハラユウキ
蔓葉信博　藤井義允　藤田直哉　山川賢一　渡邉大輔

四六判上製　四三八ページ　本体二五〇〇円＋税

〈日本的ポストヒューマン〉を現代日本ＳＦの特質ととらえ、活況を呈する日本ＳＦの中核を担う作家（伊藤計劃、円城塔、飛浩隆、瀬名秀明、長谷敏司、宮内悠介）の作品を中心に論考する

現代日本ＳＦでは以下の主題が数多く扱われている。「人間」「意識」「身体」「情報」「コミュニケーション」「生命」「ＡＩ」。これらは、全て、〈日本的ポストヒューマン〉とも言うべき主題の周囲を巡っている主題群である。これらの主題を並べ、その焦点を探るならば、そこには〈日本的ポストヒューマン〉とでも呼ぶしかないものへの探求と思索が見出せる。よって、現代ＳＦを理解することは、「われわれ」が何であり、何になろうとしているのか、その手探りの最先端を知ることになるだろう。

亡霊館の殺人

二階堂黎人

四六判上製　三五二ページ　本体一六〇〇円＋税

不可能犯罪　意外な犯人
密室　足跡のない殺人
ジョン・ディクスン・カーへの
愛がいっぱいにつまった
珠玉の短編集!!

上級生から度重なるいじめをうけていたエドワード・スミスは近くのロダリックの森にいるといわれる霧の悪魔に復讐を願うことにした。魔女から買った霊薬を使い悪魔を呼び出すことに成功し、上級生三人の殺害を依頼する。その願いどおり創立祭の劇の稽古中、旧校舎の奥にある地下室に肝試しとして入った三人は密室の中で霧の悪魔に殺害されるが……
新作「霧の悪魔」を含む三編を収録。